权威·前沿·原创

皮书系列为
"十二五""十三五""十四五"时期国家重点出版物出版专项规划项目

BLUE BOOK

智库成果出版与传播平台

巴尔干蓝皮书
BLUE BOOK OF THE BALKANS

巴尔干地区研究报告
（2024）

ANNUAL REPORT ON RESEARCH OF
THE BALKANS (2024)

组织编写／首都师范大学国别区域研究院
主　　编／梁占军
执行主编／陈慧稚

社会科学文献出版社
SOCIAL SCIENCES ACADEMIC PRESS (CHINA)

图书在版编目（CIP）数据

巴尔干地区研究报告 . 2024 / 梁占军主编 . --北京：社会科学文献出版社，2025.7. --（巴尔干蓝皮书）.
ISBN 978-7-5228-5116-7

Ⅰ.D854

中国国家版本馆 CIP 数据核字第 2025CA7357 号

巴尔干蓝皮书
巴尔干地区研究报告（2024）

主　　编 / 梁占军
执行主编 / 陈慧稚

出 版 人 / 冀祥德
组稿编辑 / 张晓莉
责任编辑 / 胡晓利　吕　剑
文稿编辑 / 邹丹妮
责任印制 / 岳　阳

出　　版 / 社会科学文献出版社·区域国别学分社（010）59367078
　　　　　 地址：北京市北三环中路甲 29 号院华龙大厦　邮编：100029
　　　　　 网址：www.ssap.com.cn
发　　行 / 社会科学文献出版社（010）59367028
印　　装 / 天津千鹤文化传播有限公司

规　　格 / 开本：787mm×1092mm　1/16
　　　　　 印张：17.75　字数：262 千字
版　　次 / 2025 年 7 月第 1 版　2025 年 7 月第 1 次印刷
书　　号 / ISBN 978-7-5228-5116-7
定　　价 / 128.00 元

读者服务电话：4008918866

版权所有 翻印必究

编委会

学术顾问　刘新成　马细谱　邱运华　霍玉珍

主　　编　梁占军

执行主编　陈慧稚

编委会成员　（按姓氏拼音排序）

　　　　　　　白伊维　陈慧稚　高　歌　鞠维伟　柯　静
　　　　　　　孔凡君　李建军　梁占军　刘文飞　刘文明
　　　　　　　罗　林　王宗琥　晏绍祥　杨共乐　余金艳
　　　　　　　张　娟　郑以然　朱晓中　左立明

主编简介

梁占军 历史学博士,首都师范大学教授,博士生导师,燕京学者。现任教育部国别和区域研究培育基地文明区划研究中心主任,首都师范大学国别区域研究院院长,中国世界近代现代史研究会会长,中国第二次世界大战史研究会副会长,中国社会科学院世界历史研究所学术委员会委员,美国纽约州立大学布法罗分校访问学者,国际东南欧学会委员。研究领域为世界现代史、现代国际关系史、第二次世界大战史,以及大国外交与巴尔干的关系。主持和完成国家社会科学基金重大项目、一般项目和青年项目各1项,参与教育部重大攻关项目1项,主持北京市社会科学基金重大项目1项,承担中国与斯洛文尼亚国家间合作项目1项、教育部委托课题等项目。出版多部学术著作和译著:《思齐集》、《一战百年》、《一战帝国:1911—1923》、《中国、南斯拉夫与社会主义世界的形成》(英文)、《谁在研究中国》等;在国内外公开发表学术论文和文章50余篇;主编国内第一部巴尔干研究学术集刊《巴尔干研究》及《外交与军事历史评论》。

前　言

一说起巴尔干，很多读者马上就会联想到"火药桶"。的确，20世纪初的两次巴尔干战争、直接引发第一次世界大战的萨拉热窝刺杀事件，以及90年代南斯拉夫解体之后发生的一系列血腥战争，使得这一地区总是与冲突和战争相联系。

但是，巴尔干民族也有着悠久的历史和灿烂的文明，以及由其历史和文明所承载的梦想和追求。由于这一地区扼欧亚大陆南线要塞，同时为欧洲和亚洲的门户，地缘战略位置尤其突出，长期以来大国斗争不断，该地区国家有些至今仍面临内政外交的严峻挑战。如今，本报告所涉及的巴尔干10国（希腊、保加利亚、罗马尼亚、阿尔巴尼亚、塞尔维亚、黑山、北马其顿、波黑、克罗地亚和斯洛文尼亚）中，尚有5个国家不是欧盟成员国，但它们均以加入欧盟为目标，在欧洲一体化的道路上也处于新的重大发展机遇期。

需要说明的是，对于巴尔干国家的界定在学术上以及现实政治观念上有多种认识，本报告覆盖的10国主要是以巴尔干半岛的地理范围划分原则确定的。

巴尔干地区是中国"一带一路"建设和中国-中东欧国家合作的重要地区。2024年5月8日，中国和该地区的塞尔维亚共同宣布深化和提升全面战略伙伴关系、构建新时代中塞命运共同体。中国已经与该地区的希腊建立全面战略伙伴关系，与罗马尼亚和保加利亚建立全面友好合作伙伴关系，与克罗地亚建立全面合作伙伴关系，同该地区的其他国家也保持着总体良好的合作态势。

近年来，中国和巴尔干国家之间的经贸往来、投资合作和基建领域合作日益密切。塞尔维亚紫金矿业公司、塞尔维亚紫金铜业公司和河钢集团塞尔维亚钢铁公司三家中资企业已成为塞尔维亚前三大出口企业。中国远洋海运集团有限公司投资的希腊比雷埃夫斯港口历经10多年，已经成为地中海第一、欧洲第四大港口和全球发展最快的集装箱港口之一。由中国路桥工程有限责任公司（以下简称"中国路桥"）牵头的中国企业联合体承建的克罗地亚战略性基础设施工程——佩列沙茨跨海大桥为克罗地亚人实现了连通南北国土的夙愿。2012年以来，中国对巴尔干10国的直接投资增幅远高于同期对欧盟投资的增长水平，也是这些国家在亚洲最重要的贸易伙伴。此外，中国和这些国家之间的人文交流也日趋紧密，中国已和塞尔维亚、波黑和阿尔巴尼亚三国签署互免签证协定。

"巴尔干蓝皮书"是由首都师范大学国别区域研究院牵头组织中外专家、学者撰写的年度报告，是中国出版的第一套关于巴尔干地区的年度蓝皮书。首都师范大学国别区域研究院的前身是教育部2012年批准设立的首批国别和区域研究培育基地、中国首个聚焦巴尔干地区的高校研究机构——文明区划研究中心。2022年9月，区域国别学被正式增设为中国交叉学科门类下的一级学科，中国的区域国别学研究迎来了更广阔的发展前景，高校也承担起培养区域国别学专门人才的重任，同时力求在国家的重要决策中发挥更大的智库功能。通过出版"巴尔干蓝皮书"，我们希望能为国内巴尔干研究的精英提供一个展示严谨治学成果和咨政建议的平台。我们相信，该系列出版物将成为中国政府和社会各界了解巴尔干地区现实情况的权威资源。

《巴尔干地区研究报告（2024）》包括总报告、分报告、巴尔干地区与大国关系篇、巴尔干地区与国别专题篇和附录，聚焦巴尔干地区和国别的最新资讯和发展趋势，是"巴尔干蓝皮书"的第一部，还对巴尔干地区发展的历史脉络进行了简要梳理。本报告凝聚了中国巴尔干研究学者的心血和智慧，体现了中国目前巴尔干研究的水准。

10多年来，首都师范大学通过建设文明区划研究中心和国别区域研究院，已经成为国内巴尔干研究领域的一大"重镇"，是中国首个、亚洲第二个国际东南欧研究协会会员，也是首个依托世界史学科设立巴尔干研究博士点的单位。2020年中心创刊国内第一部巴尔干研究的学术刊物《巴尔干研究》、出版第一套"巴尔干研究"系列丛书，首都师范大学文明区划研究中心微信公众号每日更新巴尔干地区重要资讯和独家时政评论。此外，中心已经和国际上多个重要的巴尔干研究机构建立了合作关系。如今，"巴尔干蓝皮书"将成为首师大的另一项创举，对于国内其他高校和研究机构的学者为《巴尔干地区研究报告（2024）》贡献的真知灼见，我们再次表示衷心的感谢。

我们欢迎国内区域国别学界的同行以及政府和社会各界读者对本报告提出批评，为"巴尔干蓝皮书"的未来发展提供宝贵建议。我们也希望以此书抛砖引玉，吸引更多国内外学者参与未来巴尔干地区研究报告的撰写。

梁占军　陈慧稚
2024年6月于北京

摘　要

冷战结束后，巴尔干地区逐渐从巴尔干化走向欧洲化，该地区国家以加入欧盟为外交的优先目标。与此同时，因巴尔干地区地缘政治地位突出，俄罗斯、美国等域外利益攸关方也纷纷涉足该地区。自身存在民族问题及与邻国边界争端的巴尔干国家的内政和国际政治紧密联动。2023年，俄乌冲突对巴尔干地区在上述方面的影响越发突出。

俄乌冲突影响下，欧盟为管控地区风险，并强化其在巴尔干地区争端解决和改革方面的引领作用，2023年继续加大对巴尔干的投入力度。一方面，欧盟调处以科索沃和波黑问题为主的地区争端，正式公布《关于科索沃与塞尔维亚关系正常化道路协议的欧盟提案》（以下简称《欧盟提案》），继续通过"胡萝卜加大棒"的方式试图使波黑三族共同朝着加入欧盟的方向努力；另一方面，把西巴尔干增长计划作为2023年的旗舰项目，落实"分阶段、渐进式"推动该地区国家入盟的思路。但是，欧盟所获成效有限，科索沃局势仍然不稳定，波黑政治僵局持续。2023年，西巴尔干国家入盟无明显进展。

与此同时，美国也加强了对巴尔干地区的关注和投入，加强对巴尔干国家的军事援助，通过北约强化与巴尔干国家的军事联盟关系，打击地区亲俄势力，助推欧盟区域政策实施。由于俄乌冲突发生后，多数西巴尔干国家追随欧美外交政策，俄罗斯和西巴尔干国家的关系出现变化，西巴尔干逐渐淡出俄罗斯的外交优先区域，但俄仍在当地维持一定的影响力。总体上，欧盟、美国、北约和俄罗斯对抗带来的结构性压力加剧了巴尔干地区的不稳定。

面对2023年世界局势的加速演变，中国与巴尔干关系依然展现出强大韧性，双方在经贸投资、数字技术、绿色能源等功能性领域的相互依存仍在加深。

除了关注巴尔干地区的地缘政治格局，本报告还探讨了2023年巴尔干地区后疫情时期的经济发展形势。地区经济形势分报告指出，经历了后疫情时期的强劲经济增长，2023年巴尔干国家的经济增速放缓，但是经济增速普遍高于欧盟和欧元区的水平，反映出巴尔干地区的经济增长潜力，但巴尔干地区同时面临劳动力短缺和高失业率问题。巴尔干地区与国别专题篇详细讨论了2023年欧元区新成员克罗地亚的经济形势，指出加入欧元区虽给克罗地亚带来了诸多经济、社会、政治和安全方面的好处，但也给克罗地亚社会带来了一些挑战。

关键词： 巴尔干　欧盟　美国　俄罗斯　中国

目 录

Ⅰ 总报告

B.1 巴尔干变迁：从巴尔干化到欧洲化 …………………… 朱晓中 / 001

Ⅱ 分报告

B.2 2023年巴尔干地区政治形势 ……………………………… 李建军 / 028

B.3 2023年巴尔干地区经济形势 ……………………………… 张 娟 / 054

B.4 2023年巴尔干地区外交与安全形势 ……………………… 徐恒祎 / 081

Ⅲ 巴尔干地区与大国关系篇

B.5 2023年欧盟西巴尔干政策演进 …………………………… 杨博文 / 097

B.6 俄乌冲突背景下美国在巴尔干地区的最新战略走向

　……………………………………………………… 鞠维伟　姜 昊 / 120

B.7 俄乌冲突影响下的俄罗斯与西巴尔干 …………………… 涂冰玥 / 135

B.8 2023年巴尔干国家与中国关系：依存与疏离 …………… 韩 萌 / 155

001

Ⅳ 巴尔干地区与国别专题篇

B.9　2023年罗马尼亚外交：依托欧美增强地区影响力 …… 曲　岩 / 170

B.10　2023年克罗地亚经济形势及展望 ………〔克罗地亚〕左立明 / 186

B.11　2023年塞尔维亚政治经济形势：困境及应对………… 马媛也 / 202

B.12　《欧盟提案》的提出和影响 ………………………… 郑以然 / 217

B.13　2023年波黑政治形势："危""机"之间 ……………… 陈慧稚 / 228

附　录

巴尔干地区大事记（2023年1~12月）………………………… / 241

Abstract ………………………………………………………… / 250

Contents ………………………………………………………… / 252

皮书数据库阅读使用指南

总 报 告

B.1
巴尔干变迁：从巴尔干化到欧洲化

朱晓中*

摘　要： 巴尔干半岛地处欧亚大陆的战略要冲，长期以来是文明碰撞、宗教分裂、民族对峙以及大国或大国集团博弈的角斗场。长期的异族统治也阻断了巴尔干半岛同欧洲大陆的主要历史潮流和社会经济的联系，致使巴尔干国家长期处于前工业社会阶段。欧洲列强之间有关巴尔干的协议、冲突和讨价还价一步步将巴尔干塑造为欧洲的"火药桶"。冷战结束后，巴尔干地区逐渐从巴尔干化走向欧洲化，这是欧洲历史的重大事件。它不仅将使这一地区摆脱历史包袱，实现稳定和社会经济发展，而且是自康德以降欧洲首次以和平的手段实现欧洲统一的重要契机。巴尔干地缘政治的重要性吸引了域外利益攸关方纷纷涉足这一地区，寻求其在该地区的利益。利益攸关方之间的动态关系对域内相关国家的政治和经济发展产生了额外影响。

关键词： 巴尔干　欧洲　地缘政治

---

* 朱晓中，博士，中国社会科学院俄罗斯东欧中亚研究所研究员，主要研究方向为中东欧问题。

一 从巴尔干到"西巴尔干"概念的诞生

"巴尔干"一词的起源还不确定。一种说法是它可能与土耳其语 balk〔源自原突厥语 balk（泥，黏土；黏稠或黏稠的物质）〕有关。土耳其语后缀 -an 意为"沼泽森林"，在奥斯曼土耳其语和现代土耳其语中，"巴尔干"的意思是"树木繁茂的山脉"。另一种说法为"巴尔干"一词源于保加利亚一座山的土耳其语称呼（Koca Balkan，意为"老山"）。① 有语言学家考证称，传统的土耳其语将山称为 dag，而 balkan 一词很可能来自波斯语 balakhana。该词在里海地区使用，意为"高出平原的山"。它指的是位于保加利亚的山，即"老山"。它从西向东延伸，最高峰的海拔达到 2376 米。②

从古典时代直到中世纪，位于巴尔干的山被当地的色雷斯人称为"哈伊莫斯"（Haemus）。希腊神话称，宙斯为处罚色雷斯国王哈伊莫斯，将其变成一座山，并以后者的名字命名这座山。在 14 世纪早期阿拉伯的一张地图上，哈伊莫斯山被称为巴尔干山。1490 年，意大利人文主义者、作家和外交官博纳科尔西·卡利马科（Buonaccorsi Callimaco）在给教皇英诺森八世（Pope Innocent Ⅷ）的一封信中用"巴尔干"这个词来指代保加利亚的山。18 世纪末，英国旅行家约翰·培根·索里·莫里特（John Bacon Sawrey Morritt）将这个词引入英国文学，其他作家开始将这个词应用于亚得里亚海和黑海之间更广泛的地区。

19 世纪 20 年代，英国旅行者将巴尔干与哈伊莫斯并列使用，而俄罗斯旅行者则不太在意这一地区的古典称谓，将"巴尔干"作为指称这一地区

---

① 1565 年，奥斯曼人在一份文件中首次提到了"巴尔干"，其在奥斯曼统治下的南部巴尔干地区（鲁米利亚）泛指"山"。
② P. Liotta, "The Geopolitics of the Balkans: Outcomes and Possibilities", *New Balkan Politics*, No. 7/8（2004），http://www.newbalkanpolitics.org.mk/main/articles.html，检索日期：2024 年 5 月 2 日。

的首选。在19世纪末之前的欧洲书籍中,"巴尔干"的概念逐渐被普及,用来指代从亚得里亚海到黑海的主要中央山脉。① 同时,它也被用来指称伊利里亚半岛或德国的伊利里亚半岛。

1808年,德国地理学家约翰·奥古斯特·措依纳(Johann August Zeune)提出了"巴尔干半岛"(Balkanhalbinsel)这个术语。但其同胞、地理学家卡尔·里特尔(Karl Ritter)等人称,只有巴尔干山脉以南的部分才能被视为半岛,并认为它应该被重新命名为"希腊半岛"。另有些地理学家则使用"东南欧半岛"(Südosteuropäische Halbinsel)来指称这一地区。② 1847年"巴尔干"一词被引入法语。1878年柏林会议之后,政治上需要一个固定的术语来指称这一地区,"巴尔干"一词遂逐渐恢复了活力。

随着塞尔维亚地理学界对"巴尔干"名称的接受,"巴尔干"一词的用法在19世纪末20世纪初发生了变化。以地理学家和民族学家、塞尔维亚皇家科学院院长、贝尔格莱德大学校长约万·茨维伊奇(Jovan Cvijić)为代表的塞尔维亚学者对南斯拉夫人类学和民族学进行研究后,将"巴尔干"一词作为对整个南斯拉夫人领土上塞尔维亚民族主义的肯定。从19世纪末到第一次世界大战后南斯拉夫(最初是塞尔维亚人、克罗地亚人和斯洛文尼亚人的王国)的建立,"巴尔干"这个最初仅带有地理意义的术语逐渐获得了政治上的民族主义内涵。在1912~1913年两次巴尔干战争期间,"巴尔干"作为对欧洲一个特定地区的指称开始广泛流行起来。

20世纪初,随着奥斯曼帝国的解体,"巴尔干化"一词出现,这意味着政治和经济的解体、文化和种族的不信任,以及在国际关系中屈服于更强大角色的意志。与巴尔干有关的其他贬义概念也在这一时期发展起来,如"巴尔干火药桶"或"巴尔干锅",它们强调了巴尔干所发生事件的爆炸性

---

① 这其实是一种误解,因为"巴尔干"所指的"老山"主要位于保加利亚境内,并未连通亚得里亚海。
② "巴尔干"一词没有被普遍接受的一个原因是当时欧洲土耳其的疆域范围与巴尔干相似。19世纪的奥地利学者约翰·格奥尔格·冯·哈恩(Johann Georg von Hahn)首先提出"东南欧"概念,将之作为一个比传统的巴尔干地区使用更广泛的术语。

和暴力性，给人的印象是该地区随时会发生不可预测的事件，其居民的行为也同样不可预测。①

一如"巴尔干"一词本身的不确定性，巴尔干半岛的边界由于许多不同的定义而存在争议，② 正如斯洛文尼亚哲学家斯拉沃伊·齐泽克（Slavoj Žižek）所说，巴尔干半岛的地理界线从来都不精确。对于"它从哪里开始？"这个问题，人们似乎永远无法得到一个明确的答案。③ "巴尔干"一词更反映了一种深刻的地缘政治内涵和矛盾。对于塞尔维亚人来说，它始于科索沃或波斯尼亚，塞尔维亚人捍卫基督教文明，反对欧洲的他者。对克罗地亚人来说，它始于"东正教、专制、拜占庭式"的塞尔维亚，是克罗地亚人捍卫西方民主文明的价值观。对斯洛文尼亚人来说，它从克罗地亚开始，因为斯洛文尼亚人是"和平的中欧"的最后的前哨。对意大利人和奥地利人来说，它始于斯洛文尼亚，那里是斯拉夫部落统治的起点。对于德国人来说，奥地利本身，由于它与巴尔干的历史联系，已经被"巴尔干的腐败和低效"所玷污。对于一些傲慢的法国人来说，德国与巴尔干东部的"野蛮"联系在一起。对于一些保守的反欧盟的英国人来说，整个欧洲大陆本身是一个"巴尔干土耳其全球帝国"，布鲁塞尔是"新的君士坦丁堡"和"反复无常的专制中心"，威胁着英国的自由和主权。所以，巴尔干永远是他者：它在别的地方，总是在东南偏一点的地方。但当人们到达巴尔干半岛的最南端时又神奇地"逃离"了巴尔干。希腊不再是名副其实的巴尔干半岛，而是西方文明的摇篮。

1995 年结束波黑战争的《代顿和平协议》签署之后，国际社会加大了对这

---

① P. S. Mowrer, *Balkanized Europe: A Study in Political Analysis and Reconstruction*, E. P. Dutton & Company, 1921, p. 35.
② 公认的巴尔干半岛的北部边界是多瑙河—萨瓦河—库帕河—里耶卡湾的北部海岸。西部边界以多瑙河—萨瓦河的支流为标志，一直延伸到卢布尔雅那和的里雅斯特湾，半岛最西端是亚得里亚海岸的蒙法尔科内。马塔潘角被认为是大陆的南部边界。希腊克里特岛也被视为巴尔干半岛的一部分。在东部，边界延伸到多瑙河支流圣乔治河的黑海入海口一带。按照一些旧的定义，意大利的里雅斯特周围的一小块地区被认为是巴尔干半岛的一部分。
③ Slavoj Žižek, "The Spectre of Balkan", *The Journal of the International Institute*, Vol. 6, No. 2, Winter 1999, https://quod.lib.umich.edu/j/jii/4750978.0006.202/--spectre-of-balkan? rgn=main; view=fulltext, 检索日期：2024 年 7 月 2 日。

一地区的干预力度，希望该地区实现持久和平与经济发展，"巴尔干"一词在政治话语中逐渐被抛弃，取而代之的是只具有纯粹地理含义的"东南欧"。1999年，欧盟发起的一项倡议被称为《东南欧稳定公约》。2003年，在线报纸《巴尔干时报》（Balkan Times）更名为《东南欧时报》①（Southeast European Times）。

1998年12月，在维也纳召开的欧盟理事会会议首次提出"西巴尔干"的概念。最初，这一概念包含六个国家（塞尔维亚、阿尔巴尼亚、克罗地亚、波黑、黑山、北马其顿），2013年克罗地亚入盟后，"西巴尔干"概念中不再包含该国。然而，一些批评家并不接受这一概念，认为它是人造词汇，因为并不存在东巴尔干、北巴尔干和南巴尔干之说，毕生致力于巴尔干研究的约万·茨维伊奇也从未有"西巴尔干"之说。②

二 巴尔干地缘政治复杂动荡

巴尔干半岛地处欧亚大陆的战略要冲，位于"心脏地带"，可以被解释为通往"大陆心脏"的门户。巴尔干半岛位于连接波罗的海和地中海的南北方向连线上，也是欧洲斯拉夫、拉丁和德意志等主要种族文化在达尔马提亚北部海岸的交汇处。在东西方向，位于欧亚空间一端的巴尔干和另一端的中亚需要被同时掌控，以便人们控制它们之间的空间，其中巴尔干半岛中部对该地区的战略稳定具有重大影响。

长期以来，巴尔干地区是文明碰撞、宗教分裂、种族对峙以及大国或大国集团博弈的角斗场。4世纪，罗马帝国分裂成东西两个帝国便在巴尔干地区烙下了明显的印记。600年后的基督教会大分裂则使这一烙印牢牢固定。两次分裂的界线都从今天的波黑穿过，这恰似历史的伏笔。至此，南斯拉夫人不仅在地域上，而且在宗教上分裂成两大文化圈——以天主教为代表的拉丁文化圈和以东正教为代表的拜占庭文化圈。

---

① 其新闻网站于2015年3月开始停更。
② "Presidency Conclusions"（Vienna European Council 11 and 12 December 1998），欧洲议会网站，https：//www.europarl.europa.eu/summits/wie1_en.htm，检索日期：2024年12月18日。

8~15世纪,巴尔干经历了建立中世纪国家的过程。但此后,巴尔干的历史和奥斯曼帝国紧密相连。1354年土耳其占领加里波列之后开始向巴尔干地区扩张。[①] 南部斯拉夫民族的中世纪国家在奥斯曼土耳其人的铁蹄下覆灭。奥斯曼帝国对巴尔干地区长达500多年的征服和占领以及后来各种域外势力在巴尔干的长期征战和统治对当地产生了深远影响,其影响延续至今。

首先,巴尔干各族人民原有的政治、经济生活进程被打断,长期的异族统治也阻断了巴尔干同欧洲大陆的主要历史潮流和社会经济的联系,致使巴尔干与文艺复兴和宗教改革无缘,也没有享受第一次工业革命的成果,这使巴尔干社会发展形态严重滞后,市民阶层不发达,农民占社会主体,巴尔干国家长期处于前工业社会阶段。

其次,巴尔干受到伊斯兰文明的影响,致使南部斯拉夫民族形成了天主教、东正教和伊斯兰教三足鼎立的局面,宗教因素在巴尔干的历史进程中占有至关重要的地位。自18世纪以来,巴尔干民族将情感表达大多建立在因宗教划分的人口多样性的基础上,并以宗教身份催化民族觉醒。不仅如此,巴尔干民族解放运动也具有强烈的宗教色彩,或者民族一体化至少是在宗教框架内完成的。[②] 宗教因素影响着巴尔干国家之间的团结,[③] 导致巴尔干各民族之间,以及民族国家之间的摩擦越来越多,不惜兵戎相见。1913年,保加利亚为争夺马其顿而发动的第二次巴尔干战争即一证。

最后,巴尔干地区数百年来发生了多次民族大迁徙,造成不同民族的杂居和民族分界线的犬牙交错,这在巴尔干,特别是南斯拉夫地区遗留了极为复杂的民族和宗教关系,为日后的民族和领土纠纷埋下了祸根。

欧洲列强不断与奥斯曼帝国交战和瓜分其遗产,竞相公开或秘密地在巴尔干划分势力范围,这才是严格意义上的巴尔干化。欧洲列强之间有关巴尔

---

① 〔美〕R. H. 戴维森:《从瓦解到新生:土耳其的现代化历程》,张增健、刘同舜译,学林出版社,1996,第27页。
② Dusan Batakovic, "Geopolitics of Religion: The Confessional Dimension of Yugoslav Wars", *Eurobalkans*, Spring/Summer 1996, p. 37.
③ Jelena Guskova, "The Balkan Crisis-The Serbs and Islam in Big Power Designs", *Eurobalkans*, Winter 1996/97, p. 17.

干的协议、冲突和讨价还价一步步将巴尔干塑造为欧洲的"火药桶"。所以,"巴尔干火药桶"不是巴尔干各族人民造成的,也不是他们点燃的,而是由外部入侵的强国及其追随国造成和点燃的,巴尔干民族往往是在巴尔干地区战争的最大受害者。①

因此,巴尔干是一个具有自然地理和复杂人为结构的特定地区。它的特殊性在于,不仅巴尔干半岛各国的国家利益彼此有冲突,②而且该地区是大国的势力范围。巴尔干半岛的政治环境始终处于变化中,其地缘政治困局由巴尔干半岛面临变化的频率和强度而定。③

近代以降,巴尔干的地缘政治局势不断经历动荡和变化。直到第二次世界大战结束,巴尔干各民族长期处于被征服和被主导的境地。1945年之后,当地继续受到东西两方的影响。冷战结束对巴尔干地区产生了重大影响。随着相对同质的安全系统被改变,该地区的地缘政治发生了根本性变化,出现了具有"地缘政治地震"性质的剧烈变化,其震中位于南斯拉夫联邦。南斯拉夫解体过程中,各民族国家形成时期的力量彻底释放,爆发了长达3年8个月的波黑战争和科索沃战争。

21世纪之后,虽然巴尔干逐渐趋于相对稳定,但这一地区的形象依然是灰暗的:部分国家的稳定性依然脆弱;改革进程被大量的结构性挑战、宪政问题、悬而未决的国家地位问题所困扰;经济增长率要么很低,要么根本没有提高;失业率高,腐败盛行,公众态度消极且对新生的民主机构心存疑虑。20世纪90年代在巴尔干发生的危机表明,该地区的不稳定是欧洲大陆政治发展中的一个经常性因素。巴尔干地区的政治家非常频繁地利用历史论

---

① 〔南斯拉夫〕兰科·佩特科维奇:《巴尔干既非"火药桶"又非"和平区"》,石继成、许忆宁译,商务印书馆,1982,第28~29、32~33页。
② 正如乔治·弗里德曼(George Friedman)所指出的,在巴尔干,"每个征服者都在那里留下了一个国家或一种宗教,他们彼此憎恨。每一方都对对方犯下了可怕的暴行,而这些都被人们记住了,就像昨天发生的一样。这不是一个接受宽恕和遗忘原则的地区"。George Friedman, *The Next 100 Years: A Forecast for the 21st Century*, Doubleday, 2009, p.48.
③ I. Banac, "Foreword: The Politics of Cultural Diversity in Former Yugoslavia", in Sabrina P. Ramet, *Balkan Babel: The Disintegration of Yugoslavia from the Death of Tito to the Fall of Milošević*, Boulder, Westview Press, 2002.

据来论证并达到其特定的目的，这在其他地区是很少见的。此外，由于历史原因，巴尔干各国也没有政治意愿在以巴尔干地区为框架的发展进程中开展合作。除塞尔维亚以外，其他西巴尔干国家极力反对所谓"南斯拉夫圈"。即使是近年来提出的"开放巴尔干"倡议（Open Balkan Initiative）也展现了其脆弱的团结性。因此，巴尔干地区很难建立反映相关国家间关系的区域性合作框架，存在重新巴尔干化的风险。

三 巴尔干地区进入新的历史发展时期

经历了数百年残酷的异族统治和冷战后初期由国家分裂和民族问题引发的激烈的武装冲突之后，西巴尔干地区再次来到了所谓"历史的十字路口"。这是指西巴尔干国家处于回归欧洲、走出"巴尔干"的历史泥淖，通过自身的变革转变为"正常国家"（东南欧国家）的关键历史阶段。换句话说，西巴尔干地区现在处于稳定、发展和加入欧盟进程中。[①]

虽然巴尔干地区的未来在相当大的程度上只能取决于这一地区所有国家的共同努力，但不可否认的是，当巴尔干地区无法从"内部"解决问题时，国际社会，特别是欧盟，对这一地区形势的改善负有历史和道义责任。欧盟在2000年6月于葡萄牙费拉召开的欧盟首脑会议上首次向巴尔干国家提供欧洲一体化的愿景。[②] 目前，斯洛文尼亚、保加利亚、罗马尼亚和克罗地亚已经加入欧盟，除科索沃地区外，其他西巴尔干国家均已成为欧盟候选国，欧盟

[①] Pierre Mirel, "The Western Balkans: Between Stabilisation and Integration in the European Union"，罗伯特·舒曼基金会网站，2018年1月23日，https://server.www.robert-schuman.eu/storage/en/doc/questions-d-europe/qe-459-en.pdf，检索日期：2024年6月21日。

[②] 以1999年科索沃战争为分水岭，欧盟对东南欧的地区立场可分为前后两个阶段。在科索沃战争开始之前，欧盟地区政策的核心是，强调通过对话与合作，在东南欧进行后冲突管理、帮助难民重返家园和促进民主化，进而巩固和平。但在这个阶段欧盟没有同东南欧国家建立战略关系。科索沃战争之后，欧盟的地区政策开始具有全面性。1999年通过的《东南欧稳定公约》明确将欧洲一体化同巴尔干的欧洲化联系在一起，即一俟东南欧国家满足入盟的基本条件，欧盟便准备吸纳这些国家入盟。欧盟希望用成为欧盟正式成员国的前景督促东南欧国家巩固和平，迅速实现其政治和经济转型，按欧盟的价值观和制度重塑东南欧国家，使之远离动荡和混乱，最终加入欧洲一体化的主流。

已经启动了与黑山、塞尔维亚、阿尔巴尼亚和北马其顿的入盟谈判。

然而，2013年克罗地亚加入欧盟后，欧盟内部出现了明显的扩大疲劳症，① 而西巴尔干国家则因感觉入盟程序耗时过长产生改革疲劳症。欧盟为此开启了"柏林进程"，并不断向西巴尔干国家传递有关入盟愿景的积极信息。2022年2月俄乌冲突爆发后，欧盟和美国对俄罗斯实施了多轮制裁。与此同时，为了进一步削弱和排挤俄罗斯在西巴尔干地区的影响，欧盟在政治和经济方面双管齐下，以更积极的态度推动西巴尔干地区的欧洲一体化进程。在2023年12月召开的欧盟-西巴尔干国家峰会上，欧盟领导人再次确认西巴尔干国家入盟的前景。

显然，欧洲局势的剧烈变化将欧盟和西巴尔干国家的关系推到了关键的十字路口。对西巴尔干国家而言，能否克服狭隘的民族主义、丢弃历史包袱，建立睦邻关系，进行必要的国内改革，并开展地区合作，将直接影响这些国家走向欧盟的速度。对欧盟而言，虽然已经多次明确西巴尔干国家的入盟前景，但如果因为内部矛盾而迟迟不能兑现扩大承诺，国际社会在巴尔干获得的稳定红利很可能毁于一旦，巴尔干地区或许再次滑向边缘，不利于建立"自由、完整和繁荣的欧洲"。

目前，影响巴尔干地区形势的内生问题主要有科索沃地区的民族矛盾与冲突、波黑国家问题以及北马其顿与希腊和保加利亚的关系，西巴尔干国家间的次区域合作以及保加利亚和罗马尼亚加入申根区的问题也是近年来的地区热点。

（一）科索沃地区民族矛盾与冲突频发

科索沃问题从表面来看是民族主义问题，实则反映了巴尔干地区被异族统治数百年而产生的民族认同和民族国家建立问题②。总体来说，科索

---

① A. Szołucha, "The EU and Enlargement Fatigue: Why Has the European Union Not Been Able to Counter Enlargement Fatigue?" *Journal of Contemporary European Research*, Vol.6, Issue 1, 2010; Matteo Bonomi, Irene Rusconi, "From EU 'Enlargement Fatigue' to 'Enlargement Enthusiasm'?" ÖGfE Policy Brief 19/2023, 2023年10月5日, https://www.oegfe.at/wp-content/uploads/2023/10/PB-192023.pdf, 检索日期：2024年6月30日。

② 整体而言，包括西巴尔干国家在内的中东欧国家的民族国家的建立较西欧国家推迟了近200年。

沃临时当局虽然参与了欧盟推动的其与塞尔维亚"关系正常化"对话，但它需要做出更严肃的承诺，投入更多的努力，并做出妥协，以推动与塞尔维亚"关系正常化"的进程。

2022~2023年，科索沃发生了几次引人注目的危机。首先是"车牌危机"。科索沃临时当局于2022年6月29日决定强制所有车辆持有人换领由其颁发的车牌，这导致2022年7月之后科索沃北部塞族聚居区多次出现紧张局势。当年11月，塞族抗议者设置路障，且供职于科索沃临时当局司法、警察机关的600余名塞族公职人员辞职。其次是科索沃塞族人抵制地方市政选举。2023年4月23日，科索沃北部四城举行塞族市长辞职后的地方选举，塞族民众为表示抗议集体对选举予以抵制，然而，科索沃临时当局支持的四位阿尔巴尼亚族候选人在投票率极低的情况下"顺利当选"。5月25日，科索沃临时当局无视塞族民众的反对与愤怒，公然派出武装警察护送四位当选的阿族市长进入市政府大楼，此举引发科索沃北部塞族居民的强烈抗议，并与阿族警察之间发生大规模冲突。这极大地激化了塞尔维亚与科索沃临时当局之间的紧张关系。塞尔维亚总统阿莱克桑达尔·武契奇（Aleksandar Vučić）下令全国武装力量进入最高战备状态，塞尔维亚武装部队向科索沃地区的"边界"开拔。① 一波未平一波又起。2023年6月，科索沃临时当局实施"临时行动安全措施"，阻止塞尔维亚的货物和邮政包裹进入科索沃。同年9月24日，在科索沃北部巴尼斯卡村，一些塞族武装人员使用卡车作为路障封锁道路，科索沃警察赶到现场试图拆除路障时，与塞族人发生冲突，导致人员伤亡。

科索沃地区塞族和阿族之间的冲突已成常态，冲突双方相互谴责，甚至以武力相威胁，双方关系缓和的曙光常常昙花一现，科索沃问题的最终解决仍然遥遥无期。

---

① "Key Findings of the 2023 Report on Kosovo"，欧盟委员会网站，2023年9月8日，https://ec.europa.eu/commission/presscorner/detail/en/QANDA_23_5614，检索日期：2024年6月24日。

（二）北马其顿与希腊、保加利亚两国历史纷争不断

北马其顿问题既深刻反映了巴尔干地区国家纷繁复杂的历史纠葛和困局难解的现实窘境，也反映了欧洲一体化进程中成员国利用其对申请入盟国一票否决的优势在与申请国就某些问题进行博弈的过程中所获得的强势地位。和其他候选国不同，在加入北约和欧盟的道路上，北马其顿面临来自外部的特殊要求：首先要其更改国名，其次要其更改官方语言和民族历史的定义。为此，马其顿不得不先后处理与希腊①和保加利亚②的纠纷。

2018年6月17日，在联合国的主持下，马其顿和希腊达成《普雷斯帕协议》，马其顿将国家更名为北马其顿，解决了两国之间长达近30年的争端。③该协议还包括关于双边合作领域的内容，旨在建立两国的战略伙伴关系。然而，虽然签署了《普雷斯帕协议》，北马其顿国内对更改国名一直争论不断。④

在与希腊就国名问题争论不休之时，北马其顿和保加利亚之间就民族和历史问题也不断发生摩擦。2019年10月9日，在与北马其顿开启入盟谈判

---

① 1991年11月20日，马其顿宣布独立，定宪法国名为"马其顿共和国"。希腊方面认为这个国名暗示着对希腊北部马其顿大区的领土要求，因此坚决反对其使用"马其顿共和国"这一名称，并对马其顿共和国采取经济封锁。迫于压力，1993年4月7日，马其顿以"前南斯拉夫马其顿共和国"的临时国名加入联合国。希腊虽然对马其顿的主权国家地位无异议，但不承认以斯拉夫人为主体的"马其顿共和国"与历史上的马其顿在历史、文化、宗教等方面有渊源。希腊认为，马其顿只属于古希腊，是希腊历史的一部分，与6世纪后进入巴尔干半岛的南斯拉夫人毫不相干。因此，希腊同意马其顿以"前南斯拉夫马其顿共和国"的国名加入各种国际组织，但不同意它使用"马其顿共和国"的名字加入北约与欧盟。
② 早在20世纪60~70年代，保加利亚就同当时的南斯拉夫联邦就马其顿历史、语言和民族问题进行过争论。保加利亚方面认为，至少在1944年以前，马其顿的历史是保加利亚历史的一部分。
③ 2019年，签署这一协议的北马其顿前总理佐兰·扎埃夫（Zoran Zaev）和希腊前总理阿莱克西斯·齐普拉斯（Alexis Tsipras）获诺贝尔和平奖提名，并于2020年获得威斯特伐利亚国际和平奖。
④ "Six Years After Prespa Name Deal Divisions Between Skopje and Athens Persist", Intellinews, 2024年6月17日, https://www.intellinews.com/six-years-after-prespa-name-deal-divisions-between-skopje-and-athens-persist-330081/? source=north-macedonia, 检索日期：2024年6月25日。

被提上议程的欧洲理事会会议之前，保加利亚政府通过了关于欧盟扩大的所谓框架立场，它包含了北马其顿需要满足的一长串要求清单，其核心观点是，保加利亚和马其顿拥有"共同"的而非"共享"的历史，这意味着，北马其顿将被迫把1944年前的所有历史都视为"保加利亚的历史"。据此，保加利亚要求北马其顿根据保加利亚和北马其顿联合专家委员会的调查结果重新调整其历史、地理和文学课程大纲及历史纪念碑。①

2020年11月，保加利亚进一步在欧盟总务委员会②（General Affairs Council）会议上对欧盟同北马其顿开启入盟谈判提出三项要求：一是谈判框架和其他官方文件必须避免使用马其顿语，因保加利亚认为马其顿语只是保加利亚语的一种方言；二是北马其顿在谈判框架中需要专门说明，保加利亚没有马其顿少数民族；三是北马其顿应遵守2017年两国签署的睦邻友好条约。③

针对保加利亚的要求，北马其顿反应强烈。2021年7月29日，该国议会通过一项决议，要求在与保加利亚的谈判过程中必须"尊重马其顿人民的价值"，考虑到"已确定的事实和公认的理论，以及当代国际斯拉夫研究、语言学、史学和国际法的经验研究"，特别是关于马其顿语言和特性的"数百年"连续性，强调马其顿人一直存在，在今天的北马其顿领土上发生的一切都是马其顿民族叙事的一部分。④

2022年7月16日，北马其顿议会投票批准了旨在解决该国同保加利亚关于少数民族问题争端的"法国提案"，为该国尽快开启与欧盟的入盟谈判铺平

---

① Yorgos Christidis, "Bulgaria Sets Tough Conditions on North Macedonia's EU Accession Path", ELIAMEP Policy Brief No. 58, 2019年11月, https://www.eliamep.gr/wp-content/uploads/2019/11/Policy-Brief_58_Yorgos-Christidis.pdf, 检索日期：2024年7月1日。
② 欧盟总务委员会主要是由所有欧盟成员国负责欧盟事务的政府部长组成的欧盟机构。
③ "Bulgaria Is Putting the Brakes on North Macedonia's EU Dreams. Here's Why", 欧洲新闻台网站, 2020年11月12日, https://www.euronews.com/my-europe/2020/11/12/bulgaria-quarrel-threatens-to-put-brakes-on-north-macedonia-eu-membership-talks, 检索日期：2024年7月1日。
④ "North Macedonia MPs Adopt 'Red Lines' in Bulgaria Talks", Balkan Insight, 2021年7月29日, https://balkaninsight.com/2021/07/29/north-macedonia-mps-adopt-red-lines-in-bulgaria-talks/, 检索日期：2024年7月1日。

了道路。① 虽然北马其顿接受了"法国提案",保加利亚也取消了对欧盟同北马其顿进行入盟谈判的否决,但北马其顿国内有关这些问题的争论远未停止。这些问题未来是否会在北马其顿和保加利亚两国关系中再掀波澜亦未可知。

从北马其顿与希腊和保加利亚的历史争端中可以看出,在巴尔干地区,历史仍然因为多种原因而起着重要作用。另外,身为北约和欧盟成员国的一方拥有对非成员国的天然优势,且其几乎没有为阻挠北马其顿加入北约和欧盟付出任何政治代价,有研究认为,这开创了一个欧盟内部的民族主义者影响欧盟官方政策的危险先例。②

(三)欧盟降低与波黑开启入盟谈判的标准

波黑国家问题既是南斯拉夫解体后遗症,也反映了全球化时代多民族如何共存于一个国家内的问题。值得注意的是,欧盟意识到,欧洲一体化进程并不能解决困扰波黑政治的长期危机。因此,欧盟降低了与波黑开启入盟谈判③的标准,只要求波黑承诺达到一些基准,而不是执行这些基准。④ 2023年11月8日,欧盟委员会(以下简称"欧委会")发表的关于扩大政策通讯的波黑篇⑤充分反映了这一点。

该报告称,为了执行欧委会关于波黑欧盟候选国地位的建议中具体规定

---

① 《北马其顿议会批准法国提案以尽快开启入盟谈判》,新华网,2022年7月17日,https://www.news.cn/world/2022-07/17/c_1128838586.htm,检索日期:2024年5月6日。

② Ulf Brunnbauer, "Side Effects of 'Phantom Pains': How Bulgarian Historical Mythology Derails North Macedonia's EU Accession", *South-Eastern European Studies*, Vol. 70, No. 4, 2022, pp. 738-739, https://doi.org/10.1515/soeu-2022-0064,检索日期:2024年7月6日。

③ 2016年2月波黑提交加入欧盟的申请,欧盟委员会2019年5月接受申请,并确定了波黑14项关键优先事项。同年12月,欧盟理事会同意了欧盟委员会的意见。2022年12月15日,欧洲理事会正式给予波黑欧盟候选国地位。欧盟要求,在启动入盟谈判前,波黑应在民主/职能、法治、基本权利和公共行政等领域进行深入改革,并打击腐败和有组织犯罪等。

④ Dimitar Bechev, "Polarization Threatens to Derail Bosnia's EU Ambitions",卡内基国际和平基金会网站,2024年4月30日,https://carnegieendowment.org/europe/strategic-europe/2024/04/polarization-threatens-to-derail-bosnias-eu-ambitions?lang=en,检索日期:2024年6月23日。

⑤ "Bosnia and Herzegovina 2023 Report",欧盟委员会网站,2023年11月8日,https://neighbourhood-enlargement.ec.europa.eu/system/files/2023-1/SWD_2023_691%20Bosnia%20and%20Herzegovina%20report.pdf,检索日期:2024年6月23日。

的步骤，波黑政府确定了打击有组织犯罪的战略，制订了有关反洗钱和打击资助恐怖主义的行动计划，通过了关于移民和打击恐怖主义战略和行动计划的决议，并建立了一个监督机构来执行国家战争罪处理战略。此外，波黑与欧洲刑警组织的联络点已开始运作，波黑政府还制定了有关司法公正、预防酷刑、公民获取信息自由等法律。2022年10月波黑大选过后，2023年5月，波黑国家和实体层面的立法机构和政府都已成立。不过，报告也指出，波黑在关键优先事项方面取得的进展有限。许多领域的改革仍处于"初级阶段"，或存在系统性缺陷。此外，国家层面的"积极发展"与实体之一塞族共和国的"消极发展"形成鲜明对比，并影响到整个国家。①

2023年12月，欧洲理事会决定，一旦波黑达到必要的成员标准，它将与波黑开启入盟谈判。客观地说，波黑入盟进程此时出现突破性进展，与乌克兰局势有很大的关系，更多反映出欧盟地缘政治方面的考量。

（四）西巴尔干次区域合作稳步推进，仍有羁绊

根据欧盟东扩的最初经验，欧盟希望申请国在入盟之前拥有地区合作的经验。这种次区域合作有两个益处：其一，可以使候选国在入盟之前解决国家间的基本矛盾问题并建立睦邻关系；其二，有助于申请国克服历史原因造成的内部分裂和（或）防止或至少减缓出现新的分裂。次区域合作也可以被视为一种国家间建立政治信任的措施，同时可以促使参与合作的国家培养就共同关心的问题进行妥协与合作的精神，并为入盟后在欧盟层面进行妥协与合作做准备。

西巴尔干国家之间能否进行次区域合作取决于这些国家能否丢掉历史包袱，理性认知邻国，在欧洲一体化的大背景下携手共同发展，这是其面临的重大挑战。21世纪，西巴尔干地区出现了若干地区合作倡议。而近年来两个由地区内国家和地区自主提出的次区域合作倡议尤其引人注目，它们分别是

---

① "Bosnia and Herzegovina 2023 Report"，欧盟委员会网站，2023年11月8日，https://neighbourhood-enlargement.ec.europa.eu/system/files/2023-1/SWD_2023_691%20Bosnia%20and%20Herzegovina%20report.pdf，检索日期：2024年6月23日。

"开放巴尔干"倡议和"西巴尔干四方机制"（Zapadni Balkan KVAD）。这表明，西巴尔干正处于化解历史积怨、走向睦邻友好和共同发展的历史新阶段。

2021年7月29日，北马其顿、阿尔巴尼亚和塞尔维亚三国签署"开放巴尔干"倡议，它由2019年10月上述三国提出的"迷你申根"倡议更名而来。该倡议旨在加强区域合作，发展区域经济和改善成员国人民生活，共同推动加入欧盟的进程。根据该倡议，自2023年1月1日起，三国相互开放边界，建立单一市场，实行零关税，货物和人员可自由流动。①

尽管这是一项极具建设性和历史性的倡议，但同处西巴尔干的黑山、波黑和科索沃地区并未加入其中，原因或许有三：其一，因为西巴尔干国家自身经济基础薄弱，它们希望更多参与欧洲一体化进程，不看好倡议目标；其二，由于倡议并非由欧盟或欧盟主要成员国提出或推动，它们担心倡议会成为入盟的替代方案，或减缓入盟进程；第三，对一些西巴尔干国家的信任度较低。尤其对科索沃地区而言，它既不想回到所谓的"南斯拉夫圈"，也不想受到"大阿尔巴尼亚"的更大影响。②

"开放巴尔干"倡议的未来还受到该倡议现有成员国立场的影响。倡议自出台伊始就在阿尔巴尼亚的执政党和反对党之间引起了激烈的辩论。执政的社会党认为，该倡议与旨在实现西巴尔干地区经济和社会一体化、为推进该地区欧洲一体化做准备的"柏林进程"并行不悖，且在经济合作、人员自由流动、商业往来便利化、承认专业执照等领域取得了显著成就。而反对党则认为，该倡议除了让塞尔维亚重新在政治、经济和军事方面获得主导地位外什么成效也没有取得。2023年年中科索沃北部地区局势再度趋紧之后，阿尔巴尼亚总理埃迪·拉马（Edi Rama）7月1日表示，"开放巴尔干"倡议即日起停止，因为其目标已经实现，"柏林进程"将成为阿尔巴尼亚开展

---

① 《西巴尔干三国签署协议促进区域合作》，新华网，2021年7月30日，http://www.xinhuanet.com/world/2021-07/30/c_1127710950.htm，检索日期：2024年6月27日。
② Dragan Bisenic, "Kosovo in Regional Relations-Between 'Yugosphere' and 'Greater Albania'", Kosovo Online, 2023年5月12日，https://www.kosovo-online.com/en/personal-opinion/kosovo-regional-relations-between-yugosphere-and-greater-albania-12-5-2023，检索日期：2024年6月28日。

西巴尔干区域合作的轴心。①

欧盟与美国对"开放巴尔干"倡议表示支持，或许是出于它们的鼓励，黑山与波黑以观察员的身份在2022年分别参加了该倡议的奥赫里德（Ohrid）和贝尔格莱德峰会。

2023年3月29日，为应对俄乌冲突产生的影响，构建安全共同体，阿尔巴尼亚、北马其顿外长和科索沃临时当局"副外长"与黑山总理外交政策顾问在北马其顿首都斯科普里举行会议，决定建立一个四方机制。会议发表的公报称，俄乌冲突导致产生了新的地缘政治现实、混合威胁、能源危机和经济危机，②与会方有必要向欧盟共同外交与安全政策（CFSP）看齐，向"民主世界"的立场和价值观靠拢，这已成为申请入盟者最重要的优先事项之一。③与会方同意在俄乌冲突问题上采取同欧美一致的立场，参与对俄罗斯实施制裁，共同应对俄乌冲突带来的多重危机。塞尔维亚和波黑并未加入该机制。这既反映了西巴尔干国家对俄乌冲突问题的不同立场，也反映了这一地区国家之间相互关系和认知的现状。四方机制成员排挤塞尔维亚和波黑的共同立场不仅给次区域合作带来负面效应，凸显了塞尔维亚和科索沃临时当局之间的紧张关系，还将在一定程度上影响西巴尔干成员整体的欧洲一体化进程。

（五）西巴尔干国家对俄乌冲突的立场和应对措施不同

2022年2月俄乌冲突爆发至今，西巴尔干国家在这一问题上的立场分

---

① "Rama: Open Balkan Fulfilled Its Mission, Time to Focus on Berlin Process", 欧洲动态网, 2023年7月3日, https://www.euractiv.com/section/politics/news/rama-open-balkan-fulfilled-its-mission-time-to-focus-on-berlin-process, 检索日期: 2024年6月28日。

② Egemen Öney, "Is Serbia Breaking Out of the Western Balkan Bloc?", ANKACAM, 2023年3月14日, https://www.ankasam.org/is-serbia-breaking-out-of-the-western-balkan-bloc/?lang=en, 检索日期: 2024年6月30日。

③ "Four EU Hopefuls, Except Serbia, Create Group to Align with EU Security Policy", 欧洲动态网, 2023年3月30日, https://www.euractiv.com/section/politics/news/four-eu-hopefuls-except-serbia-create-group-to-align-with-eu-security-policy, 检索日期: 2024年6月30日。

歧依旧。阿尔巴尼亚、北马其顿、黑山等已经加入北约的西巴尔干国家都支持乌克兰，谴责俄罗斯，且参加美欧对俄的制裁。在安全政策方面，这些国家增加军费开支（见表1），参加北约的多种军事演习，且次数不断增加（见表2）。

表1 2019~2023年西巴尔干五国军费开支占GDP的比重

单位：%

	2019年	2020年	2021年	2022年	2023年
阿尔巴尼亚	1.2	1.2	1.4	1.7	1.6
黑山	1.6	1.3	0.9	0.7	0.7
北马其顿	0.8	0.9	1.4	1.7	1.7
波黑*	0.8	0.9	0.8	0.7	0.7
塞尔维亚*	1.9	2.0	2.4	2.0	2.0

* 波黑和塞尔维亚作为对比方。

资料来源："Balkan Defense Monitor 2024"，BCSP，2024年2月，p.15，https://bezbednost.org/wp-content/uploads/2024/02/BDM2024final.pdf，检索日期：2024年6月30日。

表2 2022~2023年西巴尔干国家参加军事演习的数量

单位：次

	2022年		2023年	
	双边	多边	双边	多边
阿尔巴尼亚	4	13	3	17
北马其顿	5	15	13	18
黑山	1	16	2	23
波黑*	—	9	5	9
塞尔维亚*	—	—	—	1

* 波黑和塞尔维亚作为对比方。

资料来源："Balkan Defense Monitor 2024"，BCSP，2024年2月，pp.28、30、34、36、38，https://bezbednost.org/wp-content/uploads/2024/02/BDM2024final.pdf，检索日期：2024年6月30日。

塞尔维亚和波黑则因与俄罗斯的关系和国内政治采取了不同立场。塞尔维亚在2022年3月联合国大会紧急特别会议上投票支持谴责俄罗斯"入侵"乌克兰的决议，但并没有加入对俄罗斯的制裁。塞尔维亚总统武

契奇表示，他的国家"始终尊重国际法律准则……但也尊重其传统友谊"①。2023年4月，武契奇明确表示，塞尔维亚没有也不会向乌克兰出口武器。②

由于波黑塞族共和国对俄罗斯的支持以及在这方面与波族和克族的不同立场，波黑在国家层面没有对俄乌冲突形成官方立场。波黑塞族共和国总统米洛拉德·多迪克（Milorad Dodik）2022年9月和2023年5月两次会晤俄罗斯总统普京，确认该波黑实体及其领导层同俄罗斯和普京之间的良好关系，没有任何可能性加入西方对俄罗斯的制裁。③

（六）罗马尼亚和保加利亚的改革获欧盟认可，部分加入申根区

2022年10月和11月，欧盟发布最后一份合作与审查机制④进展报告并做出决议，认为罗、保两国已达成设定目标，建议取消合作与审查机制对两国的约束。2023年9月15日，欧盟委员会宣布正式关闭对罗、保两国的合作与审查机制，标志着两国的改革获得了欧盟的肯定，司法改革与反腐败进程进入了新阶段。同年12月30日，欧盟理事会宣布，将取消与保加利亚和

---

① "Two Years on, Balkan States Remain Divided over Ukraine War", Balkan Insight, 2024年2月23日，https：//balkaninsight.com/2024/02/23/two-years-on-balkan-states-remain-divided-over-ukraine-war，检索日期：2024年7月1日。
② "Two Years on, Balkan States Remain Divided over Ukraine War", Balkan Insight, 2024年2月23日，https：//balkaninsight.com/2024/02/23/two-years-on-balkan-states-remain-divided-over-ukraine-war，检索日期：2024年7月1日。
③ "Two Years on, Balkan States Remain Divided over Ukraine War", Balkan Insight, 2024年2月23日，https：//balkaninsight.com/2024/02/23/two-years-on-balkan-states-remain-divided-over-ukraine-war，检索日期：2024年7月1日。
④ 罗马尼亚和保加利亚2007年1月1日加入欧盟，但随之而来的是前所未有的监督机制。根据入盟协定第37条与38条原则，欧盟委员会建立合作与审查机制，继续核查罗马尼亚与保加利亚入盟后在司法改革方面的进展，如果两国没能满足欧盟提出的标准，欧盟委员会将实行保障措施，包括中止某些方面的成员国义务。根据设定的标准，欧盟每年对罗马尼亚和保加利亚进行评估，并通过合作与审查机制发布进展报告。报告内容的主要来源是两国政府，其需详细回复欧盟委员会的一系列调查问卷。同时，报告还有来自欧盟委员会代表处办公室以及各成员国驻罗马尼亚和保加利亚外交使团、社会团体、协会和专家报告的信息与分析。此外，欧盟委员会还组织"事实调查团"赴两国进行实地调查，并派遣其他成员国的法官、检察官以及反腐败专家与两国重要的政府部门、司法机构进行会谈，详细了解情况。

罗马尼亚的空中和海上内部边境管制，同意两国部分加入申根区。自2024年3月31日起，两国与申根区其他国家之间的欧盟内部空中和海上边境不再对人员进行检查。

与欧盟针对成员国在民主与法治方面所采取的措施相比，合作与审查机制更具刚性和可操作性，效果也更明显。该监管机制不仅体现了欧盟对成员国严格的法律和改革要求，还为欧洲一体化理论增添了新的内容。同时，它为欧盟今后应对新成员国类似问题提供了成功的经验和可操作的模板。

四 大国竞逐西巴尔干日趋激烈

由于西巴尔干国家自身的历史脆弱性，而西巴尔干又是冷战后全球主要政治力量在欧洲争夺的最后地区，多个所谓"利益攸关方"竞相涌入该地区，试图影响这一地区国家的发展方向。特别是在2022年俄罗斯对乌克兰采取特别军事行动的大背景下，各方在这一地区的竞争更趋激烈。从全球层面看，它也是全球意识形态在西巴尔干地区的相互碰撞与竞争。[①] 在区域背景下，意识形态相似和地缘政治利益相同的攸关方之间更有可能进行合作，反之则将导向竞争。[②] 同时，利益攸关方在这一地区的竞争势必会对地区内国家的政治、经济和安全等领域产生不容忽视的影响。[③]

在巴尔干所有利益攸关方中，欧盟的影响力最大。欧盟在西巴尔干地区的利益目标主要是稳定地区形势、推动地区经济发展、展示吸纳地区国家参加欧洲一体化的政治意愿，削减俄罗斯与中国在当地的影响力，同时

---

① Elizaveta Gaufman, "Between a Liberal and a Hardplace: Russia and Globalideological Competition", *New Perspectives*, Vol. 28, No. 4, 2020, pp. 481-485, https://doi.org/10.1177/2336825X20954744, 检索日期：2024年7月1日。

② B. Miller, *When Opponents Cooperate: Great Power Conflict and Collaboration in World Politics*, University of Michigan Press, 1995.

③ B. Miller & K. Kagan, "The Great Powers and Regional Conflicts: Eastern Europe and the Balkans from the Post-Napoleonic Era to the Post-Cold War Era", *International Studies Quarterly*, Vol. 41, No. 1, 1997, pp. 51-85, https://doi.org/10.1111/0020-8833.00033, 检索日期：2024年7月1日。

平衡土耳其的影响力。欧盟实现以上目标的路径是向地区国家提供经济援助，与其开展多领域、多形式合作，不断展现西巴尔干国家加入欧盟的愿景，鼓励该地区国家进行国内改革，以逐渐满足入盟标准。欧盟自提出准备吸纳西巴尔干国家入盟以来，使用了多种政策工具，发挥规范性力量，推动和鼓励西巴尔干国家更积极地参与欧洲一体化。2023年，欧盟又提出西巴尔干新增长计划，希望在未来10年内使西巴尔干地区的经济规模翻一番。目前，欧盟是西巴尔干国家的主要贸易伙伴、外国直接投资和外国援助提供者。

（一）美国：从未离开巴尔干，深度涉足科索沃问题

美国对巴尔干的兴趣呈明显的阶段性。在波黑战争和科索沃战争期间，美国积极介入；2008年支持科索沃单方面宣布独立。虽然2010年之后美国将战略重心转向亚太，但从未离开巴尔干。在政治领域，美国主要关注科索沃问题，与欧盟一道努力推动塞尔维亚和科索沃地区"关系正常化"，并将此作为支持塞尔维亚加入欧盟的先决条件。2020年9月4日，在美国的秘密斡旋下，塞尔维亚和科索沃临时当局在美国白宫签署文件，同意实现经济关系正常化。

在安全领域，美国在科索沃地区建有军事基地，在北马其顿建立了南欧最大的情报站，以全面掌握该地区多领域实时动态。作为北约维和任务的一部分，截至2022年2月，美国在科索沃部署了635名士兵。[①] 俄乌冲突爆发后，美国担心升级后的乌克兰危机溢出，可能导致包括巴尔干半岛在内的其他地区出现危机，"改变内部动态"。[②] 美国参议院欧洲和地区安全合

---

① 《科索沃官员称已邀请美在当地建军事基地，并加快加入北约速度》，澎湃新闻网，2022年2月28日，https://www.thepaper.cn/newsDetail_forward_16886523，检索日期：2024年5月2日。

② "Why Does Biden Connect the Situation in Ukraine and the Balkans, and What Does Kosovo's Armament Have to Do with It?"，科索沃在线新闻网，2024年1月25日，https://www.kosovo-online.com/en/news/analysis/why-does-biden-connect-situation-ukraine-and-balkans-and-what-does-kosovos-armament，检索日期：2024年6月25日。

作小组委员会主席珍妮·沙欣（Jeanne Shaheen）称，在俄乌冲突的背景下，美国与西巴尔干的关系"至关重要"。2022年8月，由沙欣倡导、其他几位两党参议员附议的《西巴尔干民主与繁荣法案》①（Western Balkans Democracy and Prosperity Act）发布，旨在通过基础设施建设、贸易和反腐败等方面的倡议，支持西巴尔干地区的经济发展，包括制定制裁措施，以遏制破坏稳定的活动。该法案呼吁加强波黑安全，鼓励阿尔巴尼亚和北马其顿融入欧盟。②

近年来，美国似乎在更深地涉足科索沃问题，但美国外交界在如何对待塞尔维亚的问题上仍然存在分歧，一种观点认为塞尔维亚是真正的合作伙伴，而另一种观点则认为它是"一个潜在的问题"。同时，为平衡塞尔维亚和科索沃地区的关系，一方面，美国频繁与前者进行政治接触；另一方面，美国试图武装科索沃地区，向科索沃临时当局出售便携式反坦克导弹"标枪"，③以期提升其在与塞尔维亚武装博弈过程中的能力。值得关注的是，在俄乌冲突的背景下，科索沃临时当局"国防部长"阿尔曼德·梅哈伊（Armend Mehaj）以安全为由，呼吁美国在当地建立永久军事基地，希望美国推动科索沃加速加入北约。④

（二）俄罗斯：与西巴尔干国家关系承压，加强同塞族合作

俄罗斯在西巴尔干的存在历史悠久。南斯拉夫联邦解体后发生的许

---

① 该法案的全称为《鼓励增加美国与西巴尔干国家之间的贸易和投资以及其他目的》（To Encourage Increased Trade and Investment Between the United States and the Countries in the Western Balkans, and for Other Purposes）。
② "US Senators Push New Legislation to Boost Ties to Balkans", Balkan Insight, 2022年8月5日, https://balkaninsight.com/2022/08/05/us-senators-push-new-legislation-to-boost-ties-to-balkans/, 检索日期：2024年6月27日。
③ "US State Department Approves Javelin Missile Order for Kosovo", Defence Connect, 2024年1月15日, https://www.defenceconnect.com.au/land/13426-us-state-department-approves-javelin-missile-order-to-kosovo, 检索日期：2024年6月27日。
④ "Kosovo Asks U.S. for Permanent Military Base, Speedier NATO Membership", 路透社新闻网, 2022年2月28日, https://www.reuters.com/world/europe/kosovo-asks-us-permanent-military-base-speedier-nato-membership-2022-02-27/, 检索日期：2024年6月27日。

多重大事件中也有俄罗斯的身影。随着欧洲一体化和跨大西洋关系发展大潮强劲冲刷巴尔干半岛,俄罗斯也同步强化了在这一地区的存在。值得指出的是,俄罗斯对巴尔干地区的兴趣源于其总体外交政策,而非巴尔干地区政策。

俄罗斯对巴尔干地区的兴趣基于三个目标:首先,苏联解体后俄罗斯寻求大国地位;其次,试图通过反对跨大西洋关系发展和欧洲一体化,以及在巴尔干地区采取和美欧不同的外交策略,来阻碍该地区国家加入欧洲-大西洋一体化进程;最后,利用巴尔干半岛问题,尤其是科索沃问题,作为其在其他地区的外交政策议程的论据。俄罗斯利用政治、经济、东正教、军事和媒体等工具和渠道在巴尔干发挥影响。

俄罗斯与西巴尔干国家的关系具有几个突出特点。第一,俄罗斯在塞尔维亚、波黑以及黑山有较大的影响力,但俄罗斯没有同这些国家在国家层面建立制度化和结构性的接触,主要是在当地培养亲俄政客以及通过东正教、媒体和代理团体的联系施加影响,事实证明这种做法相对成功;第二,虽然俄罗斯与上述三国关系的实质性有限,但以往的历史表明,它有能力对这三个国家的内政产生深度影响;第三,在欧洲一体化和跨大西洋关系不断发展的大趋势中,俄罗斯无法阻止波黑和塞尔维亚与北约的深入合作,也没能阻止黑山在 2017 年加入北约;第四,俄乌冲突爆发后,美西方的多轮制裁削弱了俄罗斯的外交和财政能力,而且俄罗斯与塞尔维亚、波黑和黑山的关系在一定程度上受到西方压力的影响,但俄罗斯在西巴尔干的战略和目标并未根本改变。俄罗斯加强与西巴尔干国家,特别是与塞尔维亚的合作,也是其在受制裁背景下寻找"突围之路"的方式之一。①

也正因为如此,2022 年以来,俄罗斯加强了与波黑塞族共和国的政

---

① 2022 年 5 月,塞尔维亚与俄罗斯讨论用卢布购买俄罗斯天然气的可能性。作为回报,俄罗斯以 340~350 美元/千立方米的优惠价格向塞尔维亚出售天然气。"Serbia Secures New 3-Year Deal with Russia for Gas Supply",土耳其安纳多卢通讯社网站,2022 年 5 月 29 日,https://www.aa.com.tr/en/europe/serbia-secures-new-3-year-deal-with-russia-for-gas-supply/2600651,检索日期:2024 年 7 月 3 日。

治互动，相互支持。经济上，俄罗斯投资15亿欧元，在波黑塞族共和国修建两座燃气发电站。① 与此同时，俄罗斯继续保持与塞尔维亚的政治、精神和文化双边关系，人文交流以及安全和军事合作。② 俄罗斯联邦军事技术合作局（Federal Service for Military-Technical Cooperation）局长德米特里·舒加耶夫（Dmitry Shugayev）在2023年8月14~20日举行的"军队-2023"国际军事技术论坛期间表示，俄罗斯准备与塞尔维亚在军事技术合作领域的所有问题上进行合作，"塞尔维亚过去是、现在仍然是俄罗斯在欧洲大陆可靠的战略盟友，我们随时准备帮助这个友好国家建设现代化、高度机动的武装力量，准备在塞尔维亚方面感兴趣的所有问题上进行合作"。③ 2023年底，俄罗斯向塞尔维亚提供了名为"驱虫剂"的反无人机电子干扰系统。④

（三）土耳其：挖掘历史渊源，深化经济文化合作

土耳其是巴尔干地区利益攸关方中与该地区历史渊源最深厚的国家。该国在巴尔干地区的利益反映在政治、经济、族亲关系、文化、安全和防务等领域。在政治领域，土耳其作为北约成员国，与尚未加入北约的塞尔维亚和波黑组成所谓"朋友集团"，并与塞尔维亚建立高级别合作委员会。土耳其也希望通过与西巴尔干国家的合作平衡其与欧盟的关系。土耳其鼓励在西巴尔干国家，主要在北马其顿和科索沃地区的土族人参政。在安全和防务领

---

① "Russia to Back €1.5bn Investment in Two Gas-fired Power Plants in Bosnia's Republika Srpska", Intellinews, 2022年6月22日, https://www.intellinews.com/russia-to-back-1-5bn-investment-in-two-gas-fired-power-plants-in-bosnia-s-republika-srpska-248363, 检索日期: 2024年6月30日。

② Milana Živanović, "Politics, Geopolitics, History: Russian-Serbian Relations at the Present Stage", 瓦尔代俱乐部, 2023年8月16日, https://valdaiclub.com/a/highlights/politics-geopolitics-history-russian-serbian, 检索日期: 2024年6月30。

③ "Russia's Military Cooperation Agency Prepared to Work with Serbia on All Issues", 塔斯社新闻网, 2023年8月16日, https://tass.com/defense/1661143, 检索日期: 2024年6月28日。

④ Beta, "Serbia Receives Another Arms Delivery from Russia Despite Sanctions on Moscow", AP, 2024年2月14日, https://n1info.rs/english/news/ap-serbia-receives-another-arms-delivery-from-russia-despite-sanctions-on-moscow/, 检索日期: 2024年7月6日。

域,土耳其对西巴尔干国家进行军事培训,支持波黑申请加入北约。在经济领域,土耳其不断加大对所有西巴尔干国家的投资力度,以基础设施、电信、采矿、银行、发展援助、卫生部门和旅游部门为重点。2003~2019年,土耳其与西巴尔干国家和科索沃地区签署了自由贸易协定;2019年,土耳其与塞尔维亚签署了升级版自由贸易协定。

土耳其在西巴尔干具有强大的软实力。土耳其通过合作与协调机构(TIKA)和宗教事务局、对外文化推广机构尤努斯·埃姆雷学院等的活动推动在巴尔干地区建立基于共同文化和宗教遗产的国际关系。土耳其的宗教和文化影响力以多种方式发挥作用,包括修复旧奥斯曼建筑、伊斯兰建筑,提供公共课程、奖学金和交流机会,发挥媒体影响,以及为侨民提供签证便利,甚至影响街道命名。如今,土耳其在西巴尔干国家已落实了多个文化项目。引人注目的是,土耳其试图通过消除其历史上占领者的形象来抹去历史。土耳其还采取多种措施参与巴尔干国家的教育网络建设。土耳其2004年在波黑首都萨拉热窝建立国际大学,2006年在马其顿①首都斯科普里建立国际巴尔干大学。同时,土耳其吸引巴尔干地区年轻人到其大学接受高等教育。土耳其也是向巴尔干地区输出电视节目最多的国家之一。

上述巴尔干地区的利益攸关方凭借各自的比较优势寻求在巴尔干地区的利益。从影响的国家和地区看,影响面最大的分别是德国(主要面向北马其顿、波黑、塞尔维亚和科索沃地区)和土耳其(主要面向阿尔巴尼亚、波黑、北马其顿和科索沃地区)。受俄罗斯影响最大的主要是塞尔维亚和波黑塞族共和国,美国在波黑和科索沃地区的影响力最大。

从影响的领域看,在政治领域影响力较大的是欧盟、德国和美国;在经济领域影响力较大的是欧盟、德国、俄罗斯;在军事领域影响力较大的是美

---

① 马其顿原为南斯拉夫社会主义联邦共和国的成员国之一,1991年南斯拉夫社会主义联邦共和国解体后获得独立,当时国号为马其顿共和国,通称马其顿,以"前南斯拉夫马其顿共和国"的名义加入联合国。由于在"马其顿"名称的使用上与邻邦希腊长期存在争议,2019年2月12日起马其顿的国号改为"北马其顿"。

国和俄罗斯；在宗教领域影响力更大的是土耳其、俄罗斯和海湾国家；在文化领域影响力较大的主要是土耳其和俄罗斯；在族亲关系领域影响力较大的是土耳其和德国。

五 "一带一路"倡议下的中国与巴尔干

2012年中国-中东欧国家合作的建立，特别是中国将巴尔干地区视为"一带一路"倡议的重点落实地区之后，中国与这一地区国家之间的政治关系、贸易往来、经济合作和人文交流不断扩大和巩固。

长期以来，中国一直致力于与巴尔干地区的国家政府和主要政党建立良好的合作关系，主要通过相互国事访问、签署政府间谅解备忘录等方式强化和拓展双边关系。党际合作在双边和多边层面进行，主要通过中国-中东欧国家政党对话会、中国与中东欧青年政治家论坛、中国共产党与世界政党高层对话会等来实现。

自2012年以来，中国与西巴尔干国家的经贸合作不断扩大，中国已成为仅次于欧盟的西巴尔干国家第二大贸易伙伴。[①] 截至2021年底，中国在西巴尔干地区共有122个合作项目落地，总投资310亿美元，[②] 占同期西巴尔干五国外国直接投资总量的40%。

特别需要指出的是，除经贸关系不断扩大之外，近年来中国在西巴尔干也越来越重视系统性地利用文化作为外交工具，文化外交方式更加广泛，呈现多样化。中国正通过建立新的中国文化机构——中国文化中心来弥补传统上以中文教学为重点的孔子学院在功能上的不足。中国文化中心的活动范围更广，注重文化互动与合作。活动主要集中在艺术领域，包括举办摄影展、

[①] "Archive：Western Balkans-EU-International Trade in Goods Statistics"，欧盟统计局网站，2020年4月，https：//ec.europa.eu/eurostat/statistics-explained/index.php? title=Western_Balkans-EU_-_international_trade_in_goods_statistics&oldid=479958#The_Western_Balkans_trade_with_the_EU_and_other_main_partners，检索日期：2024年5月1日。

[②] "China in the Balkans"，Balkan Insight，https：//china.balkaninsight.com/，检索日期：2024年7月1日。

征文比赛、读书会、音乐会、展览，甚至开设烹饪课程。此外，中国在向西巴尔干地区传播的媒体内容中也突出文化因素。一些西巴尔干国家的报社发行有关中国的各种增刊，类似的趋势在社交媒体和中国国际广播电台的在线活动中也很明显。① 这些活动涵盖了艺术、生活方式和美食等方面。② 中国与西巴尔干国家其他方面的人文交往也日益密切，科研院所之间的互动范围不断拓展，强度不断加大。

有趣的是，这也是一种"双向奔赴"。文化在西巴尔干国家吸引中国游客的策略中也扮演着越来越重要的角色。中国游客熟悉的老电影已经成为当地吸引中国游客的磁石，对过去几年中国游客在西巴尔干地区的显著增长有重要贡献，此类旅游正迅速成为中国与该地区国家双边互动的一个关键领域。多个西巴尔干国家已经对中国公民实行免签政策，这也为吸引中国游客提供了便利。

在西巴尔干国家中，中国与塞尔维亚在各领域的合作最为丰富和深入。2009年8月，中国与塞尔维亚签署关于建立战略伙伴关系的联合声明。2016年中国国家主席习近平访问塞尔维亚，两国建立全面战略伙伴关系。2023年10月17日，中国与塞尔维亚签署自由贸易协定；同年12月，两国签署人民币清算安排的合作备忘录③。塞尔维亚也是第一个对中国公民实行免签政策的欧洲国家。

随着越来越多的巴尔干国家决定迈向欧洲-大西洋一体化，欧盟和北约在巴尔干的影响力不断上升，并将这一地区视为自己的"势力范围"。同

---

① 过去几年，中国媒体在西巴尔干地区的影响力显著提升，越来越多以中国为主题的内容在当地落地，且当地媒体对有关内容生产的直接参与逐步增加。不仅如此，中国外交官和媒体机构正在迅速增加其在西巴尔干社交媒体网络上的存在。

② Vladimir Shopov, "Decade of Patience: How China Became a Power in the Western Balkans", ECFR, 2021年2月, https://ecfr.eu/wp-content/uploads/Decade-of-patience-How-China-became-a-power-in-the-Western-Balkans.pdf, 检索日期: 2024年6月30日。

③ 《中国人民银行与塞尔维亚中央银行签署在塞尔维亚建立人民币清算安排的合作备忘录》，中国人民银行网站，2023年12月11日，http://www.pbc.gov.cn/huobizhengceersi/214481/214511/3406537/5165422/index.html，检索日期：2024年7月1日。

时，在大国竞争的背景下，美西方越来越多地从地缘政治角度审视俄罗斯与中国参与西巴尔干地区事务的情况，将俄罗斯与中国在西巴尔干的存在视为"威胁"，并试图采取措施对抗俄罗斯与中国的影响力。美西方的这种认知和做法有可能加剧西巴尔干地区的安全困境。同时，在大国竞争的背景下，西巴尔干国家可能会"见机行事"，以期获得更多的利益，从而实现各自的议程。

分报告

B.2
2023年巴尔干地区政治形势

李建军*

摘　要： 自俄乌冲突爆发以来，位于乌克兰周边的巴尔干地区因其地缘政治地位突出，所受的影响越来越大。2023年，巴尔干国家的内政仍然与国际政治紧密联动。由于担心冲突风险外溢，欧盟2023年继续主导科索沃问题谈判，但这并未取得稳定局势的效果，长期以来作为地区热点的科索沃问题持续造成紧张局势，而另一个传统地区热点波黑塞族共和国的离心行动也在加强。虽然克罗地亚加入了申根区和欧元区，但是北马其顿入盟进程陷入停滞，黑山失去了对关键改革的关注。在欧洲政治经济格局重塑的同时，巴尔干国家政坛也在不断上演新的风波，体现为"塞尔维亚反对暴力"运动登上舞台、黑山政治悄然发生转变、保加利亚非联盟政府启动轮流执政，以及罗马尼亚极右翼政党崛起等。

---

* 李建军，博士，首都师范大学国别区域研究院、历史学院副研究员，主要研究方向为巴尔干现代史、塞尔维亚。

关键词： 巴尔干　政治　外交　欧盟

一　俄乌冲突之下西方加快布局西巴尔干

2022年2月爆发的俄乌冲突及其进展已成为左右全球政治经济格局走向的重大事件。欧盟和北约将俄罗斯视为主要威胁，着手重塑其政治、安全架构，而俄罗斯则将冲突描述为与"两面三刀的西方"之间的一场事关生死存亡的防御行动。在该事件的影响下，欧洲大陆政治和经济秩序的基本面正在发生变化。随着西方与俄罗斯日益疏远，地缘政治地位比较突出的巴尔干，特别是西巴尔干，受到很大影响。

西方和俄罗斯在巴尔干有各自的势力范围。俄罗斯在巴尔干的亲密伙伴是塞尔维亚和波黑塞族共和国及黑山、保加利亚等国的亲俄势力。俄罗斯不仅与塞尔维亚、波黑塞族共和国的领导人一直保持密切联系，且通过东正教会和强势媒体在该地区施加影响。与此同时，西方国家领导人与波什尼亚克人、阿尔巴尼亚人、克罗地亚人以及抗拒塞尔维亚影响的黑山人关系最为密切。但西方在该地区最大的杠杆，即入盟的前景，近年来已经逐渐失去了可信度。俄乌冲突爆发后，巴尔干国家和各民族的反应有很大不同。对20世纪90年代的战争仍记忆犹新的克罗地亚人、波什尼亚克人和科索沃阿尔巴尼亚人对俄罗斯的特别军事行动表示反感，理解乌克兰人的困境。相反，巴尔干的塞尔维亚人普遍同情俄罗斯。民意调查显示，在塞尔维亚，大约70%的人将危机的爆发归咎于西方和乌克兰。[①]

在这种情况下，俄乌冲突对巴尔干，尤其是西巴尔干国家的政治事务产生了重大影响。在西方看来，俄罗斯在巴尔干半岛的布局可能令该地区深埋冲突的种子，因为即使目前各种冲突处于冻结状态，但未来如果受到外部力量的操纵，其也可能迅速失控，届时西方自身也将深陷巴尔干泥潭。这种警

---

① "Serbia: The Russia Dilemma"，英国BBC新闻网，2023年2月20日，https://www.bbc.co.uk/programmes/m001jmt7，检索日期：2023年4月29日。

觉推动了欧盟下定决心结束巴尔干地区的长期争端。①

俄乌冲突促使欧盟重新评估其战略重点。俄乌冲突爆发后，欧盟扩大事务专员奥利弗·瓦尔赫利（Olivér Várhelyi）当即强调，西巴尔干地区的一体化对欧盟安全至关重要。② 在这场冲突下，欧盟看到了加快扩大进程的契机。不过，欧盟此后在没有严格条件限制的情况下给予乌克兰、摩尔多瓦和格鲁吉亚候选国地位，在一定程度上损害了其在西巴尔干地区的信誉。2022年12月，所有欧盟成员国一致投票给予波黑欧盟候选国地位。如果不是因为俄乌冲突，荷兰不大可能投赞成票。在表决之前，荷兰政府承认波黑没有达到获得候选国地位的必要先决条件。③ 出于类似原因，保加利亚取消了对欧盟与北马其顿开启入盟谈判的否决。

出于同样的政治和安全考虑，在俄乌冲突爆发后，西方加大了在该地区的斡旋力度，并已经取得了一定的进展。例如，塞尔维亚和科索沃临时当局口头同意执行欧盟最新的关于实现塞尔维亚和科索沃地区"关系正常化"的计划，波黑2022年10月大选过后以不同寻常的速度组建了国家政府。

俄罗斯显然对这些事态发展感到不安，并加强了对西方在西巴尔干斡旋的抵制。2022年3月，俄罗斯驻波黑大使伊戈尔·卡拉布克霍夫（Igor Kalabukhov）说，波黑有权决定是否加入北约，但是他同时警告称，莫斯科保留对这种可

---

① Maxim Samorukov, "Surviving the War: Russia-Western Balkan Ties After the Invasion of Ukraine",卡内基国际和平基金会网站，2023年4月25日，https://carnegieendowment.org/politika/89600，检索日期：2023年12月29日。

② "Várhelyi: Stability of Western Balkans More Important Than Ever"，欧洲EWB新闻网，2022年2月28日，https://europeanwesternbalkans.com/2022/02/28/varhelyi-stability-of-western-balkans-more-important-than-ever/，检索日期：2023年12月29日。西巴尔干国家成为欧盟成员国是一个漫长的过程，需要数年才能实现。在西巴尔干，只有塞尔维亚和黑山在入盟方面取得了一些进展。其中，塞尔维亚于2012年获得欧盟候选国地位，在35个谈判章节中开启了22个章节，但没有一个章节成功结束。欧盟与塞尔维亚谈判的速度在很大程度上也取决于塞尔维亚和科索沃临时当局"关系正常化"的实现程度。黑山在2010年取得欧盟候选国地位，所有谈判章节都已开启，其中3个章节已成功结束。其他西巴尔干国家的入盟进度则远远落后。

③ "The Netherlands Won't Single-Handedly Block Bosnia from Becoming EU Candidate Member",《荷兰时报》新闻网，2022年11月11日，https://nltimes.nl/2022/11/11/netherlands-wont-single-handedly-block-bosnia-becoming-eu-candidate-member，检索日期：2023年12月30日。

能性做出反应的权力，而"乌克兰的例子表明了我们的期望"①。与此同时，俄罗斯驻塞尔维亚大使、俄罗斯外交部负责该地区事务的高级官员亚历山大·博灿-哈尔琴科（Alexander Botsan-Kharchenko）表示，在科索沃问题上，塞尔维亚人民可以永远依赖俄罗斯。②

在巴尔干，西方孤立俄罗斯的行动远没有结束，因为在一些地方，俄罗斯仍被视为伙伴而受到欢迎。塞尔维亚总统阿莱克桑达尔·武契奇继续推行多方平衡政策，波黑塞族共和国领导人米洛拉德·多迪克以及一些主要的黑山和保加利亚政党也继续坚持亲俄政策。因此，巴尔干地区的矛盾热点，尤其是科索沃问题、波黑问题的解决，现在越来越处于西方，尤其是欧盟的控制之下。

二 热点地区局势持续恶化与升级

2023年，受国际形势影响，巴尔干地区的长期热点问题——科索沃问题和波黑问题——出现新的紧张情况，甚至一度使巴尔干的"火药桶"形象被强化。巴尔干问题能否在西方主导的框架内得到解决仍存疑问。

（一）科索沃北部局势不断恶化

科索沃问题是巴尔干地区最重要的政治话题之一。2023年，在欧盟的主导下，塞尔维亚和科索沃临时当局口头同意了新的"关系正常化"协议及执行附件，③ 但是并未因此缓解科索沃北部的紧张局势，当年9月便发生

---

① "Russian Ambassador Says BiH Can Join NATO, But Moscow Will React"，欧洲动态网，2022年3月16日，https://www.euractiv.com/section/politics/short_news/russian-ambassador-says-bih-can-join-nato-but-moscow-will-react/，检索日期：2023年12月29日。

② "Serbs, You Can Count on Russia"，塞尔维亚B92新闻网，2022年2月12日，https://www.b92.net/eng/news/world.php?yyyy=2022&mm=12&dd=22&nav_id=115107，检索日期：2023年12月30日。

③ 2023年2月27日，在欧盟西巴尔干事务特别代表米罗斯拉夫·莱恰克（Miroslav Lajčák）和欧盟外交与安全政策高级代表何塞普·博雷利·丰特列斯（Josep Borrell Fontelles）的调解下，塞尔维亚总统武契奇和科索沃临时当局"总理"阿尔宾·库尔蒂（Albin Kurti）在布鲁塞尔进行了会晤，欧盟在会晤当天公布了关于塞科"关系正常化"的欧盟（转下页注）

了巴尼斯卡（Banjska）冲突流血事件。

2023年的科索沃系列危机是2022年科索沃车牌问题引发的后续事件。科索沃临时当局于2022年6月29日决定强制所有车辆重新登记科索沃颁发的车牌，该要求直接导致2022年7月科索沃出现紧张局势，这一直持续到2022年11月，致使科索沃北部塞族人在主干道设置路障，且导致科索沃塞族人集体从行政机构辞职。塞族人退出科索沃临时当局行政机构之后，塞族人口集中的科索沃北部四市举行了地方选举，最初定于2022年12月举行，后来被推迟到2023年4月23日。此间，尽管2023年2月27日塞科双方在布鲁塞尔达成了通往双方"关系正常化"的协议，并于2023年3月18日在北马其顿奥赫里德就该协议的执行附件达成一致，科索沃也延长了地方选举候选人登记的最后期限，塞族仍然对选举进行了抵制，地方选举投票率非常低，仅为3.47%①，科索沃临时当局指派的阿族候选人当选为塞族城市的市长，直接导致紧张局势升级和暴力事件激增。

2023年9月24日凌晨在科索沃北部兹韦钱市（Zvečan）巴尼斯卡发生的塞族人与科索沃临时当局警察之间的武装冲突是近年来发生在科索沃地区的最严重的暴力事件。根据当地媒体报道，当日凌晨2点46分左右，一群来自科索沃北部的塞族人在巴尼斯卡设置了两辆卡车作为路障，随后科索沃临时当局警察赶到并试图拆除这些路障，双方爆发冲突，造成一名警察死亡，一人受伤。随后，塞族武装人员占据了巴尼斯卡的一座塞族东正教修道院，与科索沃临时当局警察交火数小时，有3名塞族人、1名警察死亡，6人被捕。

（接上页注③）提案，作为双方谈判依据的框架，该提案原先被称为"法德提案"。协议主要内容包括双方将相互承认对方的相关文件和国家标志，均不得在国际场合代表对方，塞尔维亚不反对科索沃加入任何国际组织、不得阻止对方入盟道路上取得进展，以及确保科索沃塞族群体享有适当程度的自治等。2023年3月18日，何塞普·博雷利·丰特列斯在北马其顿奥赫里德主持了塞科双方的第二轮谈判，双方就"科索沃地区与塞尔维亚关系正常化道路协议执行附件"达成一致。

① "Petkovic: Voters Turn out for the Elections in the North of Kosovo Is 3.47 Percent - Only 13 Serbs,"科索沃在线新闻网，2023年4月23日，https://www.kosovo-online.com/en/news/politics/petkovic-voters-turnout-elections-north-kosovo-347-percent-only-13-serbs-23-4-2023，检索日期：2024年1月23日。

科索沃临时当局"总理"阿尔宾·库尔蒂称此次事件为"贝尔格莱德的恐怖袭击"①。他在社交媒体上写道："实施这些恐怖袭击的不是普通科索沃塞族公民，而是塞尔维亚国家支持的部队。"② 他声称，袭击者得到了"贝尔格莱德官方提供的政治、财政和后勤支持"③。此事发生后，科索沃临时当局一直呼吁对塞尔维亚实施制裁，指责塞尔维亚参与袭击科索沃临时当局警察。而塞尔维亚总统武契奇否认贝尔格莱德官方与此事有任何关系，谴责了袭击警察的行为，并向死者家属表示哀悼，但他也称库尔蒂是科索沃北部所发生的一切的"罪魁祸首"。武契奇表示，这次袭击的发生是因为科索沃地区的塞族人"不想再遭受库尔蒂的恐怖治理……也不想屈服于他的挑衅"。④

此事也引发了西方对科索沃地区局势的担忧和集中关注。欧盟外交与安全政策高级代表何塞普·博雷利·丰特列斯表示，"必须查明袭击的所有真相。肇事者必须受到法律制裁……欧盟驻科索沃法治特派团（EULEX）作为第二安全响应者，正与科索沃临时当局和北约驻科部队保持密切沟通"⑤。美国、德国和意大利也纷纷对袭击者发出谴责。北约驻科部队表示将继续密切关注巴尼斯卡局势，但否认在科索沃"承担警察

---

① "Kurti：Serbia të mbahet plotësisht përgjegjëse për sulmet në veri"，科索沃 KOHA 新闻网，2023 年 9 月 26 日，https://www.koha.net/arberi/393232/kurti-serbia-te-mbahet-plotesisht-pergjegjese-per-sulmet-ne-veri/，检索日期：2023 年 12 月 31 日。
② 参见 X 社交媒体网站库尔蒂的个人官方账号，https://twitter.com/albinkurti/status/1705915322413256750，检索日期：2023 年 11 月 29 日。
③ "Who Was Behind the Deadly Attack at the Orthodox Monastery in Kosovo?"，RFE/RL 新闻网，2023 年 9 月 26 日，https://www.rferl.org/a/who-was-behind-deadly-attack-kosovo-monastery/32610373.html，检索日期：2023 年 10 月 29 日。
④ "Vučić o Banjskoj：Srbi sa KiM se pobunili, naseli na Kurtijevu provokaciju, bojazan da je i četvrti stradao"，科索沃北部 Kossev 新闻网，2023 年 9 月 24 日，https://kossev.info/vucic-o-banjskoj-srbi-sa-kim-se-pobunili-naseli-na-kurtijevu-provokaciju-bojazan-da-je-i-cetvrti-stradao/，检索日期：2023 年 10 月 29 日。
⑤ "Kosovo：Statement by the High Representative Josep Borrell on the Attack Against Kosovo Police"，欧盟 EEAS 官网，2023 年 9 月 24 日，https://www.eeas.europa.eu/eeas/kosovo-statement-high-representative-josep-borrell-attack-against-kosovo-police_en?s=321，检索日期：2023 年 10 月 31 日。

职责"的可能性。① 不过，北约表示，"如果需要，将派遣额外的英国部队以应对目前的局势，他们将由驻阿维和部队指挥"②。

尽管奥赫里德谈判之后，欧盟从入盟进程方面对塞科双方落实协议施加了压力，双方在该协议下的义务将成为其各自入盟进程的组成部分，巴尼斯卡事件反映出塞科"关系正常化"谈判陷入僵局。此间，欧盟表示将修改与塞尔维亚的入盟谈判框架第35章③，以反映塞尔维亚在协议及执行附件中的新义务。在2023年3月23日的欧盟峰会上，何塞普·博雷利·丰特列斯还警告双方，"任何质疑协议的企图都是徒劳的。这个协议达成了。它必须被执行。没有选择的余地。我们将密切监测谁实施了该计划，而谁没有"④。后来双方又经历几次谈判，在失踪人员管理、墓地等问题上达成协议，但在科索沃建立塞族城市联盟的问题上没有取得进展，这是科索沃问题目前的关键症结所在。

巴尼斯卡事件发生后，欧盟领导人于2023年10月26日提出了科索沃塞族城市联盟的规约草案，塞科双方表示愿意履行其承诺。欧盟领导人敦促科索沃临时当局尽快通过该草案，并成立塞族城市联盟，同时也敦促塞尔维亚在事实上承认科索沃独立。⑤

---

① "NATO Mission in Kosovo Rejects Calls to Police Tense North"，Balkan Insight，2023年10月5日，https：//balkaninsight.com/2023/10/05/nato-mission-in-kosovo-rejects-calls-to-police-tense-north/，检索日期：2023年10月31日。
② "NATO Beefs Up Its Kosovo Force as the US Worries About a Buildup of Serb Troops in the Area"，美联社新闻网，2023年9月29日，https：//apnews.com/article/kosovo-serbia-clashes-raid-police-f671bd21560f60bdca72d2daf7ce50ef，检索日期：2023年10月31日。
③ 该章通常包括在谈判中出现的各种问题，但这些问题不在任何其他谈判章节中被讨论。2013年签署《布鲁塞尔协议》时，塞尔维亚政府承诺与科索沃临时当局实现"关系正常化"，塞科关系正常化进程成为塞尔维亚入盟谈判的第35章内容。欧盟修改对塞尔维亚第35章的谈判立场，施压塞尔维亚实施协议。
④ "Questioning Serbia-Kosovo Agreement Is Futile：EU's Borrell"，意大利安莎社新闻网，2023年3月23日，https：//www.ansa.it/nuova_europa/en/news/countries/serbia/2023/03/23/questioning-serbia-kosovo-agreement-is-futile-eus-borrell_f89a223e-07fe-450f-a441-6dd3888db210.html，检索日期：2023年12月30日。
⑤ "Joint Statement by the President of the French Republic，the Chancellor of the Federal Republic of Germany and the President of the Council of Ministers of the Italian Republic on the（转下页注）

（二）塞族共和国持续开展离心行动

2022年10月波黑举行大选，2023年1月25日新一届波黑国家政府组建完成，社会民主党（SDP）、人民与正义党（NiP）和"我们的党"（NS）取代民主行动党（SDA）成为来自波族阵营的执政党，波黑克族民主共同体（HDZ BiH）和多迪克领导的独立社会民主人士联盟（SNSD）继续领衔克族和塞族的执政党阵营。波族执政党延续了波黑波族政党亲欧、亲美的传统，波黑克族民主共同体也一直标榜自己是一个完全亲欧的保守政党，并多次表态将引领波黑国家走向欧洲一体化的未来，但是波黑塞族共和国的离心倾向及其近年来日益发展的离心运动始终是波黑政治危机和紧张局势的主要来源，这一情况在俄乌冲突爆发后进一步加剧。

2023年1月8日，波黑塞族共和国总统多迪克宣布授予俄罗斯总统普京最高荣誉勋章，以表彰他在双边合作中做出的贡献。① 多迪克当时在塞族共和国政治中心巴尼亚卢卡的颁奖典礼上说："因为普京总统的立场和俄罗斯联邦的力量，塞族共和国的声音和立场才得以被倾听和尊重，我们的'国家②地位'在国际干涉主义的冲击下得以被维护。"③ 多迪克的颁奖决定引发了当地舆论的猛烈批评。5月23日，多迪克同普京在莫斯科会面。据克里姆林宫消息，两位领导人商讨了天然气价格和经济贸易等问题，多迪克

（接上页注⑤）EU-facilitated Dialogue on Normalisation of Relations Between Kosovo and Serbia"，德国总理专属网站，2023年10月27日，https：//www.bundeskanzler.de/bk-de/aktuelles/joint-statement-by-the-president-of-the-french-republic-the-chancellor-of-the-federal-republic-of-germany-and-the-president-of-the-council-of-ministers-of-the-italian-republic-on-the-eu-facilitated-dialogue-on-normalisation-of-relations-between-kosovo-and-serbia-2233766，检索日期：2023年12月30日。

① "Dodik Odlikovao Putina Najvišim Ordenom RS"，RFE/RL 新闻网，2023年1月8日，https：//www.slobodnaevropa.org/a/bosna-hercegovina-republika-srpska-dan-orden-dodik-putin-banja-luka/32214356.html，检索日期：2023年10月31日。

② 多迪克习惯用"国家"来指代波黑塞族共和国这一波黑的政治实体。

③ "Dodik Odlikovao Putina Odličjem RS"，卡塔尔半岛电视台巴尔干分台网站，2023年1月8日，https：//balkans.aljazeera.net/news/balkan/2023/1/8/dodik-odlikovao-putina-odlicjem-rs，检索日期：2023年1月9日。

还对俄乌冲突及西方的反俄制裁发表了看法。对于俄乌冲突，他公开表达了对俄罗斯的支持，并指出这不是一场俄罗斯与乌克兰之间的冲突，而是俄罗斯与西方的冲突。①

在俄罗斯对其在波黑内政中立场的力挺之下，2023年，波黑塞族共和国继续把矛头对准波黑宪法法院②和国际社会驻波黑高级代表③。6月，波黑塞族共和国议会接连通过两部法律，决定不再公布高级代表颁布的法律，且在波黑议会未通过所谓《波黑宪法法院法》之前，塞族共和国全境不落实波黑宪法法院的判决，被责成落实判决的个人也将受到法律保护。根据塞族共和国总统多迪克的解释，提出《不落实波黑宪法法院判决法》是因为6月19日波黑宪法法院在一次特别全体会议上修订了规则，使得在没有塞族共和国议会选出的法官的参与下，宪法法院也能开庭并做出裁决。④

多迪克不断升级的离心行动导致北约在维尔纽斯夏季峰会上将波黑指定为三个"脆弱国家"之一。⑤ 北约秘书长延斯·斯托尔滕贝格（Jens

---

① "Meeting with President of Republika Srpska Milorad Dodik"，俄罗斯总统专属网站，2023年5月23日，http：//en.kremlin.ru/events/president/news/71188；"Dodik After the Meeting with Putin：Russia Forced into'Military Operation'"，欧洲EWB新闻网，2023年5月24日，https：//europeanwesternbalkans.com/2023/05/24/dodik-after-the-meeting-with-putin-russia-forced-into-military-operation/，检索日期均：2023年10月31日。

② 波黑塞族共和国方面认为，波黑宪法法院是一个政治化组织，尤其指责其外籍法官经常做出不利于塞族共和国的决定。

③ 根据《代顿和平协议》附件10，联合国安理会向波黑指派一名高级代表，其职责是监督和协调波黑各方落实协议中民事方面的内容。由联合国授权的和平实施委员会（Peace Implementation Council，PIC）任命，其职位的正式名称为"高级代表"。高级代表为落实《代顿和平协议》而在波黑颁布的法律具有临时效力。根据《代顿和平协议》适用范围，相关法律文本在波黑议会或两个实体议会投票通过之后正式生效。

④ 参阅白伊维《塞族共和国国民议会通过法案拒绝执行波黑宪法法院的裁决》，首都师范大学文明区划研究中心微信公众号，2023年7月4日，https：//mp.weixin.qq.com/s/fF3CROmEqg-iKY-R33iwCg？token=958906689&lang=zh_CN；陈慧稚《观察：高级代表修法惩罚抗命人员 多迪克会坐牢吗？》，首都师范大学文明区划研究中心公众号，2023年7月5日，https：//mp.weixin.qq.com/s/ESRNEWJz2qb2j8gHPLplqw？token=958906689&lang=zh_CN，检索日期均：2024年1月7日。

⑤ 另两个是摩尔多瓦和格鲁吉亚，见"Vilnius Summit Communiqué"，北约官网，2023年7月11日，https：//www.nato.int/cps/en/natohq/official_texts_217320.htm，检索日期：2024年1月7日。

Stoltenberg）2023年访问萨拉热窝时表示，北约对"波黑的分裂主义和分裂言论，以及包括俄罗斯在内的恶意外国干涉"感到担忧。① 然而，北约的担忧似乎并未影响到当事主角。2023年12月3日，多迪克在塞尔维亚商业电视台Prva TV的访谈节目上称，如果特朗普2024年再次当选美国总统，他觉得自己不会再犹豫，将宣布塞族共和国独立。②

三 欧洲一体化进程中的"闭环"与僵局

在智库"欧洲稳定倡议"（ESI）的西巴尔干地区高级分析师阿德南·切里马吉奇（Adnan Ćerimagić）看来，西巴尔干国家近年的入盟进程就像"没有轮子的公共汽车"。③ 2022年，一些西巴尔干国家在入盟上取得进展，比如北马其顿和阿尔巴尼亚开启了入盟谈判，波黑获得了候选国地位等，2023年，虽然克罗地亚完成入盟"闭环"，且欧盟在多个场合继续表示了对西巴尔干国家入盟前景的承诺和信心，但这辆"公共汽车"似乎仅加大了驶出的决心，实则并没有移动。

（一）克罗地亚加入欧元区和申根区，完成入盟"闭环"

2023年1月1日，克罗地亚（2013年7月成为欧盟成员国）终于成功实现了两大政治战略目标——加入欧元区和申根区，从而在克罗地亚历史上写下了新的一页。克罗地亚是迄今为止唯一一个在同一天成为这两个组织成

---

① Daria Sito-sucic, "NATO's Stoltenberg Concerned by Secessionist Rhetoric in Bosnia"，英国路透社新闻网，2023年11月20日，https://www.reuters.com/world/europe/natos-stoltenberg-says-concerned-with-secessionist-rhetoric-bosnia-2023-11-20/，检索日期：2023年12月30日。

② "Dodik: Ako Tramp opet pobedi, ne bih oklevao da proglasim nezavisnost Republike Srpske"，塞尔维亚《政治报》网站，2023年12月4日，https://www.politika.rs/sr/clanak/587684/Dodik-Ako-Tramp-opet-pobedi-ne-bih-oklevao-da-proglasim-nezavisnost-Republike-Srpske，检索日期：2024年1月31日。

③ "EU and the Western Balkans in 2023: Fear of Instability and Cautious Optimism"，欧洲EWB新闻网，2023年1月13日，https://europeanwesternbalkans.com/2023/01/13/eu-and-the-western-balkans-in-2023-fear-of-instability-and-cautious-optimism/，检索日期：2023年12月18日。

员的国家，也成为第18个完全融入欧盟的成员国，代表着与欧盟进行更深层次的融合。2023年新年午夜钟声敲响后，克罗地亚财政部长马尔科·普里莫拉茨（Marko Primorac）和央行行长鲍里斯·武伊契奇（Boris Vujčić）从克罗地亚的自动取款机中取出了第一批欧元纸币。① 新年第一天，克罗地亚关闭了与其邻国斯洛文尼亚和匈牙利的70多个陆地边境检查站及海上边境检查站，3月26日取消了空中边境检查。萨格勒布政治学院教授德扬·约维奇（Dejan Jović）评价说："十年的欧盟成员国身份给克罗地亚带来了一种自信，一种感觉，它现在作为一个国家比加入欧盟之前更强大，从这个意义上说，它更安全，一些发展项目也得到了可观的财政援助，特别是在地震②灾后重建的背景下。"③

不过，克罗地亚是在高通胀的情况下加入欧元区的。对仍在适应这一经济调整的公众来说，他们难以分清所面临的经济困难该归罪于疫情后的通胀，还是加入欧元区。据2023年10月的"欧洲晴雨表"调查，51%的克罗地亚人认为加入欧元区是一件好事，而36%的人不同意这一看法。萨格勒布大学人文与社会科学学院的一项民意调查发现，多达47%的人继续将欧元价格换算为库纳，46%的人偶尔这样做，只有6%的人根本不这样做。④

加入申根区并不意味着边境管制被永久取消。因为申根区国家有权对其他成员国实行临时边境管制，以防严重威胁公共秩序和国家安全的事故发生，2023年10月新一轮巴以冲突爆发后，由于人们对欧洲安全的担忧加重，斯洛文尼亚政府重新开始对与克罗地亚和匈牙利的边境实施管制，将此

---

① "Croatia's Big Day: Balkan Nation Adopts Euro and Joins Schengen Zone"，欧洲新闻台网站，2023年1月1日，https://www.euronews.com/business/2023/01/01/croatias-big-day-balkan-nation-adopts-euro-and-joins-schengen-zone，检索日期：2023年1月3日。
② 2020年12月29日，克罗地亚中部的佩特里尼亚（Petrinja）附近发生里氏6.4级地震，导致多人死伤，大量城市建筑被毁。
③ "PRVA DECENIJA ČLANSTVA HRVATSKE U EU: Vlast tvrdi-deset sjajnih godina, građani ne dele oduševljenje"，欧洲动态网，2023年12月27日，https://euractiv.mondo.rs/politika/a5453/Kakva-je-bila-prva-decenija-clanstva-Hrvatske-u-EU.html，检索日期：2024年1月9日。
④ 参阅白伊维《克罗地亚加入申根区和欧元区一年回顾》，首都师范大学文明区划研究中心微信公众号，2023年1月7日，https://mp.weixin.qq.com/s/nJGwQ1VgGAvsWKhL2hbN8w?token=958906689&lang=zh_CN，检索日期：2024年1月9日。

作为预防恐怖主义、极端主义和跨境犯罪的一项措施。

另外两个巴尔干国家罗马尼亚和保加利亚早于克罗地亚、在2007年就加入了欧盟，尽管得到了欧盟委员会的支持，但由于来自部分国家的反对，它们始终无法加入申根区，这令它们多年来倍感失望。2023年12月30日，欧盟理事会宣布从2024年3月31日起取消罗马尼亚和保加利亚与申根区其他国家的空中和海上内部边境管制，同意两国部分加入申根区。届时，罗保两国与申根区其他国家的空中和海上内部边境将正式按照申根区国家边境管理方式进行管理。

（二）北马其顿入盟进程陷入停滞

2022年6月，北马其顿收到所谓"法国提案"，其目的是解除保加利亚对该国入盟进程的封锁，其中包含北马其顿必须满足的几个条件。在这些条件中，有一项是要求该国承认保加利亚少数民族并将其列入宪法。欧盟、美国等一直在积极推动北马其顿政府实现这些条件。北马其顿总理迪米塔尔·科瓦切夫斯基（Dimitar Kovačevski）领导的社民盟（SDSM）政府支持"法国提案"，认为这是一种合理的妥协，但反对者表示，这威胁到北马其顿的民族认同，并对保加利亚声称该国的语言和种族根源于保加利亚人的说法做出了太多让步。① 自2022年7月1日北马其顿政府宣布支持该提案以来，首都斯科普里几乎每天都举行反对该提案的抗议活动，尽管国内反对声浪很大，北马其顿议会于2022年7月16日仍以68票（共120个席位）赞成的结果通过了以该提案为基础的法案。7月19日，北马其顿与欧盟的入盟谈判开启。②

接下来，北马其顿需要修改宪法。此事直接导致2023年初北马其顿政府改组，曾支持社民盟的选择党（Alternative）退出执政联盟，阿尔巴尼亚

---

① "Ursula von der Leyen Urges North Macedonia to Back French Proposal on EU Membership"，政治新闻网，2022年7月14日，https://www.politico.eu/article/ursula-von-der-leyen-urge-macedonia-back-french-proposal-eu-membership/，检索日期：2023年1月21日。

② "'Historic Moment'：EU Opens Accession Negotiations with Albania and North Macedonia"，欧洲新闻台网站，2022年7月19日，https://www.euronews.com/my-europe/2022/07/19/historic-moment-eu-opens-accession-negotiations-with-albania-and-north-macedonia，检索日期：2023年1月21日。

人联盟（AA）加入执政联盟。① 即使政府改组，其也面临在议会获得支持修改宪法所需的三分之二多数（80席）的挑战。持民族主义立场的反对派民族统一民主党（VMRO-DPMNE）反对将保加利亚少数民族列入宪法，因该党在议会拥有44个席位，这给宪法修正案的通过带来了困难。这意味着，为了获得修宪所需的票数，政府必须争取到部分民族统一民主党议员的支持。然而，2023年2月，该党拒绝了政府进行修宪谈判的呼吁。② 民族统一民主党的回应是，政府"没有权力讨论任何未经公民批准的事情"③。事实上，在斯科普里政治研究所进行的一项调查中，72.8%的北马其顿人对"法国提案"持否定态度。④

2023年4月，北马其顿成立了宪法修正案工作组。该小组建议的修正案包括在宪法序言和两个条款中增加6个少数民族——保加利亚人、克罗地亚人、黑山人、斯洛文尼亚人、犹太人和埃及人。尽管政府做出各种努力，但是反对派仍未能同意2023年的宪法改革。8月，由于未能在议会获得所需的三分之二多数，原定通过修正案的全体会议被推迟。这种结果并不出乎预料，毕竟2024年北马其顿将举行议会选举，但北马其顿加入欧盟的进程实际上陷入了停滞。欧盟委员会关于北马其顿的报告也证实了这一点。⑤

---

① "N. Macedonia's PM Proposes Cabinet Reshuffle"，东南欧新闻网，2023年2月23日，https：//seenews.com/news/n-macedonias-pm-proposes-cabinet-reshuffle-814312，检索日期：2023年12月29日。

② "Власта повикува на дебата за уставните измени，опозицијата подготвена да разговара само за предвремени избори"，北马其顿A1on新闻网，2023年2月19日，https：//a1on.mk/macedonia/vlasta-povikuva-na-debata-za-ustavnite-izmeni-opozicijata-podgotvena-da-razgovara-samo-za-predvremeni-izbori/，检索日期：2023年12月27日。

③ "Власта повикува на дебата за уставните измени，опозицијата подготвена да разговара само за предвремени избори"，北马其顿A1on新闻网，2023年2月19日，https：//a1on.mk/macedonia/vlasta-povikuva-na-debata-za-ustavnite-izmeni-opozicijata-podgotvena-da-razgovara-samo-za-predvremeni-izbori/，检索日期：2023年12月27日。

④ "Анкета на ИПИС：72，8 отсто од Македонците се против француските предлог"，北马其顿MKD新闻网，2022年7月7日，https：//m.mkd.mk/makedonija/politika/728-otsto-od-makedoncite-se-protiv-francuskiot-predlog-veli-anketa-na-ipis，检索日期：2023年1月9日。

⑤ "North Macedonia Report 2023"，欧盟委员会，https：//neighbourhood-enlargement.ec.europa.eu/north-macedonia-report-2023_en，检索日期：2023年11月21日。

在入盟进程上表现不佳的不止北马其顿。2023年6月底，欧盟委员会发布了一份有关黑山入盟进程的非正式文件（Non-paper），对黑山从2022年6月到2023年3月的改革情况进行了评估，文件指出，黑山已经失去了对入盟的关键改革的关注，特别是在法治领域。黑山存在一些尚未解决的入盟障碍，2023年，黑山改革的绝对优先项应该是解决入盟谈判第23章和第24章①中指出的关键不足。文件要求黑山的所有部门和政治力量明确目标，共同努力以取得积极成果，推进入盟谈判，②而黑山当前的整个司法系统运作还面临深刻的制度性危机，许多部门职位空缺或处于代理状态。文件指出："这严重限制了黑山司法系统的运作能力，司法系统缺乏方向且战略规划薄弱，也影响了黑山的执法能力。"③

四　变化扰动巴尔干国家政局

纵观2023年，巴尔干国家朝野政党继续纷争不断，其中以塞尔维亚、黑山、保加利亚和罗马尼亚内政的变化最为引人注目，但在克罗地亚、斯洛文尼亚、阿尔巴尼亚和希腊等国，执政党也遭到不同程度的政治挑战。

（一）"塞尔维亚反对暴力"运动登上舞台

2023年5月，在贝尔格莱德弗拉迪斯拉夫·里布尼卡尔（Vladislav Ribnikar）小学以及姆拉德诺瓦茨（Mladenovac）和斯梅代雷沃（Smederevo）附近的村庄发生了两起大规模枪击事件，前者造成1名保安和9名学生死亡，

---

① 第23章谈判内容关于"司法和基本权利"，第24章谈判内容关于"正义、自由和安全"。
② "Non-paper EC: Montenegro Lost Focus on key EU Reforms, Especially in the Rule of Law"，黑山新闻网，2023年6月27日，https://en.vijesti.me/news/politics/662994/non-paper-ek-Montenegro-lost-focus-on-key-EU-reforms%2C-especially-in-the-rule-of-law，检索日期：2023年11月21日。
③ "Non-paper EC: Montenegro Lost Focus on Key EU Reforms, Especially in the Rule of Law"，黑山新闻网，2023年6月27日，https://en.vijesti.me/news/politics/662994/non-paper-ek-Montenegro-lost-focus-on-key-EU-reforms%2C-especially-in-the-rule-of-law，检索日期：2023年11月21日。

后者造成8名年轻人死亡。这些枪击事件在塞尔维亚引发了大规模的抗议活动，人们反对未能防止暴力且造成惨剧的各种制度，抗议活动名为"塞尔维亚反对暴力"（SPN）。抗议最初是由民主党（DS）、不让贝尔格莱德淹死（NDB）、自由与正义党（SSP）、自由公民运动（PSG）、人民党（Narodna）和一起党（Together）共同组织的，塞尔维亚人民运动（NPS）和生态起义（EU）于2023年8月作为组织者加入，而人民党在此之前被排除在组织者之外。①

在抗议活动期间，塞尔维亚反对党之间的合作不断增加。自由与正义党副主席之一玛丽尼卡·泰皮奇（Marinika Tepić）2023年8月表示，有可能建立一个组织抗议活动的政党选举联盟。② 同月，民主党、一起党和由兹德拉夫科·波诺什（Zdravko Ponoš）领导的塞尔维亚中心党（SRCE）签署了一项合作协议，在各方之间建立了更大的合作。③ 绿色左翼阵线（ZLF）的拉德米尔·拉佐维奇（Radomir Lazović）在此前的2023年7月宣布，绿色左翼阵线制定了与上述反对派合作的框架原则，并称之为"胜利之路"，意欲团结反对派，以选举为突破口"拯救"塞尔维亚。④ 2023年9月，"塞尔维亚反对暴力"的组织者签署了一份名为"胜利协议"（Dogovor za pobedu）的文件。⑤

塞尔维亚反对派各方最终于2023年10月26日达成协议，组建政治联盟

---

① "'Protiv smo političkog lešinarenja nad protestima'：Narodna stranka o 'Dogovoru za pobedu'"，N1电视台网站，2023年9月21日，https：//n1info.rs/vesti/narodna-stranka-dogovor-za-pobedu/，检索日期：2023年10月24日。

② "Intervju Marinika Tepić：Uskoro predstavljamo novi plan protesta, verujem u zajedničku izbornu listu organizatora 'Srbija protiv nasilja'"，塞尔维亚Nova新闻网，2023年8月18日，https：//nova.rs/vesti/politika/intervju-marinika-tepic-uskoro-predstavljamo-novi-plan-protesta-verujem-u-zajednicku-izbornu-listu-organizatora-srbija-protiv-nasilja/，检索日期：2023年9月28日。

③ "DS, SRCE, Zajedno i Rumunska partija potpisali Deklaraciju o saradnji"，N1电视台网站，2023年8月30日，https：//n1info.rs/vesti/ds-srce-zajedno-i-rumunska-partija-potpisali-deklaraciju-o-saradnji/，检索日期：2023年9月28日。

④ "Lazović：Zeleno-levi front uskoro predstavlja dokument Put do pobede"，塞尔维亚Danas新闻网，2023年7月31日，https：//www.danas.rs/vesti/politika/lazoviczeleno-levi-front-uskoro-predstavlja-dokument-put-do-pobede/，检索日期：2023年9月30日。

⑤ "Otkrivamo šta sve piše u 'Dogovoru za pobedu' koji su potpisale opozicione stranke"，N1电视台网站，2023年9月21日，https：//n1info.rs/vesti/tekst-sporazuma-dogovor-za-pobedu/，检索日期：2023年12月31日。

"塞尔维亚反对暴力"参与12月的议会选举。联盟宣布泰皮奇和米罗斯拉夫·阿莱克西奇（Miroslav Aleksić）成为该联盟参加议会选举的领衔候选人，拉佐维奇也出现在该联盟候选人名单前列。独立政治家弗拉迪米尔·奥布拉多维奇（Vladimir Obradović）和多布里察·韦塞利诺维奇（Dobrica Veselinović）代表该联盟参加贝尔格莱德市议会选举，其中，奥布拉多维奇为市长候选人。①

在2023年12月17日的议会选举中，根据票数最终统计，"塞尔维亚反对暴力"赢得65席，得票率为23.66%，而前进党（SNS）主导的"塞尔维亚不能停止"联盟赢得129席，得票率为46.75%。② 在贝尔格莱德地方选举中，前进党候选人亚历山大·沙皮奇（Aleksandar Šapić）得票率最高，为39.34%，"塞尔维亚反对暴力"的奥布拉多维奇和韦塞利诺维奇则共赢得34.27%的选票。③ 本来对贝尔格莱德地方选举志在必得的"塞尔维亚反对暴力"质疑选举过程被执政党操纵，发誓要废除"遭到操纵的"选举结果。选后，反对派连续多日领导街头抗议活动，12月24日他们组织的第7次抗议活动中发生了冲击市议会大楼的暴力事件，警方逮捕30多人。④ 抗议活动一直持续到12月30日。在这些抗议活动中，青年斗争运动的组织者伊万·别利

---

① "Serbia's Pro-European Opposition Makes Unity Pact for Elections", Balkan Insight, 2023年10月27日, https://balkaninsight.com/2023/10/27/serbias-pro-european-opposition-makes-unity-pact-for-elections/; "Opozicija okupljena oko Srbije protiv nasilja na jednoj listi, nosioci Aleksići Tepić", 塞尔维亚Beta新闻网, 2023年10月27日, https://beta.rs/content/193086-opozicija-okupljena-oko-srbije-protiv-nasilja-na-jednoj-listi-nosioci-aleksic-i-tepic, 检索日期均: 2023年11月9日。
② "Election Commission Announces Final Results of Parliamentary Elections", 塞尔维亚政府网站, 2024年1月12日, https://www.srbija.gov.rs/vest/en/217560/election-commission-announces-final-results-of-parliamentary-elections.php, January 12, 2024, 检索日期: 2024年1月12日。
③ "Novi preliminarni rezultati glasanja na izborima u Beogradu", RFE/RL新闻网, 2023年12月18日, https://www.slobodnaevropa.org/a/izbori-beograd-srbija-rezultati/32735862.html; "Rezultati GIK u Beogradu: Vučićeva lista ima sedam mandata više od Srbije protiv nasilja", 塞尔维亚Danas新闻网, 2023年12月18日, https://www.danas.rs/vesti/politika/rezultati-gik-u-beogradu-vuciceva-lista-ima-sedam-mandata-vise-od-srbije-protiv-nasilja/, 检索日期: 2023年12月27日。
④ "Više od 30 uhapšenih u policijskoj akciji u Beogradu nakon protesta protiv izbornih rezultata", RFE/RL新闻网, 2023年12月24日, https://www.slobodnaevropa.org/a/protest-rik-srbija-izbori/32745514.html, 检索日期: 2023年12月25日。

奇（Ivan Bjelić）和尼古拉·里斯蒂奇（Nikola Ristić）脱颖而出，他们每天晚上定期向公民发表讲话。

（二）黑山政治悄然发生转变

2023年的黑山正处在自2006年独立以来最严重的政治危机之中。① 在这样的背景下黑山进行了自2006年独立以来的第四次总统选举。在3月19日第一轮总统选举中，社会主义者民主党（DPS）候选人、时任黑山总统的米洛·久卡诺维奇（Milo Đukanović）和"现在欧洲"党（Evropa sad!）候选人亚科夫·米拉托维奇（Jakov Milatović）胜出，二人角逐黑山总统职位。在第一轮选举的初步结果公布后，拥有大量亲塞选民支持的安德里亚·曼迪奇（Andrija Mandić）、看守政府总理德里坦·阿巴佐维奇（Dritan Abazović）和民主黑山党（DCG）候选人阿莱克萨·贝契奇（Aleksa Bečić）宣布支持米拉托维奇。在第二轮竞选中，主要政治分歧已经从"亲欧-亲塞/俄"转变为"亲当前政权-反当前政权"。最终，久卡诺维奇仅获得41.12%的选票，而其对手米拉托维奇获得58.88%的选票。② 这是久卡诺维奇自1991年2月步入政坛以来第一次面对如此明确的选举败局。

此次总统选举的结果直接影响了随后举行的议会选举。6月11日，黑山提前举行了议会选举。米拉托维奇的"现在欧洲"党在议会选举中赢得了最多的25.53%的选票。③ 作为选举中的黑马，"现在欧洲"党虽然获得了最多的选票，但寻找合作伙伴组建新政府并不容易，黑山政治不稳定的问题

---

① 2022年8月黑山总理德里坦·阿巴佐维奇领导的政府因议会不信任动议而垮台，此后，议会多数派既不愿任命新总理，也拒绝解散议会并举行新一届议会选举，黑山陷入政治危机。原本有机会解决这类危机的黑山宪法法院因法官人数不足也无能为力，因为新法官的任命还有待议会批准，而黑山总统久卡诺维奇也不愿打破议会僵局并重新举行议会选举。最终，2022年8月失去支持的阿巴佐维奇政府只能继续担任看守政府。

② "DIK utvrdio privremene rezultate: Milatović osvojio 58,88 odsto glasova, Đukanović 41,12"，黑山新闻网，2023年4月3日，https://www.vijesti.me/vijesti/politika/650813/dik-utvrdio-privremene-rezultate-milatovic-osvojio-5888-odsto-glasova-djukanovic-4112，检索日期：2023年10月23日。

③ "Pogledajte konačne rezultate parlamentarnih izbora"，黑山国家广电台网站，2023年7月14日，https://rtcg.me/vijesti/politika/448038/pogledajte-konacne-rezultate-parlamentarnih-izbora.html，检索日期：2023年10月23日。

没有得到根本解决。

在黑山议会选举过去将近5个月后,2023年10月30日,黑山新一届议会选举亲塞的曼迪奇为议长。尽管米拉托维奇总统表示他希望保持该国的欧洲一体化路线,并表明自己是一位摆脱了20世纪90年代僵化的民族主义政策的政治家,但黑山议会议长与其不同。曼迪奇是5月被解散的亲俄罗斯的民主阵线联盟(DF)的领导人之一,在竞选黑山总统期间,他呼吁与俄罗斯建立更紧密的联系,批评黑山加入北约,要求撤回对科索沃独立的承认,并否定2006年导致黑山脱离塞尔维亚的全民公决。① 他与塞尔维亚总统武契奇和波黑塞族共和国总统多迪克关系密切。他的当选是一项政党间联合协议的一部分,根据该协议,曼迪奇的"为了黑山的未来"联盟(ZBCG)必须支持"现在欧洲"党8月提名的米洛伊科·斯帕伊奇(Milojko Spajić)的少数党政府,作为交换,"为了黑山的未来"联盟可以在2024年进入政府。反对党社会民主党的议员抗议曼迪奇当选议长,他们在议会发言的麦克风上系上一条黑丝带,认为曼迪奇当选这一天是黑山民主的黑暗日。②

黑山是北约成员国,在西巴尔干国家入盟进程中一直是领导者,在亲塞、亲俄政客获得权力之后,西方国家对黑山新政府感到异常担忧。黑山新政府组成当日,美国驻黑山使馆即发表声明,表示:"我们希望看到新组建的政府在履行其承诺方面迅速取得进展,推动该国加入欧盟,并继续成为强大的北约盟友。我们将支持并认可新议会和政府的建设性行动,同时对与欧洲-大西洋价值观相抵触的阻碍欧洲一体化取得切实进展的行为表示关切。"③ 欧盟也发表了类似声明。

---

① "After Months of Jockeying, Montenegro Approves New Coalition Government",RFE/RL 新闻网,2023年10月31日,https://www.rferl.org/a/montenegro-mandic-pro-putin-speaker/32661765.html,检索日期:2024年1月2日。
② "After Months of Jockeying, Montenegro Approves New Coalition Government",RFE/RL 新闻网,2023年10月31日,https://www.rferl.org/a/montenegro-mandic-pro-putin-speaker/32661765.html,检索日期:2024年1月2日。
③ "U. S. Embassy Statement on Government Formation",美国驻黑山使馆网站,2023年10月31日,https://me.usembassy.gov/u-s-embassy-statement-on-government-formation/,检索日期:2023年11月13日。

（三）保加利亚"非联盟政府"轮流执政

2023年保加利亚政治发生了很大变化，出现与罗马尼亚①情况类似的政党组合"轮流执政"。2023年初，保加利亚政治情况显得非常糟糕，该国加入申根区的申请被否决，议会在连续三次提前选举后依然未能组阁。这是保加利亚整个政治体系两极分化和分裂加剧的迹象。总统鲁门·拉德夫（Rumen Radev）和看守内阁看似无法缓解长达两年的政治危机，但随后形势发生了变化。

在4月的选举中，保加利亚前总理博伊科·鲍里索夫（Boyko Borisov）领导的公民党（GERB）所在联盟（GERB-UDF）赢得第一，排在第二的是亲欧洲政党自由主义联盟——"我们继续改变"党和民主保加利亚党（PP-DB）②，这两大阵营同意组建新政府，尽管谈判过程非常曲折③。6月6日，为结束长达30个月的政治危机、恢复国家稳定和刺激经济发展，在这两大互为主要对手的政党阵营的推动下，保加利亚议会正式批准了新政府的提名。保加利亚总理职位历史上第一次将由两党代表轮流出任。议员们以132票赞成、69票反对，选出60岁的化学教授、前教育部长、"我们继续改变"党的创始成员尼古拉·登科夫（Nikolay Denkov）为总理。在另一项投票中，

---

① 2021年11月，罗马尼亚左翼社会民主党、中右翼国家自由党（PNL）和匈牙利族民主联盟党（UDMR）构成的党派联盟组建了新政府。执政党派间达成协议，同意在2024年12月举行下一次议会选举前，罗马尼亚总理将每18个月轮换一次，当时先由尼古拉·丘克（Nicolae Ciuca）领导新政府。2023年6月12日，丘克宣布辞职，并首次启动了政府总理的轮换程序。6月15日，社会民主党的马切尔·乔拉库（Marcel Ciolacu）领导的罗马尼亚新政府在议会投票中获得了压倒性的支持，罗马尼亚执政党派间轮换主政得以实现。

② "Bulgaria Set for Tough Coalition Talks After Fifth Inconclusive Election"，英国路透社新闻网，2023年4月3日，https://www.reuters.com/world/europe/ex-pm-borissovs-gerb-nudges-ahead-bulgarian-election-partial-results-2023-04-03/，检索日期：2023年7月17日。

③ "Размразяването е факт: Денков и Габриел пак подхванаха разговорите"，保加利亚24小时新闻网，2023年5月31日，https://www.24chasa.bg/bulgaria/article/14579960，检索日期：2023年7月31日；"Денков потвърди списъка с министри, но с ГЕРБ си нямали доверие"，保加利亚24小时新闻网，2023年6月2日，https://www.24chasa.bg/bulgaria/article/14595646，检索日期：2023年10月19日。

议员们通过了政府成员名单，公民党的前欧盟专员玛丽亚·加布里埃尔（Maria Gabriel）担任副总理兼外交部长。执政9个月后，登科夫和加布里埃尔将在余下的任期内交换职位。

令人惊奇的是，保加利亚这种"非联盟政府"的形成带来了稳定。虽然双方唇枪舌剑不断，但由登科夫和加布里埃尔领导的内阁克服了重重困难。2023年下半年，保加利亚议会实现了自鲍里索夫15年前上台以来罕见的高效工作。在行政部门和议会的共同努力下，新政府成果丰硕，例如制定新的反腐败法律①，调整欧盟复苏资金的流向。最重要的是，宪法改革进程在被搁置了8年之后重新启动。

这届政府还采取了出人意料的大胆举措——与俄罗斯脱钩。首先，保加利亚政府取消了将贝林（Bclcnc）核电站②作为国家重要项目建设的决定，并取消了选择战略投资者的程序。2023年7月，新议会授权能源部长就可能向乌克兰出售封存的贝林设备进行谈判。③其次，保加利亚新政府推动涅夫托钦-布尔加斯炼油厂停止使用俄罗斯卢克石油公司石油。④这一举措致力于终结俄罗斯在保加利亚能源领域的主导地位，标志着保加利亚在强化欧

---

① "Bulgaria's Parliament Approves Anti-Corruption Legislation"，保加利亚"全球索非亚"网站，2023年9月21日，https://sofiaglobe.com/2023/09/21/bulgarias-parliament-approves-anti-corruption-legislation/，检索日期：2023年10月19日。
② 该核电站位于保加利亚北部多瑙河附近的普列文（Pleven）区，距离贝林3公里。2006年，保加利亚国家电力公司（NEC）和俄罗斯国家原子能公司（Rosatom）签署了修建该核电站的协议，但未签订具体合同。保加利亚在该项目上投资了约15亿欧元。然而，该项目2009年被停止，当时俄罗斯国家原子能公司已经为该核电站制造了第一批设备。2016年，保加利亚国家电力公司全额偿还了欠俄罗斯国家原子能公司的6.016亿欧元债务。2018年5月，时任保加利亚总理鲍里索夫曾试图重启该项目，提出战略投资者应该通过竞争程序选出。2020年6月，俄罗斯国家原子能公司、法国法马通公司（Framatome）和美国通用电气公司签署了关于联合竞标贝林项目的谅解备忘录。然而，由于新冠疫情的影响，招标被暂停。
③ "Bulgaria Cancels Belene NPP Project"，国际核工程网站，2023年10月17日，https://www.neimagazine.com/news/newsbulgaria-cancels-belene-npp-project-11224401，检索日期：2023年10月29日。
④ "Russian Oil Titan Lukoil Eyes the End of Its Reign in Bulgaria"，政治新闻网，2023年8月21日，https://www.politico.eu/article/bulgaria-struggle-escape-grip-of-russia-lukoil-oil-company-eu-sanction，检索日期：2023年10月29日。

洲一体化进程上迈出了非常明确和坚定的一步。目前尚不清楚这是否会对该国的石油供应造成冲击，但俄罗斯在保加利亚石油领域的主导地位将遭重创。除此之外，保加利亚还计划向乌克兰提供一些多余的防御设备，比如100辆装甲运兵车。①

（四）罗马尼亚极右翼政党崛起

近年来，在瑞典、斯洛伐克、荷兰等许多欧盟成员国，极右翼政党的受欢迎程度都在上升，在巴尔干地区的罗马尼亚也出现了这样的情况。罗马尼亚极右翼政党罗马尼亚人团结联盟党（以下简称"黄金党"，因其罗语缩写AUR含有"黄金"之意）越来越受欢迎，以至于罗马尼亚国内外专家开始忧虑，该党是否会在2024年的议会选举中重演荷兰自由党的"右转飓风"以及选举后的组阁僵局。

专家们的担忧不无道理。罗马尼亚民意调查机构INSCOP Research于2023年11月初发布的一项调查结果显示，罗马尼亚的联合政府——左翼社会民主党（支持率为29.5%）和中右翼国家自由党组成——在新一轮议会选举中可能无法获得绝对多数。极右翼黄金党在民意调查中的支持率稳步上升，已达20.2%，领先于执政的国家自由党的18.4%。②

黄金党正式成立于2019年12月，在2020年议会选举中一战成名。它的目标是统一所有来自罗马尼亚和邻近地区的罗马尼亚人，并支持散居在其他国家的罗马尼亚人。该党寻求摩尔多瓦和罗马尼亚的统一，支持加入北约，并致力于实现罗马尼亚的能源独立。该党的四大支柱是"家庭、国家、基督教信仰和自由"。在2020年罗马尼亚议会选举中，黄金党从默

---

① "Bulgarian Parliament Approves Transfer of 100 Armored Personnel Carriers to Ukraine"，乌克兰军事新闻网，2023年11月23日，https://mil.in.ua/en/news/bulgarian-parliament-approves-transfer-of-100-armored-personnel-carriers-to-ukraine/，检索日期：2024年1月3日。

② "Romanian Ruling Social Democrats Lead in Surveys Ahead of Election Year"，英国路透社新闻网，2023年11月6日，https://www.reuters.com/world/europe/romanian-ruling-social-democrats-lead-surveys-ahead-election-year-2023-11-06/，检索日期：2023年12月27日。

默无闻的新晋政党一举成为罗马尼亚第四大党，获得了9%的选票，① 震惊罗马尼亚全国。

黄金党的崛起部分是由于得到罗马尼亚侨民的压倒性支持。截至2020年7月，黄金党已经梳理了罗马尼亚侨民在欧洲和北美的22个国家设立的分支机构。② 该党在罗马尼亚最大的侨民群体意大利的罗马尼亚人中支持率最高，在法国和西班牙的罗马尼亚人中的支持率也不低。该党也是塞浦路斯的罗马尼亚人最支持的政党。根据意大利国际社会科学自由大学比较公共政策教授阿丽娜·穆吉乌-皮皮迪（Alina Mungiu-Pippidi）的说法，那些罗马尼亚侨民"有很大比例是低技能的边缘人，实际上只在欧洲进行季节性工作……他们需要激进的新选项来替代现有的政治体系，而他们在黄金党身上找到了"。③ 2020年以来，黄金党在民意调查中所获得的支持率稳步增长。

在2023年11月14日的一场新闻发布会上，黄金党宣布已经有一些人报名参加或转向该党，打算组成"真正的主权主义一极"，在即将到来的2024年议会选举中收割选票。这些人包括已故"大罗马尼亚党"领导人科尔内留·瓦迪姆·都铎（Corneliu Vadim Tudor）的女儿莉迪亚·瓦迪姆·都铎（Lidia Vadim Tudor）、"国家认同力量"（NIF）主席、商业环境部前部长伊兰·洛费尔（Ilan Laufer），商人穆哈马德·穆拉德（Muhammad Murad）以及前国家自由党议员弗洛里察·卡洛塔（Florică Calotă）、前社会民主党议员

---

① "How a Far-Right Party Came from Nowhere to Stun Romania in Sunday's Election"，欧洲新闻台网站，2020年12月8日，https://www.euronews.com/my-europe/2020/12/08/how-a-far-right-party-came-from-nowhere-to-stun-romania-in-sunday-s-election，检索日期：2023年12月29日。

② "Diaspora, mesaj către București: Lăsați-ne să călătorim liber!"，Romania TV，2020年7月11日，https://www.romaniatv.net/diaspora-mesaj-catre-bucuresti-lasati-ne-sa-calatorim-liber_529413.html，检索日期：2023年12月27日。

③ "Romania Is Facing Crucial Elections in 2024-Will the Country Put the Rising Far-right in Power"，欧洲新闻台网站，2023年11月28日，https://www.euronews.com/2023/11/28/romania-is-facing-crucial-elections-in-2024-will-the-country-put-the-rising-far-right-in-p，检索日期：2023年12月27日。

丹尼尔·弗里亚（Daniel Forea）等。① 11月21日，黄金党又宣布与罗马尼亚乡村党、国家重生联盟、罗马尼亚共和党和全国农民联盟一起成立主权主义联盟（Sovereigntist Alliance），参加2024年罗马尼亚议会选举。②

（五）多国执政党遭遇政治挑战

2023年，其他一些西巴尔干国家的政坛也风波不断。虽然克罗地亚当年实现入盟"闭环"，凸显出该国外交政策的成功，但是执政党克罗地亚民主共同体（HDZ）和总理安德烈·普连科维奇（Andrej Plenković）全年都面临许多焦头烂额的内政问题。2023年，因滥用职权、挪用公款等腐败丑闻，克罗地亚政府共解除了4位部长的职务，包括国防部长马里奥·巴诺季奇（Mario Banožić）、经济和可持续发展部长达沃尔·菲利波维奇（Davor Filipović）、建筑部长伊万·帕拉丁（Ivan Paladin）、地方发展和欧盟基金部长娜塔莎·特拉米沙克（Nataša Tramišak）。普连科维奇主政7年内平均每6个月发生一次丑闻，共解雇了30多名部长。

2023年，斯洛文尼亚也发生了数位部长辞职或被解雇的事，但是公众对政府的失望是更为严重的问题。2023年1月18日，总理罗伯特·戈洛布（Robert Golob）主持召开了第三次部长及执政联盟③议员会议，他在新闻发

---

① "Cine s-a înscris în 'polul suveranist' AUR, pentru alegerile din 2024. Printre ei, Lidia Vadim Tudor, fiica lui Vadim Tudor"，罗马尼亚 Stirile ProTV 网站，2023年11月14日，https：//stirileprotv. ro/stiri/politic/aur-a-prezentat-asa-numitul-pol-suveranist-pentru-alegerile-din-2024-printre-ei-lidia-vadim-tudor-fiica-lui-vadim-tudor. html，检索日期：2023年12月4日。

② "VIDEO Liderul AUR, George Simion, anunță că încă două partide se alătură polului suveranist: Partidul Satul Românesc și Alianța pentru Renaștere Națională"，罗马尼亚 Ecopolitic 新闻网，2023年11月21日，https：//ecopolitic. ro/video-liderul-aur-george-simion-anunta-ca-inca-doua-partide-se-alatura-polului-suveranist-partidul-satul-romanesc-si-alianta-pentru-renastere-nationala/；"George Simion și AUR, expansiune la nivel național. Partidul Satul Românesc și Alianța Renașterea Naționalăse alăturăAUR!"，罗马尼亚纪事报网站，2023年11月22日，https：//cronicaromana. net/2023/11/22/george-simion-si-aur-expansiune-la-nivel-national-partidul-satul-romanesc-si-alianta-renasterea-nationala-se-alatura-aur/，检索日期均：2023年12月23日。

③ 戈洛布领导一个由自由运动党（GS）、社会民主党（SD）和左翼党（Left）组成的中左翼三方联盟，该联盟在90个议员组成的议会中拥有53个席位。

布会上说:"这次会议的召开只有一个目的,那就是向斯洛文尼亚人民表明,我们决心进行让斯洛文尼亚进行一个现代化国家所需的改革。"他所说的改革不仅包括医疗改革,还包括税收、教育、养老金、公共部门工资制度和住房政策改革,为此,他还表示将制定时间表和路线图。① 但是,在整个 2023 年没有一项改革得到实现。就最受关注的医疗改革而言,2023 年 7 月斯洛文尼亚政府在受到数据保护方面的阻力后,撤回了医疗改革立法。② 因医疗改革缺乏进展,卫生部长丹尼尔·贝西奇·洛雷丹(Danijel Bešić Loredan)于当月辞职。到了 8 月,斯洛文尼亚遭受了前所未有的水灾,政府被迫对国家财政预算进行调整,医疗改革被延迟到 2024~2025 年正式执行。11 月底,斯洛文尼亚总理戈洛布因涉嫌进行不当政治施压而被预防腐败委员会(KPK)调查。加上其他政府内部问题,斯洛文尼亚公众对政府的不满增加。2023 年 12 月的一项民意调查显示,只有 34.9%的受访者支持政府的工作,51.4%的受访者认为政府的工作不足以令其给予支持。③

阿尔巴尼亚激烈的权力斗争持续,但总理埃迪·拉马的政治影响力越来越大。2023 年初,拉马总理卷入美国联邦调查局前高级官员查尔斯·麦戈尼格尔(Charles McGonigal)案④。反对派议员要求拉马接受议会质询,并就此事成立调查委员会。拉马的社会党(PS)在议会占据多数,虽然举行质询会的请求获得通过,但调查委员会未能成立。在 5 月的地方选举中,拉

---

① "Government to Have a Systemic Approach to Healthcare and Other Structural Reforms",斯洛文尼亚政府网站,2023 年 1 月 18 日,https://www.gov.si/en/news/2023-01-18-government-to-have-a-systemic-approach-to-healthcare-and-other-structural-reforms/,检索日期:2023 年 12 月 29 日。
② "Slovenian Government Forced to Withdraw Major Health Reform Bill",欧洲动态网,2023 年 7 月 12 日,https://www.euractiv.com/section/politics/news/slovenian-government-forced-to-withdraw-major-health-reform-bill/,检索日期:2023 年 12 月 29 日。
③ "Nova anketa: se je padanje podpore vladi ustavilo? SDS medtem z rekordom",N1 电视台网站,2023 年 12 月 26 日,https://n1info.si/novice/slovenija/nova-anketa-se-je-padanje-podpore-vladi-ustavilo-sds-medtem-z-rekordom/,检索日期:2024 年 1 月 15 日。
④ 查尔斯·麦戈尼格尔是联邦调查局驻纽约反情报部门前负责人。他承认在阿尔巴尼亚裔美国人阿格龙·内扎伊(Agron Nezaj)向其支付 22.5 万美元的事情上进行了隐瞒,因而被判入狱。内扎伊是阿尔巴尼亚前情报官员,他贿赂麦戈尼格尔的目的是让麦格尼格尔帮助他在阿尔巴尼亚建立关系,寻求商业机会。

马领导的执政党社会党大获全胜，在61个城市中赢得了53个①城市，包括地拉那和都拉斯在内的所有较大城市，以及之前从未赢得的斯库台（Shkodra），这是阿尔巴尼亚政治转型以来社会党取得的最大胜利。而反对党民主党（PD）被内部斗争所消耗，其领导人萨利·贝里沙（Sali Berisha）和自由党（PL）领导人伊利尔·梅塔（Ilir Meta）的"团结共赢"联盟并未能与社会党相抗衡。9月1日，拉马宣布对其政府进行重大改组，包括外交、财政、卫生、农业和教育部长在内的多名部长被更换，②彰显拉马对政局的掌控力，此时他的政府正经受着一系列腐败和其他不法行为调查的打击。

与阿尔巴尼亚一样，希腊的执政党在议会选举中也遥遥领先于反对党。2023年6月25日，现任总理基里亚科斯·米佐塔基斯（Kyriakos Mitsotakis）领导的保守派新民主党（ND）在第二轮议会选举③中大获全胜，米佐塔基斯也确保了自己的第二个任期。新民主党获得了超过40.56%的选票，远超前总理阿莱克西斯·齐普拉斯领导的激进左翼联盟（SYRIZA），后者的得票率不到18%。④这是近50年来保守派拉开的最大选票差距。齐普拉斯承认遭遇惨败，这已经是他第5次在选举中败给米佐塔基斯，也是他在全国大选中的第3次失利。当时这位48岁的前总理表示，在2024年的欧洲议会选举来临前，他的政党需要"一波新的浪潮"⑤，因此他辞去了党魁

---

① "Ruling Socialist Party Wins in Albania's Local Elections"，新华网英文版，2023年5月16日，https://english.news.cn/20230516/d7f95ccc19404ba897dcb2c63a45a002/c.html，检索日期：2023年9月23日。

② "Albanian PM Announces Major Cabinet Reshuffle, Including Changes at Foreign Affairs, Finance, Agriculture, Health and Education"，阿尔巴尼亚《地拉那时报》网站，2023年9月4日，https://www.tiranatimes.com/?p=153953，检索日期：2023年12月27日。

③ 希腊于2023年5月21日举行议会选举，执政党新民主党以40.79%的选票获胜，但未获得超过半数的议会席位。在接下来的组阁阶段，得票率前三的党派均未成功组建联合政府。依据希腊选举法，启动了第二轮议会选举。

④ "National Elections-June 2023"，希腊内务部网站，https://ekloges.ypes.gr/current/v/home/en/parties/，检索日期：2023年10月31日。

⑤ "Tsipras Resigns from SYRIZA Leadership After Crushing Election Defeat"，希腊《每日新闻报》网站，2023年6月29日，https://www.ekathimerini.com/news/1214338/tsipras-resigns-from-syriza-leadership-after-crushing-election-defeat/，检索日期：2023年12月27日。

职务。然而，在激进左翼联盟被削弱这样的大好形势下，在10月的第二轮地方选举中，新民主党"大意失荆州"，未能实现最初设定的目标，在希腊两个最大且最重要的城市雅典和塞萨洛尼基失去了对权力的绝对控制。

B.3
2023年巴尔干地区经济形势

张 娟*

摘　要： 经历了后疫情时期的强劲经济增长，2023年巴尔干国家的经济增速放缓，但是经济增速普遍高于欧盟和欧元区的水平，反映出巴尔干地区的经济增长潜力。数字化转型和绿色转型对巴尔干国家的经济增长起着促进作用。能源、食品和服务价格在2023年呈现下降趋势，缓解了巴尔干各国的通货膨胀压力。巴尔干地区同时面临劳动力短缺和高失业率的问题。巴尔干国家的进出口贸易和投资高度依赖欧盟，是欧盟产业链、价值链的重要环节，受益于近岸外包和离岸外包，但是也因为欧盟经济疲软受到冲击。巴尔干的欧盟成员国和塞尔维亚因为劳动力成本和运输优势，对外资具有较大的吸引力。

关键词： 巴尔干　欧盟　经济　贸易　投资

　　欧盟是巴尔干国家最重要的经贸伙伴。2023年，欧盟继续致力于同西巴尔干地区的非欧盟成员国加深经济一体化。与欧盟单一市场的一体化也一直是所有目标为加入欧盟的国家经济增长的主要推动力。①目前，西巴尔干国家与欧盟的融合度还不够，西巴尔干国家的人均国内生产总值（GDP per

---

* 张娟，博士，上海对外经贸大学国际经贸研究所副研究员，主要研究方向为国际分工、区域经济一体化。
① 巴尔干地区的10个国家中，斯洛文尼亚、克罗地亚、罗马尼亚、保加利亚和希腊是欧盟成员国，西巴尔干的波黑、塞尔维亚、黑山、阿尔巴尼亚和北马其顿处于申请加入欧盟的不同阶段。2023年，斯洛文尼亚、克罗地亚和希腊是申根区国家，其人员在申根区可跨境自由流动，这个便利基于人员流动的跨境经贸活动；这三个国家也是欧元区成员，高度参与欧盟经济一体化，但是其货币政策受到欧元区对通货膨胀率和政府负债率的规则限制。

capita）仅为欧盟平均水平的30%~50%。2023年，欧盟重申了对西巴尔干国家加入欧盟的全面和明确的承诺，希望通过基于渐进式一体化的做法，用更多的投资和经济发展让西巴尔干国家尽快感受到与欧盟接触的积极影响。①

一 巴尔干地区经济增长潜力大

受益于公共支出以及欧盟复苏和复原力基金（Recovery and Resilience Facility，RRF）②、凝聚力政策基金（Cohesion Fund）③，巴尔干国家的经济在2022年的疫后初期出现强劲增长，但是在2023年全球需求减弱的背景下总体增速有所放缓。俄乌冲突的持续和中东问题的复杂化，导致全球经济前景的不确定性和下行风险增加。一方面，全球商品需求放缓导致巴尔干的工业生产低于预期；另一方面，全球对服务的需求，特别是对旅游的需求，使巴尔干国家受益。除了斯洛文尼亚、克罗地亚、塞尔维亚和黑山外，其他巴尔干国家2023年的经济增速都低于2022年同期，但是所有巴尔干国家2023年第二季度以来的经济增速都高于欧盟和欧元区的水平，反映出巴尔干地区的经济增长潜力（见表1）。

表1 2022年第四季度以及2023年巴尔干国家分季度国内生产总值同比增长率

单位：%

	2022年第四季度	2023年第一季度	2023年第二季度	2023年第三季度	2023年第四季度
斯洛文尼亚	-0.2	1.0	1.6	1.1	2.2
克罗地亚	3.3	1.6	2.2	3.0	4.3

---

① "Statement by President von der Leyen at the Joint Press Conference with President Michel Following the EU-Western Balkans Summit"，欧盟委员会官网，2023年12月13日，https://ec.europa.eu/commission/presscorner/detail/en/statement_23_6589，检索日期：2024年1月20日。
② 欧盟复苏和复原力基金是"下一代欧盟"计划的核心。欧盟委员会将欧盟复苏和复原力基金分配给欧盟成员国，帮助各成员国进行改革和投资。该基金是欧盟委员会以欧盟的名义在资本市场发行债券募集的。
③ 凝聚力政策基金向人均国民收入总值（GNI per capita）低于90%欧盟成员国的成员国（人均国民收入总值从大到小排序，处于欧盟成员国后10%的成员国）提供帮助，帮助其从经济、社会和领土等方面增强与欧盟的凝聚力。

续表

	2022年第四季度	2023年第一季度	2023年第二季度	2023年第三季度	2023年第四季度
波黑	2.6	1.8	1.2	1.9	1.7
塞尔维亚	0.8	0.9	1.6	3.7	3.9
黑山	3.6	6.2	6.9	6.6	4.3
阿尔巴尼亚	4.4	2.9	3.4	3.5	3.8
北马其顿	1.5	1.4	0.7	1.1	1.1
罗马尼亚	5.0	1.0	2.9	3.5	1.1
保加利亚	2.7	2.4	2.0	1.8	1.6
希腊	4.2	2.0	2.7	2.1	1.2
欧盟	1.7	1.2	0.6	0.1	0.2
欧元区	1.9	1.3	0.6	0.1	0.1

资料来源：波黑、阿尔巴尼亚和黑山数据来自三国国家统计局官网，https：//bhas.gov.ba/?lang=en，https：//www.instat.gov.al/，https：//www.monstat.org/eng/；其他数据来自欧盟统计局官网，https：//ec.europa.eu，检索日期均：2024年3月22日。

2023年，巴尔干国家经济发展形势复杂。斯洛文尼亚2023年通货膨胀率总体逐月下降，对经济增长起到促进作用，但是2023年夏季洪水后用于重建的一次性政府财政支出减少，导致经济增长势头减弱。[1]

由于2023年1月1日加入欧元区和申根区以及欧盟基金推动的投资，克罗地亚全年国内生产总值实现稳定增长；在就业和实际工资增长的背景下，消费增加；贸易条件在2023年得到部分改善，贸易平衡度得到进一步提升。[2] 克罗地亚的经济增长高度依赖旅游业。在新冠疫情前的2019年，克罗地亚旅游业对其国内生产总值的贡献率为11%，显著高于欧盟的平均水平4.5%。[3] 由于旅游业需求强劲，2023年克罗地亚旅游局投资340万欧

---

[1] "Economic Forecast for Slovenia"，欧盟委员会官网，https：//economy-finance.ec.europa.eu/economic-surveillance-eu-economies/slovenia/economic-forecast-slovenia_en，检索日期：2024年1月20日。

[2] "Economic Forecast for Croatia"，欧盟委员会官网，https：//economy-finance.ec.europa.eu/economic-surveillance-eu-economies/croatia/economic-forecast-croatia_en，检索日期：2024年1月20日。

[3] 《克罗地亚是欧洲国家中最依赖旅游业的国家》，中华人民共和国驻克罗地亚共和国大使馆经济商务处网站，2023年9月27日，http：//hr.mofcom.gov.cn/article/jmxw/202309/20230903443659.shtml，检索日期：2024年1月20日。

元与战略伙伴开展营销合作，规模是2022年的2倍，其中的60%用于与以航空公司为主的承运商开展合作。①

欧盟资助的公共基础设施投资在2023年有力地刺激了罗马尼亚的经济增长，但是该国货币政策和融资条件收紧导致私人信贷增长明显放缓，对私人投资产生负面影响。由于高通货膨胀限制了罗马尼亚人的实际可支配收入，该国财政状况也比较紧张，加之外部需求减少，国内生产总值增长减缓，但该国的劳动力短缺使得其劳动者的工资增长。②欧洲电子商务协会和欧洲商业协会发布的《2023年欧洲电子商务报告》显示，罗马尼亚国内生产总值的3.17%来自商品和服务的在线销售（e-GDP），在中东欧排名第3，仅次于波兰和捷克，在欧洲排名第12。罗马尼亚创造了中东欧地区近60%的电商营业额。③

由于国外需求低迷，保加利亚2023年的出口贸易经历了收缩和反弹，通胀进一步减速，影响着经济增长。④主要受消费和净出口的推动，希腊经济在2023年实现了坚实的增长，旅游业全面复苏、国内需求增加以及欧盟的资金资助也促进了希腊经济增长。2023年希腊的旅游业收入达204.59亿欧元，比2019年增长约12.7%，创历史新高。⑤

波黑作为一个小型开放经济体，容易受到全球趋势和本地区不稳定因素的影响，波黑的宏观经济趋势直接取决于欧盟的经济形势。经历了新冠疫情

---

① 《克罗地亚旅游局投资340万欧元用于战略营销合作》，中华人民共和国驻克罗地亚共和国大使馆经济商务处网站，2023年5月12日，http：//hr.mofcom.gov.cn/article/jmxw/202305/20230503409631.shtml，检索日期：2024年1月20日。

② "Economic Forecast for Romania"，欧盟委员会官网，https：//economy-finance.ec.europa.eu/economic-surveillance-eu-economies/romania/economic-forecast-romania_en，检索日期：2024年1月20日。

③ 《罗马尼亚GDP的3.17%来自商品和服务的在线销售》，中华人民共和国驻罗马尼亚大使馆经济商务处网站，2023年10月16日，http：//ro.mofcom.gov.cn/article/jmxw/202310/20231003446239.shtml，检索日期：2024年1月20日。

④ "Economic Forecast for Bulgaria"，欧盟委员会官网，https：//economy-finance.ec.europa.eu/economic-surveillance-eu-economies/bulgaria/economic-forecast-bulgaria_en，检索日期：2024年1月20日。

⑤ 《希腊2023年旅游收入达205亿欧元》，中华人民共和国驻希腊共和国大使馆经济商务处网站，2024年3月15日，http：//gr.mofcom.gov.cn/article/jmxw/202403/20240303481632.shtml，检索日期：2024年3月22日。

后的强劲复苏，2023年波黑经济增长明显放缓，就业和通胀的增长趋势也逐渐放缓，但公共财政收入有所增加。① 波黑主要通过出口货物与欧洲价值链产生密切联系，而非服务，因此2023年欧元区出口市场的经济增长放缓给波黑经济带来严重影响。② 同样作为小型开放经济体的黑山严重依赖外国资本流入刺激经济增长，所以也特别容易受到外部冲击。黑山经济以旅游业、能源业、农业为主要支柱，官方认为旅游业贡献了该国国内生产总值的25%左右，但有分析认为该贡献率超过1/3。黑山尚未加入前身为"迷你申根"的"开放巴尔干"倡议，该倡议由塞尔维亚、阿尔巴尼亚和北马其顿倡导，旨在促进贸易、服务业，以及西巴尔干半岛的人口流动。2023年，高通货膨胀率和停滞的投资限制了黑山的经济增长速度。因此，2023年10月31日成立的黑山第44届政府经济工作计划与安排通过改善宏观经济和提升金融稳定性，增强对频繁发生的经济危机的抵抗力；将黑山打造为最佳投资目的地，不断提高竞争力和改善营商环境，吸引可信投资者。③

阿尔巴尼亚正在实施重要的结构改革，以支持公平增长，提高生产力和经济竞争力，创造更多的就业机会，改善治理和公共服务，同时推动欧盟一体化进程、出口和市场多样化，以增强区域连通性和进入区域和全球市场的机会。阿尔巴尼亚重视全面复苏，特别注意旅游业、农业和数字化。各经济部门越来越重视气候变化和环境友好的干预措施。④ 因为国内需求疲软部分

---

① 《波黑2023年经济和就业增长均放缓》，中华人民共和国驻波黑大使馆经济商务处网站，2023年12月22日，http：//ba.mofcom.gov.cn/article/jmxw/202312/20231203462608.shtml，检索日期：2024年1月20日。

② 波黑没有停止与欧盟和地区市场进一步一体化的努力。2023年7月，波黑签署了2021~2027年度"波黑加入欧盟单一市场项目"协议。该项目由欧委会内部市场总司牵头，旨在提高单一市场效率、支持中小企业增强竞争力、改善人与动植物健康、推广高水平的欧盟标准等。11月，波黑批准签署《欧盟与波黑在海关联盟计划中关于海关领域合作的协定》与《波黑与北马其顿的经济合作协定》以及波黑、波黑塞族共和国、欧洲投资银行（巴尼亚卢卡综合医疗项目）、欧洲可持续发展基金共同签署的融资协议。

③ 《黑山第44届政府经济工作计划与安排》，中华人民共和国驻黑山大使馆经济商务处网站，2023年11月10日，http：//me.mofcom.gov.cn/article/scdy/202311/20231103452912.shtml，检索日期：2024年3月22日。

④ "The World Bank in Albania"，世界银行官网，https：//www.worldbank.org/en/country/albania/overview，检索日期：2024年1月20日。

抵消了进口下降和出口增加的效果，北马其顿2023年经济增长放缓。

国内改革、"开放巴尔干"倡议和欧盟的西巴尔干增长计划促进了2023年塞尔维亚的经济增长，并有助于提高塞尔维亚吸引的外国投资的质量。塞尔维亚通过进一步与欧盟立法保持一致，就国有企业管理制定了新的法律。塞尔维亚的经济改革旨在提高竞争力和促进包容性增长。绿色议程和可持续互联互通，与塞尔维亚的《经济改革方案》和欧盟委员会的西巴尔干经济和投资计划密切相关，也是西巴尔干绿色议程的核心。① 塞尔维亚重视双边合作，与中国的自贸协定生效，目前正在与埃及、阿联酋和韩国进行自贸协定密集谈判，这些国家的市场不仅对塞尔维亚，还对巴尔干地区其他经济体具有巨大吸引力。塞尔维亚积极参与区域合作，始终致力于与欧盟其他候选国、潜在候选国和邻近的欧盟成员国保持良好的双边关系。其与克罗地亚的关系有所改善。其与匈牙利的关系进一步加强。

2023年11月，欧盟委员会提出西巴尔干增长计划，② 以促进西巴尔干区域经济增长，并加速西巴尔干与欧盟的社会经济融合。③ 西巴尔干增长计划有四大支柱。①第一大支柱为加强与欧盟单一市场的经济一体化。西巴尔干国家要与共同地区市场④一致，遵守西巴尔干单一市场规则，同时向所有邻国开放相关部门和区域。这包含七项优先行动：货物自由流动、服务和劳动力自由流动、加入单一欧元支付区（Single Euro Payments Area，SEPA）、便利公路运输、能源市场的一体化和去碳化、数字单一市场、融入产业供应链。②第二大支柱为以欧盟的规则和标准为基础，通过共同地区市场促进西巴尔干的经济一体

---

① "Key Findings of the 2023 Report on Serbia", EU in Serbia, 2023年11月8日, https://europa.rs/key-findings-of-the-2023-report-on-serbia/?lang=en, 检索日期：2024年1月20日。
② "The New Growth Plan for the Western Balkans", 欧盟委员会官网, https://ec.europa.eu/commission/presscorner/detail/en/qanda_23_5605, 检索日期：2024年1月20日。
③ "European Neighbourhood Policy and Enlargement Negotiations (DG NEAR)", 欧盟委员会官网, https://neighbourhood-enlargement.ec.europa.eu/news/commission-presents-new-growth-plan-western-balkans-including-eu6-billion-grants-and-loans-2023-11-08_en, 检索日期：2024年1月20日。
④ 共同地区市场由欧盟在2020年11月柏林进程索非亚峰会期间提出，目的是通过实现西巴尔干地区的货物、服务、资本和人员自由流动，为其进入欧盟单一市场奠定基础，并推动地区和解进程。

化。这些规则和标准可能使西巴尔干经济增长10%。③第三大支柱为加速基础改革，包括支持西巴尔干国家加入欧盟的路径，通过吸引外国投资和加强区域稳定等方式促进可持续经济增长。④第四大支柱为增加财政援助，通过2024~2027年西巴尔干改革与增长机制支持改革，提出价值60亿欧元的新工具提案，其中包括20亿欧元的赠款和40亿欧元的优惠贷款，支付条件是欧盟的西巴尔干合作伙伴进行社会经济根本性改革。

二 通货膨胀快速缓解

欧元区经济在2023年最后一个季度继续降温。2023年底，欧元区通胀率快速下降，但仍高于目标通胀率。通货膨胀的快速缓解维持了市场参与者对欧洲央行2023年主要利率几次下调的预期。

在2023年的大部分时间里，巴尔干国家的通胀率都高于欧盟平均水平（见表2）。其中，塞尔维亚2023年第一至第三季度的通货膨胀率都超过10%。斯洛文尼亚、克罗地亚和希腊的通胀率都未能符合欧元区的通胀率理想值①。不过，2023年巴尔干国家的通胀率呈下降趋势，反映出能源、食品、制成品和服务的通货膨胀压力普遍得到缓解，尽管价格压力依然存在。在新一轮地缘政治冲突爆发之后，能源现货和期货价格的反应总体上保持平静。后续高通货膨胀的主要风险继续来自劳动力市场的紧张和工资的高增长。高通货膨胀、全球经济放缓和融资成本上升是巴尔干国家金融稳定的主要风险。

表2 2023年巴尔干国家的月度通货膨胀率

单位：%

	1月	2月	3月	4月	5月	6月	7月	8月	9月	10月	11月	12月
斯洛文尼亚	9.9	9.4	10.4	9.2	8.1	6.6	5.7	6.1	7.1	6.6	4.5	3.8
克罗地亚	12.5	11.7	10.5	8.9	8.3	8.3	8.0	8.4	7.4	6.7	5.5	5.4
波黑	14.1	12.9	10.3	7.9	6.5	4.9	4.0	4.7	4.1	2.1	1.7	2.2
塞尔维亚	15.2	15.4	15.5	14.8	14.5	13.5	12.4	11.5	10.1	8.4	7.9	7.5

① 欧洲央行将2%作为欧元区通胀率的理想值。

续表

	1月	2月	3月	4月	5月	6月	7月	8月	9月	10月	11月	12月
黑山	14.8	13.9	10.5	8.6	8.4	7.5	6.9	8.6	7.9	6.1	4.8	4.3
阿尔巴尼亚	7.1	6.8	5.5	5.0	5.6	5.8	5.0	4.7	4.9	4.7	4.5	4.5
北马其顿	17.1	16.7	14.7	13	11.3	9.3	8.4	8.3	6.6	3.5	3.1	3.6
罗马尼亚	13.4	13.4	12.2	10.4	9.6	9.3	8.9	9.3	9.2	8.3	6.9	7.0
保加利亚	14.3	13.7	12.1	10.3	8.6	7.5	7.8	7.5	6.4	5.9	5.5	5.0
希腊	7.3	6.5	5.4	4.5	4.1	2.8	3.5	3.5	2.4	3.8	2.9	3.7
欧盟	10.0	9.9	8.3	8.1	7.1	6.4	6.1	5.9	4.9	3.6	3.1	3.4
欧元区	8.6	8.5	6.9	7	6.1	5.5	5.3	5.2	4.3	2.9	2.4	2.9

资料来源：波黑、黑山和北马其顿数据来自三国国家统计局官网，https：//bhas.gov.ba/? lang=en，https：//www.monstat.org/eng/，https：//www.stat.gov.mk/；其他数据来自欧洲央行网上数据库，https：//data.ecb.europa.eu/data/datasets/ICP/dashboard，欧盟统计局官网，https：//ec.europa.eu，检索日期均：2024年3月22日。

三 高失业率与劳动力短缺并存

2023年，高失业率仍然是巴尔干地区国家面临的主要问题。除了斯洛文尼亚、罗马尼亚和保加利亚外，其他巴尔干国家的失业率在2023年普遍高于欧盟平均水平（见表3）。其中，塞尔维亚、黑山和希腊的失业率在2023年基本上呈现下降趋势，其他巴尔干国家的失业率比较稳定。在10个巴尔干国家中，斯洛文尼亚2023年失业率最低。斯洛文尼亚2023年12月的失业人数比2022年同期减少了近1/10，而且在劳动力短缺的情况下，长期失业人数减少了近1/5。2023年，该国月平均登记失业人数为48709人，比2022年减少14%。[①]

[①] "Slovenian Economic Mirror 1/2024：Economic Indicators Improved at the End of the Year, but Most Remain Below the Level of a Year Ago"，斯洛文尼亚共和国宏观经济分析与发展研究所（Institute of Macroeconomic Analysis and Development，IMAD），https：//www.umar.gov.si/en/news/news/release? tx_news_pi1%5Baction%5D=detail&tx_news_pi1%5Bcontroller%5D=News&tx_news_pi1%5Bnews%5D=4548&cHash=724bc724125aed313e0cf1d1a391306d，检索日期：2024年1月20日。

表3 2023年巴尔干国家月度失业率

单位：%

	1月	2月	3月	4月	5月	6月	7月	8月	9月	10月	11月	12月
斯洛文尼亚	3.5	3.6	3.6	3.7	3.8	3.8	3.8	3.8	3.7	3.6	3.5	3.4
克罗地亚	6.5	6.3	6.2	6.2	6.3	6.4	6.5	6.4	6.3	6.3	6.2	6.1
波黑		13.3			13.1			13.6			12.7	
塞尔维亚		10.1			9.6			9.0			9.1	
黑山		15.5			12.9			11.8			12.2	
阿尔巴尼亚		10.9			10.7			10.5			10.7	
北马其顿		13.3			13.1			12.8			13.0	
罗马尼亚	5.6	5.5	5.5	5.5	5.5	5.6	5.6	5.5	5.6	5.6	5.5	5.6
保加利亚	4.0	4.1	4.2	4.3	4.4	4.5	4.5	4.5	4.4	4.4	4.4	4.3
希腊	11.4	11.5	11.3	11.6	11.2	11.0	11.0	11.0	10.6	10.6	10.8	10.4
欧盟	6.1	6.1	6.0	6.0	5.9	6.0	6.0	6.0	6.0	6.1	6.0	6.0
欧元区	6.7	6.6	6.5	6.5	6.5	6.4	6.5	6.5	6.5	6.5	6.5	6.5

注：均为经季节调整后的数据。

资料来源：欧盟成员国数据来自欧盟统计局官网，https：//ec.europa.eu；波黑、黑山、阿尔巴尼亚、北马其顿和塞尔维亚数据来自五国国家统计局官网，https：//bhas.gov.ba/，https：//www.monstat.org/eng/，https：//www.instat.gov.al/，https：//www.stat.gov.mk/，https：//www.stat.gov.rs/，检索日期均：2024年3月22日。

巴尔干地区面临劳动力短缺的问题，各国在不同程度上持续引进外籍劳工。2023年前2个月，克罗地亚政府签发的外籍工人工作许可证已达2022年全年外籍工人工作许可证（12.4万份）的1/5，外籍工人需求集中在建筑业和餐饮旅游服务业。外籍工人主要来自波黑、尼泊尔、塞尔维亚和印度。预计克罗地亚外籍工人规模会继续扩大。①

截至2023年11月，波黑不同行业至少缺乏约3万名工人，其中建筑业、纺织业、加工业、餐饮业和运输业的用工缺口最为明显，这些行业的工资低于当地平均工资水平，而在西方国家，同样工作的工资可能高出4倍，因此大量波黑劳动力流向外国。一方面，波黑雇主不得不越来越多地

---

① 《克罗地亚对外籍劳工需求保持旺盛势头》，中华人民共和国驻克罗地亚共和国大使馆经济商务处网站，2023年8月25日，http：//hr.mofcom.gov.cn/article/jmxw/202308/20230803435994.shtml，检索日期：2024年1月20日。

引进外国工人；另一方面，波黑有近18万人处于失业状态。① 波黑外国人事务局2022年向外籍工人发放了2619份工作许可证，而2023年1～11月已发放3058份，当年获得波黑工作许可证的外籍工人主要来自土耳其（659人）、塞尔维亚（531人）、印度（144人）、中国（140人）和尼泊尔（100人）。②

从实际发放的工作许可证数量看，与邻国相比，波黑的劳动力输入规模还很小。塞尔维亚已有约6万名外国工人，而克罗地亚则是其2倍。但是，波黑总共只有3000～4000份工作许可证，远远无法满足实际需求，因此有大量的外籍工人持旅游签证入境波黑从事非法工作。③ 塞尔维亚将"开放巴尔干"倡议视为解决劳动力短缺问题的途径之一，其目标是在欧盟单一市场原则的基础上建立单一区域市场。

四 贸易总体重度依赖欧盟市场

欧盟是巴尔干国家最大的贸易伙伴。2023年，巴尔干国家最低36.1%、最高82.3%的商品出口到欧盟国家，德国、意大利和其他巴尔干国家是它们重要的货物出口贸易对象国（见表4）；最低45.8%、最高80.6%的商品进口自欧盟国家，德国、意大利、中国是它们重要的货物进口贸易来源国（见表5）。这既反映了德国和意大利在巴尔干国家参与欧洲经济一体化方面的重要性，又反映了西巴尔干的共同地区市场在欧洲次区域经济一体化方面的重要推动作用。

---

① 《波黑至少短缺3万名工人》，中华人民共和国驻波黑大使馆经济商务处网站，2023年11月2日，http：//ba.mofcom.gov.cn/article/jmxw/202311/20231103450623.shtml，检索日期：2024年1月20日。

② 《波黑外籍工人就业明显增加》，中华人民共和国驻波黑大使馆经济商务处网站，2023年12月19日，http：//ba.mofcom.gov.cn/article/jmxw/202312/20231203461712.shtml，检索日期：2024年1月20日。

③ 《波黑至少短缺3万名工人》，中华人民共和国驻波黑大使馆经济商务处网站，2023年11月2日，http：//ba.mofcom.gov.cn/article/jmxw/202311/20231103450623.shtml，检索日期：2024年1月20日。

表4 2023年巴尔干国家货物出口贸易关系

单位：%

国家	对欧盟出口占出口贸易总额的比重	前五大出口贸易对象国
斯洛文尼亚	59.8	瑞士、德国、意大利、克罗地亚、奥地利
克罗地亚	67.5	德国、意大利、波黑、斯洛文尼亚、匈牙利
波黑	73.4	德国、克罗地亚、奥地利、意大利、斯洛文尼亚
塞尔维亚	63.3	德国、波黑、意大利、匈牙利、黑山
黑山	36.1	塞尔维亚、波黑、斯洛文尼亚、捷克、卢森堡
阿尔巴尼亚	82.3	意大利、希腊、德国、中国、西班牙
北马其顿	80.6	德国、塞尔维亚、保加利亚、希腊、匈牙利
罗马尼亚	72.6	德国、意大利、法国、匈牙利、保加利亚
保加利亚	60.2	德国、罗马尼亚、希腊、意大利、土耳其
希腊	57.1	意大利、塞浦路斯、德国、保加利亚、英国

注：其中，阿尔巴尼亚、北马其顿的数据是镜像数据；表4数据根据近一年的月度数据分析得出。
资料来源：黑山数据来自黑山国家统计局，https：//www.monstat.org/eng/；其他数据来自ITC Trade Map，https：//intracen.org/resources/data-and-analysis/trade-statistics，检索日期均：2024年3月22日。

表5 2023年巴尔干国家货物进口贸易关系

单位：%

国家	自欧盟进口占进口贸易总额的比重	前五大进口贸易来源国
斯洛文尼亚	49.5	中国、瑞士、德国、意大利、奥地利
克罗地亚	74.5	意大利、德国、斯洛文尼亚、匈牙利、奥地利
波黑	58.6	意大利、德国、中国、克罗地亚、土耳其
塞尔维亚	56.8	德国、中国、意大利、土耳其、匈牙利
黑山	45.8	塞尔维亚、中国、德国、希腊、意大利
阿尔巴尼亚	51.0	意大利、印度、中国、希腊、土耳其
北马其顿	80.6	英国、德国、希腊、中国、塞尔维亚
罗马尼亚	73.3	德国、意大利、匈牙利、波兰、中国
保加利亚	59.4	德国、俄罗斯、土耳其、罗马尼亚、意大利
希腊	49.2	德国、中国、意大利、伊拉克、荷兰

注：其中，阿尔巴尼亚、北马其顿的数据是镜像数据；表5数据根据近一年的月度数据分析得出。
资料来源：黑山数据来自黑山国家统计局，https：//www.monstat.org/eng/；其他数据来自ITC Trade Map，https：//intracen.org/resources/data-and-analysis/trade-statistics，检索日期均：2024年3月22日。

巴尔干国家进出口贸易重度依赖欧盟市场，欧盟经济的波动也通过贸易传导到这些国家。由于斯洛文尼亚主要贸易伙伴的贸易活动持续疲软和形势的不确定，该国货物出口贸易额在2023年4月和8月经历了2次大幅收缩，货物进口贸易额在2月、4月和7月经历了3次大幅收缩，2023年全年对欧盟出口货物贸易额和自欧盟进口货物贸易额大幅下降，但是货物进出口贸易总额呈现增长趋势，反映了斯洛文尼亚与非欧盟国家的货物贸易对其贸易稳定发展的促进作用。2023年斯洛文尼亚货物出口贸易额为595.09亿美元，同比增长7.6%；货物进口贸易额为617.09亿美元，同比增长3.5%。

罗马尼亚国家统计局公布的初步数据显示，2023年，罗出口货物贸易额为931亿欧元，同比增长1.3%；进口货物贸易额为1220.4亿欧元，同比下降3.2%。其中，罗马尼亚与欧盟成员国的货物贸易额为1570.7亿欧元，增长1.3%，占罗同期进出口总额的73%。从贸易商品结构看，2023年罗马尼亚主要的进出口货物大类为机械和运输设备以及其他加工类产品。罗马尼亚出口的主要商品按照出口贸易额从高到低，依次是机械和运输设备（占44.8%），其他加工类产品（占29.8%），食品、饮料及烟草（占10.4%），矿物燃料、润滑油等（占5.6%），化学品及相关产品（占4.6%），原材料（占4%）。罗马尼亚进口的主要商品按照进口贸易额从高到低，依次是机械和运输设备（占36.8%），其他加工类产品（占28.7%），化学品及相关产品（占13.6%），食品、饮料及烟草（占9.9%），矿物燃料、润滑油等（占8.5%），原材料（占2.4%）。汽车及零部件是罗马尼亚重要的出口商品，但是罗马尼亚对德国汽车领域的出口商品主要是低附加值零部件，供应商规模较小且在价值链中的整合程度较低。

根据塞尔维亚财政部数据，2023年塞尔维亚进出口商品额为655亿欧元，比2022年下降1.7%，贸易逆差达6.95亿欧元，这主要是因为塞尔维亚能源进口的减少和商品的国际价格下降。其中，塞尔维亚制造业出口贸易额在2023年实现了5.4%的增长，农业出口贸易额大幅下降22.6%；原材料和设备进口贸易额分别下降11.4%和6.7%；消费品进口贸易额实现了5.3%的增长。波黑2023年出口商品额为92.28亿美元，同比下降4.6%；进口商品额为153.49亿美元，同比下降0.2%，商品贸易逆差达61.21亿美元。在此期间，波黑向欧盟国家出口商品67.39亿美元，同比下降5.4%；自欧盟国家进口商品额为90.51亿美元，同比增长3.5%。

据黑山国家统计局的统计，2023年，黑山对外贸易额为44.8亿欧元，较2022年增长5.9%。其中，出口贸易额为6.7亿欧元，下降3.7%；进口贸易额为38.1亿欧元，增长7.7%，贸易逆差为31.4亿欧元。2023年，黑山主要出口商品为电力（2.1亿欧元）、有色金属（0.67亿欧元）、医药产品（0.41亿欧元）、木材（0.4亿欧元）、饮料（0.35亿欧元）；主要进口商品为公路车辆（3.3亿欧元）、石油及成品油（3.24亿欧元）、医药产品（1.91亿欧元）、肉类及肉类制品（1.73亿欧元）、非金属矿物制品（1.63亿欧元）等。由于黑山的中欧自由贸易区（CEFTA）成员①地位，黑山与欧盟的特殊贸易安排，以及与欧洲自由贸易联盟（EFTA）成员②、土耳其、乌克兰等签有自由贸易协定，欧洲国家成为黑山对外贸易的主要市场。2023年，黑山对欧洲国家出口额占黑山出口总额的91.6%，黑山对中欧自由贸易区国家出口额占黑山出口总额的48.4%，对欧盟国家出口额占黑山出口总额的36.1%；黑山自欧洲国家进口额占黑山进口总额的80.3%，其中自欧盟国家进口额占黑山进口总额的45.8%，自中欧自由贸易区国家进口额占黑山进口总额的26%。

2023年1~11月，北马其顿商品出口总额为77亿欧元，同比增长0.2%；商品进口102亿欧元，同比减少8.3%。商品主要出口贸易对象国是德国、塞尔维亚、保加利亚和希腊。商品主要进口贸易来源国是英国、德国、希腊、中国和塞尔维亚。③ 2023年，中国作为北马其顿重要的贸易伙伴，见证了双边进出口贸易的快速增长。根据中国海关总署数据，2023年，中国向北马其顿出口商品额为2.82亿美元，同比增长20.5%；自北马进口商品额为1.94亿美元，同比增长8.4%。北马其顿商品进出口贸易对欧盟市场的依赖度都超过80%。它出口的主要商品是以贵金属或贵金属化合物为活性物质的载体催化剂，铁镍、钢铁产品（平板轧制产品），服装与石油制剂；进口的主要商品是

---

① 成员包括阿尔巴尼亚、波黑、黑山、北马其顿、塞尔维亚、由联合国科索沃临时当局特派团（UNMIK）代表的科索沃和摩尔多瓦。
② 成员国包括冰岛、列支敦士登、挪威和瑞士。
③ "Trade with North Macedonia"，北马其顿Invest North Macedonia网站，https://investnorthmacedonia.gov.mk/trade-with-north-macedonia/，检索日期：2024年3月22日。

原油、铂及其合金、机动车辆和电力。① 北马其顿的进出口商品结构既反映了北马其顿的产业竞争力，又反映了它参与欧盟主导的产业链、价值链分工的地位。

塞尔维亚最大的出口商仍然是三家中国公司——塞尔维亚紫金矿业公司、塞尔维亚紫金铜业公司和河钢集团塞尔维亚钢铁公司。2023年，塞尔维亚前15大出口商的出口额为70亿欧元。其中，塞尔维亚紫金矿业公司的出口额为11.52亿欧元，塞尔维亚紫金铜业公司的出口额为7.46亿欧元，河钢集团塞尔维亚钢铁公司的出口额为5.49亿欧元。此外，来自中国的敏实集团洛兹尼察工厂（2.78亿欧元）和海信控股的Gorenje瓦列沃工厂（2.78亿欧元）分列塞第14、第15大出口商。② 塞尔维亚2023年制造业出口增长的最大贡献来自电气设备、汽车零部件和机械设备，这得益于外国直接投资在上述领域的持续增长。其中，上述领域对德国的出口增长占塞尔维亚出口增长总额的36%至48%。

塞尔维亚央行和中国人民银行签署了关于在塞尔维亚进行人民币清算安排的合作备忘录，这将促进塞中两国企业和金融机构使用人民币进行跨境交易，进一步便利贸易和投资。③ 塞尔维亚于2023年10月批准了与中国的自由贸易协定。该协定涉及10412种塞尔维亚产品和8930种中国产品。根据《塞尔维亚国民议会批准与中国的自由贸易协定》，第一组产品将从协定生效之日起免税，其他三组产品将在5年、10年和15年内分别等额逐渐减少至零关税，但对某些产品的关税仍然有效。④ 该协定是中国与中东欧国家签署的第一个自贸协定，也是中国与相关国家和地区签署的第22个自贸协定，塞尔维亚成为

---

① "Trade with North Macedonia"，北马其顿Invest North Macedonia网站，https://investnorthmacedonia.gov.mk/invest/，检索日期：2024年1月20日。
② "Current Macroeconomic Developments (February, 2024)"，塞尔维亚财政部网站，www.mfin.gov.rs，检索日期：2024年3月22日。
③ 《塞尔维亚央行与中国人民银行签署在塞尔维亚进行人民币清算安排的合作备忘录》，中华人民共和国驻塞尔维亚共和国大使馆经济商务处网站，2023年12月11日，http://rs.mofcom.gov.cn/article/jmxw/202312/20231203461543.shtml，检索日期：2024年1月20日。
④ 《塞尔维亚国民议会批准与中国的自由贸易协定》，中华人民共和国驻塞尔维亚共和国大使馆经济商务处网站，2023年10月27日，http://rs.mofcom.gov.cn/article/jmxw/202310/20231003449903.shtml，检索日期：2024年1月20日。

中国第29个自贸伙伴。它的签署是落实两国领导人共识的重要举措，是扩大面向全球的高标准自由贸易区网络的又一重要实践，也是第三届"一带一路"国际合作高峰论坛的重要成果。

"开放巴尔干"倡议方面，塞尔维亚、阿尔巴尼亚、北马其顿三国在解决长期存在的非关税壁垒和障碍方面取得了进展，促进了巴尔干地区的贸易，主要是在食品进出口领域，食品进出口时间缩短了50%，直接税费成本降低了80%，这使得"开放巴尔干"地区的贸易往来增加了近30%。[1]

除了货物贸易，巴尔干国家的服务贸易在国民经济中有举足轻重的地位。旅游是巴尔干国家的重要部门，旅游服务贸易对国民经济增长的贡献很大。2023年，斯洛文尼亚服务贸易进出口总额同比增长4.1%，这主要是由于旅游相关服务贸易的显著复苏。[2]

巴尔干国家是国际运输的重要节点，运输服务影响着供应链和国际贸易。受俄乌冲突的影响，黑海粮食走廊中断。为替代黑海粮食走廊，乌克兰与欧盟达成共识，建立"团结通道"（Solidarity Lanes），经中东欧国家实现乌农产品出口过境转运。由于物流不畅，大量农产品积压在这些国家，对当地农产品价格造成冲击，农民利益受损。于2023年4月出台的欧盟委员会实施条例（EU）2023/739明确表示将为保加利亚、波兰和罗马尼亚的谷物和油籽行业的农民提供紧急支持措施。[3] 尽管受到消费下降和高通胀等不利因素的影响，但2023年罗马尼亚货物运输市场保持增长，其成为国际运输版图上的关键节点。受欧盟政策的影响，罗马尼亚绿色交通解决方案加速推进；受益于罗经济多元化程度提升，其出口业务的物流需求大幅增加；其数字化

---

[1]《塞内外贸易部长表示将通过〈塞尔维亚国民议会批准与中国的自由贸易协定〉和区域合作推动外贸持续增长》，中华人民共和国驻塞尔维亚共和国大使馆经济商务处网站，2023年5月24日，http：//rs.mofcom.gov.cn/article/jmxw/202306/20230603415991.shtml，检索日期：2024年1月20日。

[2]"Production up in Both Services and Trade"，斯洛文尼亚国家统计局网站，2024年2月29日，https：//www.stat.si/StatWeb/en/News/Index/12713，检索时间：2024年12月22日。

[3]《保农业部：谷物和油籽行业将获得超3200万列弗财政支持》，中华人民共和国驻保加利亚共和国大使馆经济商务处网站，2023年8月7日，http：//bg.mofcom.gov.cn/article/jmxw/202308/20230803426009.shtml，检索日期：2024年1月20日。

转型越来越受重视。① 希腊西北部的伊古迈尼察（Igoumenitsa）、北部的萨洛尼卡（Thessaloniki）和东北部的亚历山大德鲁波利斯（Alexandroupolis）这三个港口是国际海运公司关注的焦点，凸显了希腊的战略地理位置和在俄乌冲突中作为欧洲外围稳定国家的作用。三个港口都与希腊艾格纳提亚（Egnatia）高速公路相连，并可以通过其支线公路连接巴尔干半岛，因此它们可以在促进区域内外的贸易繁荣上起到积极作用。

全球咨询公司科尔尼报告显示，在最具吸引力的离岸服务外包地排名中，罗马尼亚已攀升至欧洲第10位、全球第30位。罗马尼亚因为劳动力成本仍较低，拥有一定的劳动力和数字技能水平，但在数字化水平和商业环境方面正在输给邻国。该报告使用52个指标对全球78个国家进行评估，涵盖4个维度：金融吸引力、劳动力的技能及可及性、商业环境、数字化水平。欧洲排名前3的国家为英国、波兰、葡萄牙，包括罗马尼亚在内的大多数东欧国家，由于营商环境的发展和数字化水平的提高，以及乌克兰人才的大量涌入，吸引力均略有上升。② 此外，高力集团数据显示，罗马尼亚被越来越多的东南欧公司视为区域分销中心。③

五 外资结构变化反映营商环境变化

普华永道罗马尼亚公司分析称，俄乌冲突产生的新贸易路线和供应链变化，使中东欧成为西欧生产商近岸和离岸外包的重要目的地。由于供应链中断的风险增加，欧洲许多公司在寻求供应多样化，全球排名前3的生产搬迁目

---

① 《2023年罗货物运输市场将持续增长》，中华人民共和国驻罗马尼亚大使馆经济商务处网站，2023年3月13日，http://ro.mofcom.gov.cn/article/jmxw/202303/20230303394858.shtml，检索日期：2024年1月20日。
② 《罗马尼亚位列全球最具吸引力的离岸服务外包地第30位》，中华人民共和国驻罗马尼亚大使馆经济商务处网站，2023年7月28日，http://ro.mofcom.gov.cn/article/jmxw/202307/20230703424367.shtml，检索日期：2024年1月20日。
③ 《高力集团分析称罗马尼亚或成为东南欧重要的区域分销中心》，中华人民共和国驻罗马尼亚大使馆经济商务处网站，2023年12月1日，http://ro.mofcom.gov.cn/article/jmxw/202312/20231203457854.shtml，检索日期：2024年1月20日。

的地为波兰、德国、土耳其，巴尔干地区的罗马尼亚排名第7。2022年升级的乌克兰危机导致能源和商品价格上涨，通胀加速。2023年以来，欧洲国家经济调整措施超出预期，通胀压力得到缓解。长远来看，不同欧洲国家对俄天然气和石油的依赖程度存在差异，这会导致欧洲工业格局发生结构性变化。[1]

巴尔干国家深度参与以德国为核心的欧盟产业链、价值链，它们在劳动力成本和商务成本上比西欧国家有优势，此外，因为新冠疫情和俄乌冲突爆发以来的近岸外包需求增长，巴尔干国家大量吸引着源于西欧国家的投资。中国在"一带一路"倡议下推动资金融通，也成为巴尔干地区重要的外资来源国。长期与巴尔干国家保持经贸关系的俄罗斯也仍然是部分巴尔干国家外资的重要来源国。2023年巴尔干的5个欧盟成员国和塞尔维亚吸引外资金额在巴尔干国家中名列前茅（见表6），这反映了这些国家良好的投资潜力和营商环境。

表6　2023年巴尔干国家吸引外国直接投资月度流量

单位：百万欧元

国家	1月	2月	3月	4月	5月	6月	7月	8月	9月	10月	11月	12月
斯洛文尼亚		593.1			361.9			15.9			49.1	
克罗地亚		1034.9			187.5			1425.8			66.2	
波黑*		510.7			574.7			357.4			265.2	
塞尔维亚		854.8			1321.8			1032.0			1011.1	
黑山		140.3			149.9			85.3			150.7	
阿尔巴尼亚		307.3			377.0			404.3			401.9	
北马其顿	23.2	68.9	64.0	78.5	55.3	18.6	21.6	54.5	-0.6	49.8	70.0	112.8
罗马尼亚	595.6	751.6	869	192.6	57.3	335.4	1138.2	772.7	831.0	568.6	347.2	128.2
保加利亚	416.8	340.4	1158.5	-91.7	-208.3	300.3	567.0	569.6	300.8	276.8	33.9	-64.3
希腊	284.5	390.1	377.0	350.8	573.8	457.3	689.0	365.0	361.8	256.4	503.1	-129.9

*波黑数据单位为百万马克（1马克约合0.51欧元）。

资料来源：塞尔维亚的数据来自塞尔维亚财政部，https://www.mfin.gov.rs/；其他国家的数据来自各国中央银行和Trading Economics（https://tradingeconomics.com/），检索日期均：2024年3月22日。

---

[1] 《分析称罗马尼亚或因俄乌冲突获得新机遇》，中华人民共和国驻罗马尼亚大使馆经济商务处网站，2023年2月20日，http://ro.mofcom.gov.cn/article/jmxw/202302/20230203392168.shtml，检索日期：2024年1月20日。

2023年头三个季度，克罗地亚外国直接投资的五大来源国是奥地利（7.06亿欧元）、荷兰（5.71亿欧元）、德国（4.71亿欧元）、意大利（1.61亿欧元）、卢森堡（1.10亿欧元），它们贡献了克罗地亚76.2%的外国直接投资。在罗马尼亚，外国直接投资额超过1亿欧元的领域包括医药产品制造、房地产、不包含保险与养老金的金融服务、信息服务、电信、不包括机动车辆的零售、水上运输、不包括机动车辆的批发、其他非金属矿产品制造。①

罗马尼亚国家贸易登记局（National Trade Register Office）显示，2023年，罗新成立7010家外资企业，同比减少4.86%；认购资本总额1.26亿美元，同比增长3倍。外资参股公司在罗马尼亚投资的主要行业为批发零售业、汽车和摩托车修理业（在罗马尼亚吸引外资总额中的占比是22.38%），专业、行政、科学和技术活动行业（占比是22.02%），以及运输仓储和通信业（占比是15.99%）。截至2023年底，罗共有251226家外资参股公司，认购资本价值近698.4亿美元。其中，意大利公司居公司数量首位，达52756家（认购资本33.1亿美元），荷兰公司居股本价值首位，达130.08亿美元，共6084家。② 2023年流向罗马尼亚的外国直接投资显著低于2022年同期。日本是罗马尼亚最大的亚洲投资来源国，两国于2023年3月宣布建立战略伙伴关系，同意在经济、科学、技术和创新、人员交流等方面深化双边合作。③

根据保加利亚中央银行数据，2023年流入该国的外国直接投资达33.7亿欧元（约合36.2亿美元），比2022年增长28.1%，主要来自瑞士（约合8.62亿美元）、奥地利（约合3.96亿美元）、比利时（约合3.54亿美元）。

---

① 克罗地亚共和国国家银行，https://www.hnb.hr/，检索日期：2024年3月22日。
② "Over 7000 Foreign Companies Established in Romania in 2023"，罗马尼亚actmedia新闻网，2024年2月7日，http://actmedia.eu/companies/over-7-000-foreign-companies-established-in-romania-in-2023/107086，检索日期：2024年4月12日。
③ "Strategic Partnership Between Japan and Romania"，欧盟-日本产业合作中心网站，https://www.eu-japan.eu/news/strategic-partnership-between-japan-and-romania，检索日期：2024年3月22日。

最吸引外资的部门仍然是技术、媒体、电信、建筑、房地产和金融服务。①保加利亚正在成为汽车和储能系统关键零部件的生产中心。② 汽车行业是该国发展最快的行业之一，也是最吸引投资的行业之一。截至2023年8月，90%以上欧洲生产的汽车使用保加利亚制造的关键零部件，该国越来越多的公司正将生产重点转向电动汽车零部件。③

根据波黑央行的数据，2023年波黑吸引外国直接投资17.08亿马克，比2022年增长16%。其中，对波黑投资总额最大的5个国家依次为：俄罗斯、荷兰、克罗地亚、英国、土耳其。外国直接投资主要流入波黑的贸易、银行和能源部门。④ 黑山在旅游、能源、基础设施和农业等若干部门具有投资潜力。塞尔维亚、俄罗斯、瑞士、阿联酋和德国是黑山外国直接投资的重要来源国。根据阿尔巴尼亚中央银行的报告，2023年前3个季度，阿尔巴尼亚吸引外国直接投资10.8亿欧元，比2022年同期增长10.6%。这一时期，荷兰（占比为16.5%）、瑞士（占比为16.0%）、加拿大（占比为12.8%）、意大利（占比为11.0%）、土耳其（占比为7.6%）和奥地利（占比为6.3%）是阿尔巴尼亚外国直接投资的主要来源国。外资主要流向阿尔巴尼亚的采矿业及能源、银行和保险、信息与通信技术、房地产等部门。⑤

---

① "Bulgaria: Investing in Bulgaria"，标准银行集团（Standard Bank Group），https://www.tradeclub.standardbank.com/portal/en/market - potential/bulgaria/investment? clear_s = y，检索日期：2024年3月22日。

② 《"欢迎更多中国企业前来投资"——访保加利亚经济和工业部部长博格丹·博格丹诺夫》，中华人民共和国驻保加利亚共和国大使馆经济商务处网站，2023年9月4日，http://bg.mofcom.gov.cn/article/jmxw/202309/20230903437556.shtml，检索日期：2024年1月20日。

③ 《保拟新建汽车零部件生产厂》，中华人民共和国驻保加利亚共和国大使馆经济商务处网站，2023年8月7日，http://bg.mofcom.gov.cn/article/jmxw/202308/20230803426032.shtml，检索日期：2024年1月20日。

④ "BiH Records Increase in Foreign Investments"，波黑Sarajevo Times网站，2024年5月19日，https://sarajevotimes.com/bih-records-increase-in-foreign-investments/，检索日期：2024年7月27日。

⑤ "Albania: Investing in Albania"，标准银行集团（Standard Bank Group），https://www.tradeclub.standardbank.com/portal/en/market - potential/albania/investment #:~:text = In% 20the% 20first% 20three% 20quarters% 20of% 202023% 2C% 20FDI, year% 20earlier% 2C% 20as% 20reported% 20by% 20the% 20Central% 20Bank，检索日期：2024年3月22日。

北马其顿吸引外资的重点领域包括机械和汽车部件、信息与通信技术、农业和食品加工业、纺织品和服装、能源、药品和医疗设备以及采矿业。① 2023年北马其顿吸引外国直接投资6.17亿欧元，虽然高于新冠疫情前的水平，但是比2022年大幅下降17%。其中，该国吸引的绿地投资下降了40%，这在技术和可再生能源部门尤其严重。②

虽然塞尔维亚60%的外国直接投资来自欧盟成员国，③ 但是塞尔维亚2023年得到的来自亚洲的投资越来越多，主要来自中国和日本，来自韩国的投资也在增多。④ 根据塞尔维亚财政部数据，2023年流入塞尔维亚的外国直接投资达42.2亿欧元，相当于国内生产总值的6.1%。其中，4/5的外国直接投资是股权和再投资收益的形式，大量投资集中于制造业、建筑业、采矿业和进出口贸易部门。在此期间，欧盟是塞尔维亚外国直接投资的最大来源。近年来，宏观经济改革、金融稳定和财政纪律改善着塞尔维亚的投资环境。⑤

为响应欧盟的外资审查法规，斯洛文尼亚修订的《外国直接投资审查法》于2023年7月1日生效。罗马尼亚自2022年4月18日起已经收紧其外资审查制度，出台了类似的法规，提高了外资在本国的投资门槛，特别是增加了非欧盟国家投资欧盟成员国市场的准入条件。阿尔巴尼亚尚未建立正式的外资审查机制，但是在实践中早已开始进行外资审查，例如，2020年阿尔巴尼亚加入美国的"清洁网络"（Clean Network）倡议，将"不受信任的信息技术供应商"（Untrusted IT Vendors）排除在5G服务之外，旨在应对"数据隐私、安全和人权领域的长期威胁"。阿尔巴尼亚通过税制改革提高

---

① 参见北马其顿Invest North Macedonia网站，https://investnorthmacedonia.gov.mk/invest/，检索日期：2024年1月20日。
② "FDI of North Macedonia Plunges by 17% in 2023"，FDIinsider，https://fdiinsider.com/news/fdi-of-north-macedonia-plunges-by-17-in-2023/，检索日期：2024年3月22日。
③ "Economy Growth in Serbia Driven by Strong EU FDI"，FDIinsider，https://fdiinsider.com/news/economy-growth-in-serbia-driven-by-strong-eu-fdi/，检索日期：2024年3月22日。
④ 《武契奇称塞今年吸引外资将再创历史纪录》，中华人民共和国驻塞尔维亚共和国大使馆经济商务处网站，2023年12月7日，http://rs.mofcom.gov.cn/article/jmxw/202312/20231203458937.shtml，检索日期：2024年1月20日。
⑤ "Serbia: Investing in Serbia"，标准银行集团（Standard Bank Group），https://www.tradeclub.standardbank.com/portal/en/market-potential/serbia/investment，检索日期：2024年3月22日。

了其对外资的吸引力，但是从事贸易、建筑业、旅游等活动者需要取得营业许可证，这阻碍了外资流入阿尔巴尼亚。波黑、保加利亚、克罗地亚、希腊、黑山、北马其顿和塞尔维亚没有外资审查机制，但是从事特定商业活动者需要取得许可证。

巴尔干地区国家2023年也通过多项举措试图改善营商环境，并进一步吸引外国直接投资。2023年5月，波黑塞族共和国政府通过《关于修改对特别重要的直接投资奖励程序的法令》，鉴于有形资源投资对技术开发、教育发展、改善环境以及提高经济竞争力具有重要意义，对此类投资的奖励金额上限从此前的15%提高至30%。[①] 2023年，塞尔维亚政府正式成立"相互促进和保护投资协议协调机构"，由其负责审议、协调和指导国家行政部门开展涉及投资促进和保护方面国际协议的准备、谈判和缔结工作。[②] 塞尔维亚外国投资者委员会在发布的《2023年白皮书》中对改善该国营商环境提出397项建议，包括就新法规进行公开讨论、定期与企业举行对话等，主要建议还包括继续解决财产税改革、所得税估值等问题，修改《劳动法》等法规以保障劳动安全和健康，明确远程办公的薪资规定，便利公共和私人部门之间的数据交换，实现档案的电子化管理，提升投资者身份识别和许可证办理效率，增加对健康、卫生、医疗和环保领域的投入，规范旅游餐饮业服务标准，提高"开放巴尔干"国家内部交流自由化程度等。[③]

欧盟是巴尔干地区最大的投资来源地。斯洛文尼亚、克罗地亚、罗马尼亚、保加利亚和希腊作为欧盟成员国，直接受益于欧盟复苏和复原力计划下

[①] 《波黑塞族共和国加大对重要直接投资的奖励力度》，中华人民共和国驻波黑大使馆经济商务处网站，2023年5月26日，http://ba.mofcom.gov.cn/article/jmxw/202305/20230503412492.shtml，检索日期：2024年1月20日。

[②] 《塞政府成立"相互促进和保护投资协议协调机构"》，中华人民共和国驻塞尔维亚共和国大使馆经济商务处网站，2023年4月5日，http://rs.mofcom.gov.cn/article/jmxw/202304/20230403403239.shtml，检索日期：2024年1月20日。

[③] 《塞尔维亚外国投资者委员会发布〈2023年白皮书〉》，中华人民共和国驻塞尔维亚共和国大使馆经济商务处网站，2023年11月21日，http://rs.mofcom.gov.cn/article/jmxw/202311/20231103456029.shtml，检索日期：2024年1月20日。

的欧盟赠款和贷款。在"下一代欧盟"计划①（Next Generation EU）及西巴尔干经济和投资计划②（Economic and Investment Plan for the Western Balkans）下，欧盟支持巴尔干地区在后疫情时期的社会经济复苏，帮助西巴尔干国家缩小与欧盟的发展差距。其中，西巴尔干经济和投资计划的投资额高达300亿欧元，主要覆盖可持续交通运输、清洁能源、环境与气候、数字未来、私人部门、人力资本等领域，包含10个投资旗舰项目，旨在推动长期复苏，加速绿色和数字化转型，促进区域合作。③

克罗地亚的复苏和复原力计划在2023年11月底价值100亿欧元（包含58亿欧元赠款、42亿欧元贷款），涉及78项改革和157项投资。④ 2023年5月，欧委会批准克罗地亚政府为超级跑车制造企业里马茨公司（Rimac）的"机器人出租车"开发项目提供共计1.795亿欧元的国家补贴，这笔无偿拨款占该项目开发成本的45%。该笔资金用于为提升城市交通水平提供创新型解决方案，可为欧盟数字化转型战略目标的实现做出贡献。⑤

2023年9月，波黑部长会议确定了《2021~2027年波黑-塞尔维亚跨境合作融资协议》，并责成财政部向波黑主席团提交。根据该协议，波黑和塞尔维亚两国2021~2027年跨境合作计划的融资总额为1622.35

---

① "下一代欧盟"计划是欧盟在新冠疫情后制订的经济社会复苏计划和经济社会转型计划。
② 西巴尔干经济和投资计划旨在促进西巴尔干地区的经济复苏，支持绿色和数字转型，推动该地区与欧盟的区域一体化。
③ "Economic and Investment Plan for the Western Balkans"，欧盟委员会官网，2023年10月，https://neighbourhood-enlargement.ec.europa.eu/system/files/2023-10/EIP-WB-GG-October%202023.pdf，检索日期：2024年1月20日。
④ "Commission Endorses Croatia's €10 Billion Modified Recovery and Resilience Plan, Including a REPowerEU Chapter"，欧盟委员会官网，2023年11月21日，https://ec.europa.eu/commission/presscorner/detail/en/ip_23_5915，检索日期：2024年3月22日。
⑤ 《欧委会批准克罗地亚政府为车企里马茨公司开发"机器人出租车"提供1.795亿欧元的资金》，中华人民共和国驻克罗地亚共和国大使馆经济商务处网站，2023年11月1日，http://hr.mofcom.gov.cn/article/jmxw/202311/20231103450307.shtml，检索日期：2024年1月20日。

万欧元，预计欧盟的最高出资额为1400万欧元。① 2023年12月，欧盟批准了总额达6.8亿欧元的西巴尔干经济和投资计划中的第六个融资计划，包括欧盟入盟前援助机制第三期［Instrument for Pre-accession Assistance (IPA) Ⅲ］② 提供的2.532亿欧元赠款、国际金融机构的软贷款以及西巴尔干地区的贡献。这笔资金将主要用于可持续交通建设、泛欧5C走廊③改造、黑山的巴尔-弗布尼察铁路重建、波黑两个风电场以及阿尔巴尼亚的太阳能光伏电站。④

六 绿色与数字"双转型"成为经济发展的重要方向

数字技术的快速发展和广泛应用可降低经济社会活动的交易成本，因此欧盟对成员国和候选国的数字转型提出了一定的要求，并向其提供资金支持。数字转型正在成为巴尔干国家经济发展的重要方向。

2023年11月，斯洛文尼亚通过了数字十年国家战略计划，计划在未来十年推动国家的数字转型。该计划涵盖数字能力、基础设施、数字经济转型和数字公共服务4个主要领域，共包含90多项措施。在数字能力方面，斯洛文尼亚计划提供计算机设备，支持数字技能的培训，并特别关注女性在信

---

① 《波黑部长会议确定了〈2021~2027年波黑-塞尔维亚跨境合作融资协议〉文本》，中华人民共和国驻波黑大使馆经济商务处网站，2023年9月15日，http://ba.mofcom.gov.cn/article/jmxw/202309/20230903440953.shtml，检索日期：2024年1月20日。
② 入盟前援助机制是欧盟自2007年起采用财政和技术援助支持扩大区域的方式。它包括通过入盟流程提高受益国的能力，促进区域进步和发展。入盟前援助机制第三期（2021~2027）的总体目标是支持受益国进行政治、制度、法律、行政、社会和经济改革，以符合欧盟价值观，与欧盟规则、标准、政策和实践相一致，从而促进欧盟稳定、安全和繁荣。
③ 泛欧5C走廊高速公路主要路段位于波黑，连接波黑南北，是波黑重要的机动车道路，也是该国历史上最大规模的道路基础设施项目。
④ 《欧盟批准6.8亿欧元用于支持西巴尔干地区铁路运输和可再生能源的投资》，中华人民共和国驻波黑大使馆经济商务处网站，2023年12月15日，http://ba.mofcom.gov.cn/article/jmxw/202312/20231203461237.shtml，检索日期：2024年1月20日。

息与通信技术领域的培训。在基础设施方面，该国计划继续投资建设宽带网络，推动开放基站建设，并提供用于引入最新技术的无线电频谱。在数字经济转型方面，斯洛文尼亚政府计划促进新技术在企业中的应用，加强支持人工智能的环境，并通过数字转型公共招标推动大型商业系统的数字转型。在数字公共服务方面，斯洛文尼亚计划着力于扩展在线服务，推出数字身份钱包，并在卫生服务领域提供更多在线服务。①

由于克罗地亚加入欧元区、申根区以及获得历史性的高投资评级等有利因素，克罗地亚三大电信运营商 HT、A1 和 Telemach 在 2023 年继续加大对该国网络基础设施和无线电频谱的投资力度，建议政府继续推进数字和绿色转型，建立更好的立法和投资框架，进一步降低企业的财税负担。② 克罗地亚的《2032 年数字克罗地亚战略》于 2023 年 1 月 1 日生效，旨在提高克罗地亚数字经济的竞争力，目标是到 2032 年，该国企业和数字化政府具有数字和经济竞争力，数字化程度达到欧盟平均水平。克罗地亚的具体目标包括实现发达和创新的数字经济，将面向企业的公共服务和所有关键公共服务数字化，提高创意和文化产业的竞争力，优化税收和财政的立法和行政管理，升级国家 IT 基础设施，支持教育和研究系统的数字化转型。克罗地亚 2023 年在欧盟数字化指数排名中居第 21 位。预计到 2032 年，上述目标的实现将促使克罗地亚的 ICT 行业在该国国内生产总值中的比重从 2023 年的 4.5%增至 13%。③

"数字欧洲计划"（The Digital Europe Programme）是欧盟资助的新项目，聚焦数字技术在企业、公民和公共行政方面的应用。④ 2023 年 6 月，欧

---

① 《斯洛文尼亚政府通过数字十年国家计划》，中华人民共和国驻斯洛文尼亚共和国大使馆经济商务处网站，2023 年 11 月 13 日，http：//si. mofcom. gov. cn/article/jmxw/202311/20231103453274. shtml，检索日期：2024 年 1 月 20 日。

② 《克罗地亚电信运营商 2023 年将继续加大投资》，中华人民共和国驻克罗地亚共和国大使馆经济商务处网站，2023 年 4 月 21 日，http：//hr. mofcom. gov. cn/article/jmxw/202304/20230403405896. shtml，检索日期：2024 年 1 月 20 日。

③ 《克罗地亚出台旅游业发展与数字化两个战略》，中华人民共和国驻克罗地亚共和国大使馆经济商务处网站，2023 年 4 月 21 日，http：//hr. mofcom. gov. cn/article/jmxw/202304/20230403405895. shtml，检索日期：2024 年 1 月 20 日。

④ "The Digital Europe Programme"，欧盟委员会官网，https：//digital-strategy. ec. europa. eu/en/activities/digital-programme，检索日期：2024 年 1 月 20 日。

盟委员会与黑山、北马其顿、阿尔巴尼亚和塞尔维亚就"数字欧洲计划"签署联系协议。该计划将拉近欧盟与这些国家的经济和社会关系，提高它们的技术能力，支持数字化和中小企业发展。

绿色转型方面，2023年1月1日生效的克罗地亚《2030年可持续旅游业发展战略》旨在促进旅游业的绿色和环境商业标准，提高当地居民的福利，保护历史和自然遗产，解决熟练劳动力短缺问题并减少气候变化对旅游业的负面影响，促进全年旅游业均衡发展，通过更有效的立法和管理框架培育更具创新性、竞争力和弹性的旅游业，并平衡经济、社会和环境可持续发展。①

2023年2月，克罗地亚宣布与意大利、斯洛文尼亚政府合作，开展氢能开发试点项目，将之作为战略投资项目，打造北亚得里亚海"氢谷"与发展低碳经济。这也是克政府参与的首个以开发氢能为目的的跨国合作项目。欧盟基金将为该项目拨款2500万欧元。三国计划利用可再生能源每年生产超过5000吨的绿氢，对氢能进行储存、运输、分销和应用，帮助钢铁、水泥生产等重要的工业部门实现去碳化，为交通部门的可持续发展提供解决方案。北亚得里亚海"氢谷"项目是克罗地亚政府实施2050年氢能战略的第一步。②

罗马尼亚迫切需要能源转型。2023年10月，世界银行发布的《罗马尼亚气候与发展国别报告》指出，罗马尼亚经济生产中的碳排放量是欧盟平均水平的2.5倍，目前罗马尼亚70%以上的能源消耗仍依赖化石燃料，包括发电、供暖、交通在内的产业占该国碳排放量的66%，其次是农业（17%）和工业（12%）。报告罗列了为实现2050年气候目标，罗马尼亚须重点关注的优先领域：一是提高建筑物能源效率并推进供能绿色转型；二是通过增加

---

① 《克罗地亚出台旅游业发展与数字化两个战略》，中华人民共和国驻克罗地亚共和国大使馆经济商务处网站，2023年4月21日，http://hr.mofcom.gov.cn/article/jmxw/202304/20230403405895.shtml，检索日期：2024年1月20日。

② 《克罗地亚与意大利、斯洛文尼亚政府合作，开展氢能试点项目》，中华人民共和国驻克罗地亚共和国大使馆经济商务处网站，2023年4月21日，http://hr.mofcom.gov.cn/article/jmxw/202304/20230403405917.shtml，检索日期：2024年1月20日。

投资、提升技术水平实现交通运输部门脱碳,特别是增加对电动汽车充电基础设施的投资;三是优化水资源利用;四是加大对该领域人力资源和技术培训的投入力度。报告称罗马尼亚有望实现到2030年碳排放量比1990年减少55%的目标。① 截至2023年底,罗马尼亚累计注册电动汽车超42000辆,其中2023年新增注册16800辆,较2022年同比上涨35%。②

在2023年联合国气候变化大会(COP 28)期间,罗马尼亚加入了国际太阳能联盟(ISA),承诺支持和促进太阳能作为清洁和可持续能源的主要来源。从日照角度来看,罗马尼亚每年约有210个晴天,太阳能技术潜力为19.35吉瓦(约合25.80太瓦时),其中约18.05吉瓦(约合24.18太瓦时)有投资价值,是欧洲东南部太阳能潜力最大的国家之一。罗马尼亚的目标是到2030年太阳能装机容量超过8吉瓦,可再生能源占最终电力消耗总量的24%。③

2023年7月,波黑实体之一波黑联邦议会代表院通过了《能源法及能源活动管理条例》《利用可再生能源资源法》和《波黑联邦电力法》三部能源法案,进一步向欧盟标准靠拢,简化小型电力生产设施和可再生能源相关的审批流程。④ 截至2023年12月,波黑已制定到2030年的综合能源和气候计划草案。其一方面履行《建立能源共同体条约》⑤ 规定的国际义务,逐

---

① 《世界银行称罗马尼亚迫切需要能源转型》,中华人民共和国驻罗马尼亚大使馆经济商务处网站,2023年10月25日,http://ro.mofcom.gov.cn/article/jmxw/202310/20231003449107.shtml,检索日期:2024年1月20日。
② 《罗电动汽车注册超42000辆,2023年达16800辆》,中华人民共和国驻罗马尼亚大使馆经济商务处网站,2023年1月23日,http://ro.mofcom.gov.cn/article/jmxw/202401/20240103468468.shtml,检索日期:2024年1月20日。
③ 《罗马尼亚加入国际太阳能联盟》,中华人民共和国驻罗马尼亚大使馆经济商务处网站,2023年12月8日,http://ro.mofcom.gov.cn/jmxw/art/2023/art_548fa5b5d9884aab816045732baa10cd.html,检索日期:2024年1月20日。
④ 《波黑联邦议会代表院通过三部能源法案》,中华人民共和国驻波黑大使馆经济商务处网站,2023年7月11日,http://ba.mofcom.gov.cn/article/jmxw/202307/20230703421123.shtml,检索日期:2024年1月20日。
⑤ 能源共同体是一个国际组织,它将欧盟国家及其邻国聚集在一起,旨在创建一体化的泛欧能源市场。《建立能源共同体条约》2005年10月在希腊雅典签署,2006年7月生效。能源共同体的主要目标是,在具有法律约束力的框架基础上,将欧盟内部能源市场规则和原则扩展到东南欧、黑海区域内外的国家。

步脱碳；另一方面，确保能源安全可靠，价格合理。① 保加利亚和波兰于2023年8月讨论了两国在创新领域和创业生态系统发展方面的双边合作，同意深化在专业领域的合作，制定《电动汽车促进法案》。② 塞尔维亚通过了《2023~2030年低碳发展战略》。

在欧洲的绿色能源转型过程中，天然气仍将在一段时期内发挥必要的过渡燃料的作用。欧盟正在多个能源领域开展工作，以防止天然气短缺和价格冲击。③ 欧盟2023年开放了一个联合采购天然气的平台，任务是在2023年11月之前储备90%的天然气量，目标是以最优惠的价格为下一个供暖季按时提供非俄元素的天然气。包括塞尔维亚在内的几个非欧盟成员国也可在该平台进行采购。这是欧盟历史上的首次尝试。同时，部分欧盟成员国也在积极寻求能源危机的解决方案。鉴于解决当前能源危机的最佳方案是拓展天然气气源和输欧路线，作为"团结之环"④（Solidarity Ring）联合倡议的一部分，保加利亚、罗马尼亚、匈牙利和斯洛伐克的天然气运营商与阿塞拜疆天然气行业巨头Sokar在2023年4月签署供气备忘录。⑤ 依赖于俄罗斯天然气的奥地利和斯洛文尼亚正在寻求与克罗地亚联合寻气，因此对克罗地亚克尔克（Krk）的液化天然气（LNG）接收站和天然气管道的升级非常重要，最终克罗地亚的天然气可通过斯洛文尼亚被输送至奥地利。

---

① 《波黑制定到2030年综合能源和气候计划草案》，中华人民共和国驻波黑大使馆经济商务处网站，2023年12月15日，http：//ba.mofcom.gov.cn/article/jmxw/202312/20231203461239.shtml，检索日期：2024年1月20日。

② 《保创新和增长部：与波兰大使探讨创新领域合作》，中华人民共和国驻保加利亚共和国大使馆经济商务处网站，2023年8月25日，http：//bg.mofcom.gov.cn/article/jmxw/202309/20230903438560.shtml，检索日期：2024年1月20日。

③ 《塞尔维亚有权参与欧盟天然气联合采购平台》，中华人民共和国驻塞尔维亚共和国大使馆经济商务处网站，2023年5月5日，http：//rs.mofcom.gov.cn/article/jmxw/202306/20230603416008.shtml，检索日期：2024年1月20日。

④ "团结之环"是一个天然气走廊项目。

⑤ "Solidarity Ring: A Step Towards Increasing Azerbaijani Gas Supplies to Central Europe"，波兰Centre for Eastern Studies（OSW），2023年5月11日，https：//www.osw.waw.pl/en/publikacje/analyses/2023-05-11/solidarity-ring-a-step-towards-increasing-azerbaijani-gas-supplies，检索日期：2024年1月20日。

B.4
2023年巴尔干地区外交与安全形势

徐恒祎*

摘　要： 2023年，尚未入盟的西巴尔干国家受地缘政治和内外部因素的影响显著，入盟进展缓慢，但这些国家的政府也在努力推动本国的欧洲一体化进程，寻求与欧盟在经济、社会和政治上的全面对接。已经入盟的巴尔干国家则在货币、人员往来制度等方面寻求进一步深化与欧洲的一体化。此外，巴尔干国家在总体外交与合作上也表现出对美国、俄罗斯、中国等世界大国以及重要国际组织的重视。2023年，一系列地区合作机制在巴尔干区域合作方面发挥了积极作用，但合作与冲突交织或许仍将是该地区区域合作的常态。在安全与防务方面，北约在巴尔干地区的活跃度有了显著提升。总体来看，巴尔干地区在2023年面临来自区域内与区域外的双重安全挑战。

关键词： 巴尔干　欧洲一体化　北约　欧洲安全

2023年，西巴尔干地区尚未入盟国家的欧洲一体化进程在地缘政治和内外部因素的影响下进展缓慢，欧盟的态度和政策也深刻影响了这些国家的入盟进程。已经成为欧盟成员国的巴尔干国家则在货币和人员往来制度等方面寻求更深度地融入欧洲，并取得了实际成果。在外交与合作上，巴尔干国家重视与欧盟和美国、俄罗斯、中国等大国以及联合国和世贸组织等国际组织的关系。在地区合作上，尽管地区合作机制发挥了积极作用，但复杂的历

---

* 徐恒祎，博士研究生、讲师，广东外语外贸大学区域国别学院（国际关系研究院）塞尔维亚语及克罗地亚语专业教师，主要研究方向为巴尔干地区外交、社会与文化。

史矛盾导致合作与冲突并存。在安全与防务上，北约在巴尔干地区的活跃度显著提升，反映了俄乌冲突背景下的安全结构变化。大多数北约成员国在防务上与北约保持高度一致，继续支持乌克兰并制裁俄罗斯。总体来看，在2023年，巴尔干地区面临来自内外部的双重安全挑战。

一 欧洲一体化进程：进展缓慢、局部突破

2023年，尚未入盟的西巴尔干国家在欧洲一体化方面受地缘政治和内外部因素的影响显著，包括内外部政治和安全局势的不稳定、本国和欧盟法律和政策的差异以及各国间经济及社会发展的差距，入盟进展缓慢。同时，欧盟的态度与政策也深刻影响了这些国家的入盟进程。但是，这些国家的政府也通过一系列合作和倡议，努力推动本国的欧洲一体化进程，寻求与欧盟在经济、社会和政治上的全面对接。

与此同时，已经入盟的巴尔干国家则在货币、人员往来制度等方面寻求进一步深化与欧洲的一体化，并在2023年取得了切实的成果。未来，这些国家实现与欧盟的进一步融合，在很大程度上取决于外部地缘政治和安全环境及各国内部改革的力度与区域合作的深度。

尚未入盟的西巴尔干国家方面，2023年，阿尔巴尼亚虽有作为，但入盟进展并不明显。年初，阿尔巴尼亚欧洲事务和外交部公布的主要工作事项为"柏林进程"①，以期重振西巴尔干国家与欧盟之间的多边联系，并改善基础设施和经济发展领域的区域合作。10月，阿尔巴尼亚举办了柏林进程峰会，这是该进程峰会首次在欧盟境外举行，西巴尔干国家的总理全部与会。会后各国共签署了9项联合协议及宣言，②包括挖掘欧盟与西巴尔干国

---

① 柏林进程是指由德国发起的旨在保持西巴尔干国家与欧盟的接触，加强西巴尔干区域一体化并推动西巴尔干国家加入欧盟的进程，被视为欧盟东扩政策的补充举措。
② "Albania External Relations Briefing: Foreign Affairs in Albania for 2023-A Review"，中国-中东欧研究院网站，2024年1月31日，https://china-cee.eu/2024/01/31/albania-external-relations-briefing-foreign-affairs-in-albania-for-2023-a-review/，检索日期：2024年2月11日。

家之间的产业链和价值链潜能、增加科研创新投入和基础设施投资，以及探讨清洁能源、安全和共同打击犯罪等议题，并呼吁通过对话与妥协缓解科索沃地区的紧张局势。

然而，阿尔巴尼亚的入盟进程受到了阻碍。2023年5月，阿尔巴尼亚政府以选举舞弊为由逮捕了希马拉市（Himara）市长候选人、希腊裔的弗雷迪·贝莱里（Fredi Beleri），贝莱里辩称当局并无证据。此事件引起了希腊方面的强烈不满，希腊要求阿尔巴尼亚立即释放贝莱里，并呼吁阿尔巴尼亚尊重和保障法治，维护居住在阿尔巴尼亚的希腊少数民族的权利。尽管希腊一直是西巴尔干地区加入欧盟的大力支持者，但贝莱里案引起了希腊的担忧，希腊与阿尔巴尼亚之间的关系突然紧张起来，以至于11月中旬希腊拒绝签署欧盟成员国关于开启阿尔巴尼亚入盟首批章节谈判的联名信，并表示若阿尔巴尼亚不符合哥本哈根标准，希腊将拖缓该国加入欧盟的进程。①

波黑在欧洲一体化方面同样进展缓慢。波黑政府当年将欧洲一体化和地区合作作为外交工作的重点，但欧盟称波黑未能充分符合成员资格标准，再次推迟和波黑的入盟谈判。波黑政府强调其安全和外交政策与欧盟保持一致，但波黑与塞尔维亚是欧洲没有因俄乌冲突而对俄罗斯实施制裁的国家，以至于美国与欧盟均向其施压，以削弱俄罗斯在这两个国家的影响力。② 2023年，被美国列入制裁名单的波黑公众人物和公司达到两位数。③ 此外，欧盟驻波黑使团于2023年多次强调波黑与欧盟在签证政策方面存在分歧，认为波黑与俄罗斯（2002年起）、沙特阿拉伯（2007年起）、土耳其（2009

---

① "Greece Sets up First Barrier to Albania"，希腊《每日新闻报》网站，2023年11月11日，https://www.ekathimerini.com/news/1224563/greece-sets-up-first-barrier-to-albania/，检索日期：2023年12月23日。
② Faruk Borić, "Bosnia-Herzegovina External Relations Briefing: External Summary 2023"，中国-中东欧研究院网站，2024年1月31日，https://china-cee.eu/2024/01/31/bosnia-herzegovina-external-relations-briefing-external-summary-2023/，检索日期：2024年2月3日。
③ "SAD šire spisak sankcija: Ko će od Bošnjaka na crnu listu!?"，波黑avaz新闻网，2023年11月20日，https://avaz.ba/vijesti/bih/868805/sad-sire-spisak-sankcija-ko-ce-od-bosnjaka-na-crnu-listu，检索日期：2023年12月14日。

年起）、中国（2018年起）的免签政策与欧盟政策不符。① 因此，2023年波黑的入盟进程继续受到欧盟内部分歧、外部压力以及来自俄罗斯和美国的地缘政治影响的阻碍，并未取得实质性进展。

北马其顿的入盟进程在2023年也未有明确进展，尽管欧盟委员会主席乌尔苏拉·冯德莱恩（Ursula vor der Leyen）当年10月对北马其顿进行了访问，并重申北马其顿应就保加利亚的诉求对宪法进行修改，但同北马其顿正式开启入盟谈判之事并未被列入12月召开的欧洲理事会会议的议程。黑山的情况亦类似。9月，黑山总统出席了"布尔多-布里俄尼进程"首脑会议②，会议公布的《斯科普里宣言》重申了西巴尔干国家对推进欧洲一体化进程的承诺。2023年上半年，黑山同阿尔巴尼亚、北马其顿和科索沃地区联合发起了旨在深入推进欧洲一体化进程的"西巴尔干四方机制"，该机制的目标是使西巴尔干尚未加入欧盟的国家完全遵守欧洲共同外交与安全政策。

塞尔维亚一直将加入欧盟作为推动国家发展的重要目标，但2023年该国的入盟进程未有明确进展。欧洲议会塞尔维亚问题报告员弗拉基米尔·比尔奇克（Vladimir Bilčik）在2023年2月向欧洲议会外交事务委员会提交的塞尔维亚报告草案中指出："塞尔维亚只有同意制裁俄罗斯并表明正在对此做出行动，才有可能在加入欧盟方面取得进展。"③ 2023年4月，欧洲委员会④（Council of Europe）部长级特别会议以33国赞成、7国反对（包括塞尔维亚）、5国（乌克兰、波黑、希腊、斯洛伐克、亚美尼亚）弃权、1国

---

① 欧盟要求所有有入盟意愿的国家将其签证政策与欧盟的签证政策相协调，根据欧盟的规定，成员国不得向欧盟免签对象国名单上所列国家之外的国家提供免签证待遇。
② 该会议由斯洛文尼亚和克罗地亚于2013年发起，旨在推进西巴尔干地区所有国家融入欧洲一体化进程，并稳定西巴尔干地区局势。
③ "Bilčik: Pred Srbijom velika EU šargarepa"，塞尔维亚《政治报》网站，2023年2月9日，https://www.politika.rs/sr/clanak/536878/Bilcik-Prekid-pregovora-o-clanstvu-u-EU-%20nije-dobra-strategija，检索日期：2024年1月19日。
④ 1949年5月5日，爱尔兰、比利时、丹麦、法国、荷兰、卢森堡、挪威、瑞典、意大利和英国在伦敦签署《欧洲委员会法规》，正式成立该组织，其是具有国际法地位的国际组织，系联合国观察员，是欧洲一体化进程中最早成立的机构，总部位于法国斯特拉斯堡，现有46个成员国。

缺席的结果通过了科索沃地区的入会申请。投票结束后，塞尔维亚代表团立即离开会场，并表示塞尔维亚将重新考虑未来与该组织间的关系模式。① 欧盟于11月发布的《塞尔维亚年度报告2023》显示，在欧盟共同外交和安全政策方面，截至2023年8月，在对俄议题上，塞尔维亚与欧盟和欧洲理事会相关高级代表公布的各项决议的对齐率为51%，同比增长5%，塞尔维亚不同意针对俄罗斯的任何限制性措施，亦未能遵守欧盟关于俄罗斯、中国、白俄罗斯和伊朗的其他人权声明和限制措施，并且继续运营飞往俄罗斯的航班。此外，科索沃地区持续紧张的局势也阻碍了塞尔维亚的入盟进程。

巴尔干的欧盟成员国方面，克罗地亚2023年迎来入盟十周年。此前，克罗地亚外交战略中的重点目标是加入欧元区和申根区，以实现与欧盟更深层次的融合。在这一年，克罗地亚在这两项目标上取得了突破。经过多年努力，2023年1月1日，克罗地亚正式成为欧元区第20个成员国和申根区第27个成员国。

总体来看，在重大国际问题上，克罗地亚的外交政策与欧盟的方针政策对齐率较高，在外交上与欧盟的共性大于个性。但2023年该国在外交方面较为特殊的状况是：在具体外交事务中，总统与总理在理念、策略和态度上不时出现冲突和矛盾。6月，欧洲议会议长罗伯塔·梅索拉（Roberta Metsola）访问克罗地亚，针对该国入盟十周年并成功加入欧元区与申根区向其表示祝贺，克罗地亚总理安德烈·普连科维奇对克罗地亚加入欧盟也表示赞赏与肯定，但克罗地亚总统佐兰·米拉诺维奇（Zoran Milanović）则表示"应当停止对欧盟的崇拜和对其的理想化"②。

2023年，斯洛文尼亚在重大国际问题上与欧盟的方针政策对齐率较高，

---

① Ivona Ladjevac, "Bitter Pill-Voting in the Council of Europe", 中国-中东欧研究院网站, 2023年5月30日, https://china-cee.eu/2023/05/30/serbia-external-relations-briefing-bitter-pill-voting-in-the-council-of-europe/, 检索日期：2023年12月20日。

② "Milanović: Hrvatska nije dovoljno napredovala u 10 godina članstva u EU", 克罗地亚dnevnik新闻网, 2023年5月22日, https://dnevnik.hr/vijesti/hrvatska/milanovic-u-sibeniku-hrvatska-nije-dovoljno-napredovala-u-10-godina-clanstva-u-eu---783216.html, 检索日期：2023年12月21日。

继续为乌克兰提供各项援助，支持乌克兰获得欧盟候选国资格，并支持欧盟对俄罗斯的制裁。斯洛文尼亚继续支持西巴尔干地区的发展和欧洲一体化进程，其外交和欧洲事务部长塔尼娅·法永（Tanja Fajon）于2023年9月在第78届联合国大会期间主持召开了前南斯拉夫社会主义联邦共和国继承国外交部长会议，该会议旨在纪念《继承问题协约》（Agreement on Succession Issues），探讨了区域内国家共同解决问题以加深合作的可能性，斯洛文尼亚、波黑、克罗地亚和北马其顿外长与会，塞尔维亚外长未参加此次会议。①

保加利亚和罗马尼亚2023年的工作重点之一是加入申根区。两国多年来争取加入申根区，但荷兰、奥地利等老欧盟成员国因外来移民问题而一直对此持反对态度。据保加利亚政府的数据，2023年入境该国的外国移民数量同比增长了50%，其中大部分人继续去往荷兰、瑞典、奥地利和德国等国。② 但2023年底，两国在这方面的外交工作取得了成果，12月30日，欧盟理事会宣布从2024年3月31日起取消罗马尼亚与保加利亚和申根区其他国家之间的空中和海上边境管制，同意两国部分加入申根区。

罗马尼亚的外交政策继续以三项基本原则为指导，即巩固和加强罗马尼亚在欧盟和北约中的作用、深化与美国的战略伙伴关系，以及促进和尊重民主和法治价值观。③ 在俄乌冲突持续的背景下，该国的一项重要外交工作是给乌克兰提供支持。2023年，罗马尼亚与乌克兰及邻国摩尔多瓦的关系进

---

① "Ministrica Fajon gostila srečanje kolegov držav naslednic nekdanje Jugoslavije"，斯洛文尼亚政府网站，2023年9月21日，https://www.gov.si/en/news/2023-09-21-minister-fajon-hosts-the-first-meeting-of-ministers-of-foreign-affairs-of-successor-states-of-former-sfry/，检索日期：2024年1月31日。

② "50% увеличение на мигрантския натиск"，保加利亚mediapool新闻网，2023年10月2日，https://www.mediapool.bg/50-uvelichenie-na-migrantskiya-natisk-news351881.html，检索日期：2023年12月31日。

③ "Luminița Odobescu, ministrul propus la Externe: Obiectivul prioritar este aderarea României la Schengen până la finalul anului"，罗马尼亚digi24新闻网，2023年6月14日，https://www.digi24.ro/stiri/actualitate/politica/luminita-odobescu-ministrul-propus-la-externe-obiectivul-prioritar-este-aderarea-romaniei-la-schengen-pana-la-finalul-anului-2386059，检索日期：2023年12月31日。

一步深化，罗马尼亚积极支持两国加入欧盟。

希腊2023年继续支持西巴尔干地区加入欧盟以应对俄乌冲突持续这一欧洲地缘政治的新形势。但如前所述，受贝莱里案的影响，希腊在阿尔巴尼亚加入欧盟问题上提出了自己的关切。

二 外交与合作：以国际组织与大国为重点

2023年，巴尔干国家除了以欧盟为重要外交对象，在总体外交与合作上表现出对美国、俄罗斯、中国等世界大国以及对联合国、世界贸易组织（以下简称"世贸组织"）等重要国际组织的重视。

在地区国家与美国关系方面，2023年1月，塞尔维亚外交部与美国国务院签署了合作谅解备忘录，并且两国在年内进行了多次高层互访。保加利亚和美国通过贯穿全年的一系列政治和文化活动庆祝了两国建交120周年，并于当年9月举行了第二次高级别战略对话，根据两国发布的联合声明，两国将共同打击"对中欧和东欧构成越发严重威胁的虚假信息和媒体操纵行为"①。在9月于罗马尼亚举办的"三海倡议"②（Three Seas Initiative）峰会上，美国表示支持"三海倡议"拟定的目标，同时表示愿意同成员国进行具体合作。③

在与俄罗斯的双边关系上，塞尔维亚的表现较为突出，2023年4月，塞尔维亚议长、部分议员以及公共管理和地方自治部长会见了欧盟制裁名单上的俄罗斯上议院联邦委员会成员。8月，塞尔维亚国家安全情报局局长出席第11届莫斯科国际安全会议（Moscow Conference on International

---

① "Меморандум България-САЩ за противодействие на чуждестранно манипулиране на информация"，保加利亚bnr新闻网，2023年9月25日，https://bnr.bg/horizont/post/101882497/memorandum-balgaria-sasht-za-protivodeistvie-na-chujdestranno-manipulirane-na-informacia，检索日期：2024年2月3日。
② "三海倡议"是波罗的海、亚得里亚海和黑海沿岸共12个欧盟成员国组成的论坛。
③ 罗马尼亚rri新闻网，https://www.rri.ro/zh-hans/现实时事/新闻时事/2023年9月6日-id673796.html，检索日期：2023年12月31日。

Security）。

2023年，多个巴尔干国家也积极同中国进行了交流与合作。2023年1月16日，阿尔巴尼亚与中国正式签署了《中华人民共和国政府和阿尔巴尼亚共和国部长会议关于互免持公务普通和普通护照人员签证的协定》，规定两国公民在对方国家停留不超过3个月，无须办理签证，该协定被认为可促进当地旅游和贸易发展，为人文交流注入新动力。10月，塞尔维亚总统阿莱克桑达尔·武契奇率高级代表团出席第3届"一带一路"国际合作高峰论坛，习近平主席会见了武契奇总统，两国政府签署了共建"一带一路"中期行动计划、产业与投资合作谅解备忘录、自由贸易协定等多项双边合作文件。11月，习近平主席会见了前来访华的希腊总理基里亚科斯·米佐塔基斯。①

2023年，塞尔维亚继续推进加入世贸组织的进程，但由于该国的转基因生物贸易法未符合世贸组织的要求，且其与部分世贸组织成员的市场准入谈判未能取得进展，该进程陷入停滞。斯洛文尼亚政府2023年外交工作的重点目标是提高斯洛文尼亚的国际声誉和地位。为此，该国于5月举办了司法协助倡议（Mutual Legal Assistance and Extradition Initiative）大会，该会议是斯洛文尼亚有史以来最大规模的外交会议②，会议通过的《卢布尔雅那-海牙司法互助公约》获得了80个国家的支持③。这一外交努力为斯洛文尼亚带来了较为显著的影响，6月，斯洛文尼亚当选为2024~2025年联合国安理会非常任理事国。④

---

① 《习近平会见希腊总理米佐塔基斯》，中华人民共和国中央人民政府网，2023年11月3日，https://www.gov.cn/yaowen/liebiao/202311/content_6913457.htm，检索日期：2024年1月17日。
② Gašper Pirc, "Slovenia External Relations Briefing: Yearly Review"，中国－中东欧研究院网站，2024年1月31日，https://china-cee.eu/2024/01/31/slovenia-external-relations-briefing-yearly-review-2/，检索日期：2024年2月3日。
③ "The Ljubljana-Hague Convention Adopted"，斯洛文尼亚政府网站，2023年5月26日，https://www.gov.si/en/news/2023-05-26-the-ljubljana-hague-convention-adopted/，检索日期：2023年12月23日。
④ "Minister Fajon Hosts the First Meeting of Ministers of Foreign Affairs of Successor States of Former SFRY"，欧洲动态网，2023年6月7日，https://www.euractiv.com/section/politics/news/slovenia-elected-non-permanent-member-of-the-un-security-council/，检索日期：2024年2月13日。

三 区域合作：合作与冲突并存

2023年，"开放巴尔干"倡议①、"三海倡议"及"中欧倡议"② 等地区合作机制在巴尔干区域合作方面发挥了积极作用，一方面反映出该地区国家间合作的需求事实存在，且合作具有潜力；另一方面显示出此类合作机制的作用与价值。但受到该地区国家间复杂历史矛盾的影响，合作与冲突交织仍将是该地区区域合作的常态。

在"开放巴尔干"倡议的推进下，2023年1月1日，阿尔巴尼亚、塞尔维亚和北马其顿三国之间取消了边境检查，为推动地区贸易发展提供了便利。三国当年还通过参加"开放巴尔干葡萄酒愿景"（Wine Vision by Open Balkan）等展览和博览会活动为本国商品进行宣传。但6月，由于科索沃北部的塞族聚居区再次出现紧张形势，塞尔维亚逮捕了三名阿族警察，阿尔巴尼亚和塞尔维亚的关系一度趋紧，阿总理埃迪·拉马威胁将把和塞尔维亚的关系降温。③

2023年9月，希腊在罗马尼亚举办的"三海倡议"峰会上成为该倡议的第13个成员国，乌克兰和摩尔多瓦共和国成为该机制的合作伙伴国。11月举行的"中欧倡议"部长会议等各项地区活动也促进了各国间的合作与关系的改善。

2023年，希腊与土耳其之间长期以来的紧张局势得到缓和。由于两国在大陆架的划分、能源资源勘探、爱琴海海域的领土主张以及塞浦路斯等问题上存在分歧，希土两国关系时而存在摩擦。但在2023年2月土耳其遭受

---

① "开放巴尔干"倡议是由塞尔维亚、阿尔巴尼亚和北马其顿发起并参与的旨在实现西巴尔干未入欧盟的国家之间货物、资本、人员和服务自由流动的合作倡议。
② "中欧倡议"是目前17个中欧、东欧和东南欧国家参与的区域性政府间论坛，主要目标是促进欧洲一体化，并通过开展区域合作推动可持续发展。
③ "Rama: No More 'Open Balkan' Without Return of Three Policemen to Kosovo", 欧洲新闻网 euronews. al, 2023年6月23日, https://euronews.al/en/rama-no-more-open-balkan-without-return-of-three-policemen-to-kosovo/, 检索日期：2024年1月12日。

灾难性地震后，希腊立即向受灾地区提供援助，随后希土两国重启双边沟通，关系缓和。7月，土耳其总统埃尔多安和希腊总理米佐塔基斯在立陶宛举行的北约峰会期间进行了会面。9月初，希土两国外长举行会谈，讨论了两国关系中的重大问题，并为两国领导人之间的会晤进行准备。① 9月下旬，希腊总理与土耳其总统于联合国大会期间在纽约会面；12月，希腊总理与土耳其总统在雅典会面，并举行两国间高级别合作委员会会议，双方表达了在贸易、电力、体育、科技、旅游等领域的合作意愿，希腊总理还重申了希腊对土耳其加入欧盟进程和签证便利化的支持。②

四 地区安全与防务：北约活跃度显著提升

2023年，北约在巴尔干地区的活跃度有了显著提升，展现出俄乌冲突背景下该地区安全结构的持续变化。③ 总体来看，巴尔干地区的大多数北约成员国2023年在防务上与北约保持了高度一致，尽管部分国家内部对此存在不同意见，但大多数对象国仍继续支持乌克兰并对俄罗斯实施制裁。此外，多国展现出与北约进一步深化合作的意愿，通过提高防务预算来增强国防能力，以落实北约的指导方针。而巴尔干地区的非北约成员国也保持着和北约的合作关系。

2023年是北马其顿加入北约的第三年，北马其顿与北约的立场与行动保持了高度统一，其为乌克兰提供武器，支持联合国针对俄罗斯的决议并支

---

① "Minister of Foreign Affairs Mr. George Gerapetritis' Statement Following the Meeting with His Turkish Counterpart, Mr. Hakan Fidan",希腊外交部网站，2023年9月5日，https://www.mfa.gr/en/current-affairs/top-story/minister-of-foreign-affairs-mr-george-gerapetritis-statement-following-the-meeting-with-his-turkish-counterpart-mr-hakan-fidan-ankara-05092023.html，检索日期：2023年12月31日。

② "Prime Minister Kyriakos Mitsotakis' Statements After His Meeting with the President of Türkiye Recep Tayyip Erdoğan at Maximos Mansion, in the Framework of the 5th High-Level Cooperation Council between Greece and Türkiye",希腊总理新闻网，2023年12月7日，https://www.primeminister.gr/en/2023/12/07/33204，检索日期：2024年1月1日。

③ 在国家安全领域相关的国际组织中，除塞尔维亚和波黑外，其余8个巴尔干国家均为北约成员国。

持对俄罗斯的制裁。11月，北马其顿首次在本土为乌克兰士兵进行训练。2023年北马其顿的国防预算开支同比增长了24.45%，占其国内生产总值（GDP）的1.85%。北约秘书长延斯·斯托尔滕贝格11月在北马其顿议会发表讲话，称"北约可以依靠北马其顿，北马其顿也可以依靠北约。联盟将保证北马其顿的安全"。2023年，北马其顿还担任了欧洲安全与合作组织（OSCE，以下简称"欧安组织"）轮值主席国，并于11月举行了第30届欧安组织部长理事会会议。在北马其顿任职期内，欧安组织将乌克兰置于议题首位，其议程与北约的议程保持了较高程度的一致。①

作为北约成员国，黑山在2023年与北约政策保持了较高程度的一致，也将其国防开支占GDP的比例依照北约的指导方针上调至2%。11月，北约秘书长访问西巴尔干地区并与该地区的北约成员国举行会议，在会议上，黑山总理表示新政府决心为北约的目标做出强有力的贡献。②

2023年保加利亚对外政策的优先事项是在欧盟框架内向乌克兰提供支持。7月，乌克兰总统泽连斯基访问保加利亚，在与保加利亚总理尼古拉·登科夫的会晤中，与保政府达成多项重要协议，保政府承诺参与乌克兰战后重建。但保加利亚总统鲁门·拉德夫一直反对向乌克兰提供军事援助，认为这会使保加利亚陷入困境并对其国家安全造成风险。③ 11月，保加利亚议会批准了向乌克兰捐赠100辆装甲运兵车的协议。12月，保加利亚议会再次批准了向乌克兰提供额外军事援助的计划。

在此背景下，保加利亚与美国和北约的合作愈加紧密，继设立在爱沙尼

---

① Adela Gjorgjioska, "Macedonian International Relations in 2023: Dynamics and Geopolitical Alignments", 中国-中东欧研究院网站，2023年1月31日，https://china-cee.eu/2024/01/31/north-macedonia-external-relations-briefing-macedonian-international-relations-in-2023-dynamics-and-geopolitical-alignments/#_ftn12, 检索日期：2023年12月25日。

② "Spajić-Stoltenberg: Crna Gora ima vitalnu ulogu za stabilnost na Zapadnom Balkanu", 黑山政府网站，2023年11月22日，https://www.gov.me/clanak/spajic-stoltenberg-crna-gora-ima-vitalnu-ulogu-za-stabilnost-na-zapadnom-balkanu, 检索日期：2023年12月20日。

③ "Overview of the Bulgarian International Policy in 2023", 中国-中东欧研究院网站，2024年1月31日，https://china-cee.eu/2024/01/31/bulgaria-external-relations-briefing-overview-of-the-bulgarian-international-policy-in-2023/#_ftn22, 检索日期：2024年1月15日。

亚、拉脱维亚、立陶宛和波兰的战斗群之外，北约于 2022 年在保加利亚、匈牙利、罗马尼亚和斯洛伐克增设了四个多国战斗群，2023 年 7 月北约维尔纽斯峰会期间，保加利亚总理登科夫宣布北约将扩大驻保加利亚多国战斗群。保加利亚政府 10 月提交公众讨论的《保加利亚国防战略》草案的目标和表述与《北约 2022 战略概念》、欧盟的《全球外交与安全政策战略》和《战略指南针》保持了高度一致，① 该草案称俄罗斯为保加利亚国家安全的"主要威胁"，需要长期实施增强北约威慑和防御潜力的措施。②

罗马尼亚也向北约强调了黑海地区的战略重要性，并表达了与北约更紧密合作的意愿。2023 年 7 月中旬，罗马尼亚参加了在立陶宛举行的北约峰会，会议上，罗马尼亚强调了黑海地区的战略重要性。③ 应罗马尼亚的要求，北约认为有必要监测和评估黑海地区的安全环境，增加对摩尔多瓦的支持，并在会议公布的宣言中以单独段落首次专门提及黑海相关内容。罗马尼亚得到北约为其提供更高水平保护和防御的承诺，同意在威慑和防御措施及活动、盟军任务以及指挥结构现代化等方面为北约做出贡献。

与罗马尼亚相似，与俄罗斯历来关系友好的希腊因政治主场分歧，公开支持乌克兰并对俄罗斯实施制裁。希腊强调自身在北约东翼的战略价值，与美国和北约的合作更加紧密。2023 年 2 月，美国国务卿布林肯访问雅典，同意向希腊出售 F35 战斗机，并提议希腊向乌克兰提供武器以协助该国对抗俄罗斯。

在国际政治舞台上，并非北约成员国的塞尔维亚继续奉行独立自主的外

---

① "Зам.-генералният секретар на НАТО：България е изключително ценен съюзник в Алианса"，保加利亚 bgonair 新闻网，2023 年 11 月 10 日，https://www.bgonair.bg/a/2-bulgaria/325184-zam-generalniyat-sekretar-na-nato-balgariya-e-izklyuchitelno-tsenen-sayuznik-v-aliansa，检索日期：2023 年 12 月 31 日。

② Evgeniy Kandilarov, "Overview of the Bulgarian International Policy in 2023"，中国-中东欧研究院网站，2024 年 1 月 31 日，https://china-cee.eu/2024/01/31/bulgaria-external-relations-briefing-overview-of-the-bulgarian-international-policy-in-2023/#_ftn22，检索日期：2024 年 2 月 3 日。

③ "Romania External Relations Briefing：Romanian-Ukrainian Relations, a Strategic Outlook"，中国-中东欧研究院网站，2023 年 10 月 19 日，https://china-cee.eu/2023/10/19/romania-external-relations-briefing-romanian-ukrainian-relations-a-strategic-outlook/，检索日期：2024 年 1 月 15 日。

交政策，虽面临来自美国与欧盟的压力，亦未加入欧盟针对俄罗斯的制裁行动。在联合国大会上，塞尔维亚在大多数有关乌克兰问题的决议的投票中与欧盟保持一致，投下赞成票，但对部分决议投了弃权票。科索沃问题也是塞尔维亚外交政策的重要关切。2023年3月，塞尔维亚外交部长伊维察·达契奇（Ivica Dačić）代表塞尔维亚参加了第19届不结盟运动峰会外长会，重申塞尔维亚将继续致力于通过对话途径和平地解决科索沃问题，并向众多支持塞尔维亚、遵守和尊重国际法原则并不承认科索沃单方面宣布独立的不结盟运动成员国表示感谢。[①]

与此同时，塞尔维亚也积极同欧盟方面保持安全合作。2023年3月，塞尔维亚代表参加了首届舒曼安全与防务论坛（Schuman Security and Defence Forum）部长级会议，该论坛旨在促进和巩固欧盟的安全与防务工作。塞尔维亚2023年还继续积极参与欧盟危机管理任务和行动，参与了欧盟在索马里和中非共和国的训练任务以及欧盟海军亚特兰大部队任务。

同样并非北约成员国的波黑仍然继续通过"和平伙伴关系"（Partnership for Peace）计划与"成员国行动计划"（Membership Action Plan）与北约进行合作。在俄乌冲突的背景下，北约国防部长会议于2023年2月批准了针对波黑国防能力建设的一揽子计划。[②] 8月，北约助理秘书长汤姆·戈弗斯（Tom Goffus）访问波黑，并重申了北约与波黑建立长期伙伴关系的承诺。[③]

五 地区性安全热点显著

目前，巴尔干地区从全局上面临来自区域内与区域外的双重安全挑战。

[①] "Verujemo u svet dijaloga, ravnopravnosti i mira"，塞尔维亚《政治报》网站，2023年3月3日，https：//www.politika.rs/sr/clanak/540677/nesvrstani-dacic-azerbejdzan))))))))))))))，检索日期：2023年12月20日。

[②] "Relations with Bosnia and Herzegovina"，北约官网，https：//www.nato.int/cps/en/natohq/topics_49127.htm，检索日期：2024年1月1日。

[③] "NATO Reaffirms Commitment to Long-standing Partnership with Bosnia and Herzegovina"，北约官网，2023年8月30日，https：//www.nato.int/cps/en/natohq/news_218073.htm?selectedLocale=en，检索日期：2023年12月21日。

从区域内部来看，除了各国的民族问题以及不同国家间的领土边界争端，还有由经济发展中的劳动力流失问题带来的安全挑战。从区域外部来看，2023年巴尔干国家虽然在防务目标上和北约进一步趋同，但也面临移民问题以及恐怖主义与极端主义威胁。

（一）劳动力流失严重

2023年，经济发展问题与人才外流仍是巴尔干地区面临的一项重大挑战。在2023年巴尔干晴雨表民意调查①中，经济形势问题与失业问题居担忧榜首位，其次为人才外流问题。西巴尔干国家71%的青年受访者考虑移居国外，以寻求更好的生活与发展。一方面，人才外流可能会导致这些国家缺乏经济建设所需要的劳动力资源；另一方面，高移民率也不利于这些国家的社会发展和民主进步，可能进一步给这些国家融入欧盟带来负面影响。②

西巴尔干地区的内生经济增长动力不足，难以达到欧盟的标准，2023年，西巴尔干国家的入盟进程总体来看也无实质性进展。上述巴尔干晴雨表民意调查结果显示，西巴尔干国家受访者对加入欧盟的支持率为59%，较2021年下降了3个百分点，近1/4的受访者认为西巴尔干国家将永远不会加入欧盟。③

（二）外来移民问题突出

2023年，移民问题持续给巴尔干国家，尤其是西巴尔干国家带来外部挑战。巴尔干地区位于中东、非洲及南亚移民进入欧洲的主要移民路线上，近年来，许多外国移民经巴尔干地区进入欧盟国家寻求庇护。据联合国儿童基金会年中报告的数据，2023年1~6月，约有13万名难民

---

① "Balkan Barometer 2023 Public Opinion"，欧盟区域合作委员会官网，https：//www.rcc.int/balkanbarometer/key_findings/2/，检索日期：2024年1月1日。
② "20 Countries Facing the Biggest Brain Drain"，雅虎财经新闻网，2024年2月26日，https：//finance.yahoo.com/news/20-countries-facing-biggest-brain-130755675.html，检索日期：2024年2月26日。
③ "Balkan Barometer 2023 Public Opinion"，欧盟区域合作委员会官网，https：//www.rcc.int/balkanbarometer/key_findings/2/，检索日期：2024年1月1日。

和移民进入地中海及西巴尔干地区，与2022年同期相比增长了81%。①欧洲边境和海岸警卫队（Frontex）的数据显示，2023年是自2016年以来欧盟非正常入境人数最多的一年。②但由于欧盟内部在移民与难民安置的责任分配问题上未达成共识，持续的入境移民压力不但引发了欧盟成员国间的矛盾，而且引发了巴尔干国家与欧盟成员国之间的摩擦，如荷兰与奥地利一度对保加利亚加入申根区表示明确反对，因此，对欧盟内部的团结也产生了负面影响。

大量过境的外来移民给巴尔干国家的社会管理、生活成本、劳动就业及社会福利保障等民生领域带来了挑战，持续刺激了本国民众的排外情绪，在一定程度上推动了极右翼政治力量的崛起，加大了社会冲突的风险。

（三）恐怖主义与极端主义威胁仍存

2023年爆发的严重的巴以冲突不仅给巴尔干地区带来了更大的移民压力，还带来了其他安全风险。欧洲刑警组织《2023年欧盟恐怖主义形势和趋势报告》指出，恐怖分子从冲突地区经西巴尔干地区进入欧盟，对欧洲的公共安全和整体安全构成持续的潜在威胁。③

巴以冲突的一个溢出效应是欧洲多国爆发的抗议活动与网络上的"反犹"和"反穆斯林"仇恨言论。由于巴尔干地区宗教、历史与民族问题复杂，各方之间维持着脆弱的平衡，这样的舆论环境刺激激进个人实施仇恨犯罪或参与暴力活动的潜在风险较高。2023年10月，包括巴尔干地区的波黑

---

① "Refugee and Migrant Response on the Mediterranean and Western Balkan Routes"，联合国儿童基金会网站，https://www.unicef.org/media/143646/file/ECARO-Humanitarian-SitRep-Refugee-Migrant-Response-Mid-Year-2023.pdf，检索日期：2024年1月5日。
② "Significant Rise in Irregular Border Crossings in 2023, Highest Since 2016"，欧洲边境和海岸警卫队官网，2024年1月26日，https://www.frontex.europa.eu/media-centre/news/news-release/significant-rise-in-irregular-border-crossings-in-2023-highest-since-2016-C0gGpm，检索日期：2023年1月26日。
③ "EU Terrorism Situation & Trend Report (TE-SAT): Reviewing the Terrorism Phenomenon"，欧洲刑警组织官网，https://www.europol.europa.eu/publications-events/main-reports/tesat-report，检索日期：2024年1月5日。

和斯洛文尼亚在内的多个欧洲国家提高了本国的恐怖主义威胁级别。[①] 以色列国家安全委员会在2023年12月更新的旅行警告彩色地图中将阿尔巴尼亚和波黑评估为中度威胁级别目的地。[②]

[①] "Bosnia Raises Terrorism Threat Level Due To Gaza Conflict", RFE/RL新闻网, 2023年10月19日, https://www.rferl.org/a/bosnia-terrorism-threat-gaza/32645124.html, 检索日期: 2024年1月5日。

[②] "Announcement of the National Security Council", 以色列政府官网, 2023年12月4日, https://www.gov.il/en/departments/news/news_public32, 检索日期: 2024年2月5日。

巴尔干地区与大国关系篇

B.5
2023年欧盟西巴尔干政策演进

杨博文[*]

摘　要： 2023年欧盟延续俄乌冲突以来对西巴尔干增加投入的态势，其地区政策主要表现在两方面。一是按照"分阶段、渐进式"思路加速该地区国家入盟进程，包括以西巴尔干经济和投资计划增强欧盟对该地区的吸引力、以西巴尔干增长计划落实"分阶段、渐进式"思路、以共同地区市场推动地区经济一体化。其中，欧盟把西巴尔干增长计划作为2023年的旗舰项目。二是调处以科索沃和波黑问题为主的地区争端，并通过强调西巴尔干地区和欧盟共同外交与安全政策协调、价值观因素来加强欧盟对该地区的政治引领。从总体上看，2023年欧盟西巴尔干政策延续并加强了"地缘政治转向"特征，增强了欧盟对该地区的经济吸引力，但欧盟在实质性推进该地区入盟进程、化解该地区内部争端等方面仍面临较大挑战。

---

[*] 杨博文，中国国际问题研究院欧洲研究所助理研究员，主要研究方向为中东欧政治经济形势、中国-中东欧国家合作、欧洲一体化与中欧关系。

关键词： 欧盟 地区政策 西巴尔干 欧洲一体化 地缘政治

自2019年12月新一届欧盟委员会产生以来，其主席乌尔苏拉·冯德莱恩以构建"地缘政治委员会"[①]为目标加强对西巴尔干地区关注和投入，推进北马其顿、阿尔巴尼亚等国在入盟进程上取得进展，并通过西巴尔干经济和投资计划[②]、共同地区市场[③]（CRM）等政策平台提升欧盟对该地区的投入和影响力。这一趋势在俄乌冲突后得到进一步加强。西巴尔干地区在地理区位和文化宗教上与俄罗斯都比较接近，欧盟尤其担忧俄借机扰动该地区局势，因此在对该地区加大经济投入力度的基础上，更加强调外交、安全、与欧盟法规的趋同和价值观因素，其目的是在欧盟短期内无法实现"实质扩员"的背景下，塑造欧盟在该地区的影响力和该地区国家对欧盟的认同。

2023年欧盟对西巴尔干的政策基本延续这一理念。在欧洲经济一体化方面，欧盟在增加对西巴尔干经济和投资计划的投入的基础上提出新的西巴尔干增长计划，旨在增强欧盟的吸引力，并通过将各国入盟改革状况

---

① 2019年11月，冯德莱恩在欧洲议会发表就职演说时，首次明确提出建立"地缘政治委员会"的目标是：增加对盟友和伙伴投入，推进欧盟价值观；通过开放与公平的贸易促进并保护欧洲利益；通过国际合作加强欧盟伙伴关系。冯德莱恩此后多次强调需加强欧盟的地缘政治角色，并将西巴尔干入盟进程定位为"对欧盟的地缘战略的投资"。

② 西巴尔干经济和投资计划是欧盟在2020年10月提出的支持地区发展的全面计划，涵盖经济治理、贸易投资、绿色与数字转型等九个领域。该计划的主要融资渠道为西巴尔干投资框架（WBIF）。西巴尔干投资框架建立于2009年，是欧委会、欧洲投资银行（EIB）、欧洲复兴开发银行（EBRD）和欧委会开发银行（CEB）为增加对西巴尔干地区的发展援助而共同设立的融资机制，除上述机构提供款项外，其他欧洲国家还以双边赠款形式为该机制提供资金。此外，为进一步增强地区国家融资能力，欧盟在2020年发布西巴尔干经济和投资计划时在西巴尔干投资框架的基础上建立了西巴尔干担保机制（Western Balkans Guarantee Facility），以欧盟提供担保的形式降低受助项目的投资风险与成本。

③ 共同地区市场是欧盟在柏林进程下于2020年11月索非亚峰会期间提出的，其目的是通过实现西巴尔干次区域的"四大自由"（货物、服务、资本和人员自由流动）为其进入欧盟单一市场奠定基础，并推动地区和解进程。柏林进程是2014年由德国政府发起、旨在推动西巴尔干国家与欧盟一体化及入盟进程的机制，其参与方包括欧盟机构、国际融资机构、地区公民团体、青年和商界。

同其所获资金进行更紧密的挂钩加强欧盟对地区国家的引领,具体落实2020年欧盟扩大机制改革后的"分阶段、渐进式"入盟基本思路[①]。在地区经济一体化方面,欧盟加大对共同地区市场的支持力度,目的是将"符合欧盟标准的地区一体化"作为欧洲一体化的基础,并依据二战后的"欧盟经验",通过加强国家间合作化解既往的民族、宗教、历史等矛盾,实现西巴尔干国家入盟所必要的和解。在加强欧盟政治引领方面,欧盟加速推动实现塞尔维亚和科索沃"关系正常化",但由于条件尚不成熟,反而使科索沃局势更加紧张。同时,欧盟还就波黑内政的争端和保加利亚对北马其顿入盟进程的阻拦加以应对,并通过强调西巴尔干地区和欧盟外交与安全政策的协调以及价值观因素来增强欧盟的影响力。

总体看,2023年欧盟的西巴尔干政策具有以下三个特征。

第一,具有鲜明的地缘政治导向。欧盟按照"分阶段、渐进式"思路加速西巴尔干国家入盟进程,增加对地区经济的投入,推动波黑朝开启入盟谈判的方向迈进,这些皆有在俄乌冲突和大国博弈背景下增强欧盟对地区影响力的意图。此外,欧盟还希望西巴尔干在欧盟产业链、供应链调整,尤其是关键原材料供应方面发挥更大的"近岸优势"。而加速推动解决以科索沃和波黑问题为主要代表的地区争端,甚至力图在条件尚不成熟的情况下快速实现科索沃问题的"最终解决",无疑是欧盟希望在俄"无暇他顾"之时争取地缘优势,对域外势力未来介入西巴尔干地区局势加以限制。

第二,"以经济一体化促进政治一体化"和"以地区一体化推动欧洲一体化"。欧盟借鉴自身最初建立的经验,希望通过国家间的经济一体化和务实合作化解矛盾、实现和解,并通过"符合欧盟标准的"地区一体化为西巴尔干国家入盟奠定基础。为此,欧盟扩大对西巴尔干经济和投资计划、共同地区市场的投入,并在此基础上推出西巴尔干增长计划,增强对地区的经济吸引力。

---

① "Enhancing the Accession Process-A Credible EU Perspective for the Western Balkans",欧盟委员会官网,2020年2月5日,https://neighbourhood-enlargement.ec.europa.eu/document/download/ef0547a9-c063-4225-b1b4-93ff9027d0c0_en?filename=enlargement-methodology_en.pdf,检索日期:2024年1月15日。

第三,"主动作为"和"被动应对"相结合。欧盟在推动"分阶段、渐进式"入盟方面提出并完善了多项倡议,体现出"主动作为"特征。但欧盟在应对以科索沃问题为主的地区矛盾方面则显示出"心有余而力不足",其不成熟的提案反而在一定程度上激化了塞尔维亚和科索沃地区之间的矛盾,使得自身在 2023 年下半年多处于"被动应对"的状态。欧盟在引导波黑内政方面亦缺乏强制性或有足够吸引力的手段。但欧盟在"被动应对"时总体采取审慎、平衡的政策,使局势不致升级失控,从而影响其"主动作为"的各项地区倡议。

一 "分阶段、渐进式"推进西巴尔干国家入盟进程

(一)增加对西巴尔干经济和投资计划的投入

2023 年 3 月 2 日,欧盟扩大事务专员奥利弗·瓦尔赫利在参加斯科普里经济论坛时表示,欧盟在 2022 年 12 月通过了协助西巴尔干应对能源危机的 10 亿欧元能源支持计划,已拨付了半数费用,将在此基础上继续支持西巴尔干能源多元化,包括推动实现其与欧盟之间电力、天然气的互联互通,并在亚得里亚海沿岸新建液化天然气接收站。① 2023 年 12 月 12 日,塞尔维亚与保加利亚间的天然气管线开通。该管线将为塞输送每年 18 亿立方米天然气,能够满足其 60%的天然气需求,其中 46.6%的资金由欧盟提供,西巴尔干投资框架为该项目可行性研究提供资金。② 2023 年 6 月 30 日,欧委会推出对西巴尔干经济和投资计划的第五轮资助工具包,总额达 21 亿欧

---

① "Várhelyi: EU Is Working to Fulfil the Promise of Bringing Western Balkans into the EU",欧洲 EWB 新闻网,2023 年 3 月 2 日,https://europeanwesternbalkans.com/2023/03/02/varhelyi-eu-is-working-to-fulfil-the-promise-of-bringing-western-balkans-into-the-eu/,检索日期:2023 年 10 月 15 日。

② "Serbia-Bulgaria Gas Pipeline Opened to Diversify Energy Supplies",西巴尔干投资框架官网,2023 年 12 月 12 日,https://www.wbif.eu/news-details/serbia-bulgaria-gas-pipeline-opened-diversify-energy-supplies,检索日期:2024 年 3 月 20 日。

元,将资助14个交通、能源、环境、人力资本和私营企业发展方面的旗舰项目,其中5.28亿欧元将通过入盟前援助机制①第三期由欧盟拨款,其余资金来源渠道为欧盟成员国和欧盟赠款、国际金融机构贷款和西巴尔干国家自筹。② 2023年12月13日,欧盟推出对西巴尔干经济和投资计划的第六轮金融计划,总额为6.8亿欧元,将用于资助5个关于铁路和可再生能源的旗舰项目,其中2.532亿欧元由欧盟通过入盟前援助机制第三期拨付,其余资金来源渠道为国际金融机构提供的优惠贷款及西巴尔干国家自筹。

此外,欧盟继续以柏林进程年度峰会③和欧盟-西巴尔干年度峰会为主要平台,加强同西巴尔干国家的沟通,并塑造"分阶段、渐进式"一体化的政策框架。

2023年10月16日,柏林进程峰会④在阿尔巴尼亚首都地拉那举行,这也是柏林进程峰会首次在西巴尔干国家举行,欧盟及柏林进程的发起国德国希望借此显示出对西巴尔干国家入盟的"坚定支持"。随着2020年后欧盟

---

① 入盟前援助机制创立于2007年,欧盟在该机制下为候选国和潜在候选国的经济发展、政治改革等提供技术支持与资金援助。该机制周期与欧盟多年期财政框架(MFF)相同,其中2007~2013年的第一期援助总额为115亿欧元,2014~2020年第二期援助总额为128亿欧元,当前为入盟前援助机制第三期,援助总额为141.62亿欧元。参见"Overview-Instrument for Pre-accession Assistance",欧盟委员会官网,https://neighbourhood-enlargement.ec.europa.eu/enlargement-policy/overview-instrument-pre-accession-assistance_en,检索日期:2024年3月20日。

② "European Commission Launched an Additional €2.1 Billion Investment Package for the Western Balkans Under the Economic and Investment Plan",欧盟委员会官网,2023年6月30日,https://neighbourhood-enlargement.ec.europa.eu/news/european-commission-launched-additional-eu21-billion-investment-package-western-balkans-under-2023-06-30_en,检索日期:2023年11月1日。

③ 柏林进程每年举行年度峰会,此前均在欧盟及西欧国家举行,分别为2014年在德国柏林、2015年在奥地利维也纳、2016年在法国巴黎、2017年在意大利的里雅斯特、2018年在英国伦敦、2019年在波兰波兹南、2020年在保加利亚索非亚(线上)、2021年德国柏林(线上)、2022年在德国柏林。参见"The Berlin Process since 2015",柏林进程官网,https://www.berlinprocess.de/en/the-berlin-process-since-2015,检索日期:2024年3月28日。

④ "Chairs Conclusions Berlin Process Summit 2023",柏林进程官网,https://www.berlinprocess.de/uploads/documents/chairs-conclusions-berlin-process-summit-2023_1697629712.pdf,检索日期:2023年12月15日。

对增强在西巴尔干国家"地缘政治影响力"的重视和扩大进程的加速，柏林进程与欧盟主导议程之间的分界也越发模糊。此次柏林进程峰会除讨论由柏林进程主导的共同地区市场等合作计划外，还提出欧盟增加对地区的投入、推进地区"分阶段、渐进式"入盟的具体方式。会议通过的《主席结论》除涵盖推动共同地区市场发展、绿色与数字"双转型"、交通基建与贸易便利化等传统议题，还包括关键原材料合作和新兴领域安全合作等方面的问题，并为欧盟将在年底推出的西巴尔干增长计划"预热"，其主要内容见表1。

表1　2023年柏林进程峰会主要内容

延续与加强	新特征
推动共同地区市场发展 (1)签署第四项流动性协议(《护士、兽医、药剂师与助产士的职业资格互认》) (2)加ցϊ与单一欧元支付区融合，尤其是发展地区数字支付与数字金融	加强关键原材料合作 加强同地区国家在电池和关键原材料产业链与价值链方面合作，建立价值链伙伴关系，并探讨使其加入欧盟关键原材料价值链伙伴俱乐部的可能性
绿色与数字"双转型" (1)欢迎西巴尔干六方与德国建立地区气候伙伴关系，并推进西巴尔干绿色议程下的"能源共同体去碳化路线图"，加强在能源领域与欧盟立法趋同 (2)欢迎各国与欧委会就"数字欧洲计划"①签署联系协议	强调新兴领域安全合作 (1)为应对欧盟的难民压力，会议推进欧盟与西巴尔干国家"一体化的边境管理机制(IBM)"，加强欧盟边境管控机构对地区国家的能力建设与资金支持 (2)加强网络安全和规则建设，建立西巴尔干网络能力中心。欧盟网络安全局等机构将为西巴尔干国家提供支持，并加强网络安全高层对话与地区协调 (3)合作解决有组织犯罪、人口贩卖、难民偷渡、毒品走私等传统安全问题
友邻关系与罗姆人②问题 (1)强调缓和科索沃局势、推动欧盟主导的塞尔维亚和科索沃地区"关系正常化"对话的重要性 (2)在2023年11月推出的西巴尔干增长计划中把实施地区承诺和友邻关系纳入获得欧盟资助的条件机制 (3)推动罗姆人融合	强调西巴尔干增长计划的条件机制 (1)明确2023年11月推出的西巴尔干增长计划的基本逻辑是通过"以改革获取资金"的条件机制加速各国基础性改革，并以通过共同地区市场推动地区内部经济一体化，为西巴尔干地区国家入盟作准备 (2)将获得西巴尔干增长计划的资金与塞尔维亚和科索沃地区对话、地区国家友邻关系等相联系

续表

延续与加强	新特征
贸易便利化与互联互通 (1)加强同欧盟海关合作,将"绿色通道"(便捷通关)扩展到西巴尔干与欧盟的所有陆路边境。扩展贸易与交通便利化项目(Trade and Transport Facilitation Project) (2)加大西巴尔干经济和投资计划对地区交通基础设施的资助力度,更合理确定优先顺序,提高融资能力。将阿尔巴尼亚与北马其顿铁路建设纳入泛欧交通网络(TEN-T)	—

注:①"数字欧洲计划"是欧委会在2018年提出、2021年正式落地生效的新机制,其目标是通过对五个领域项目提供资金支持,推动欧洲经济社会,尤其是中小企业的数字化转型。其支持超级计算、人工智能、网络安全、数字技能等关键领域项目,通过数字创新枢纽(Digital Innovation Hubs)支持工业、中小企业和公共行政部门的数字转型。项目总预算超过81亿欧元,由欧盟多年期预算提供资助。参见"The Digital Europe Programme",欧盟委员会官网,https://digital-strategy.ec.europa.eu/en/activities/digital-programme,检索日期:2024年3月21日。

②"罗姆人"是居住在几个欧洲国家的多个群体的统称,主要分布在中东欧国家和西班牙,曾长期以游牧为生,进入现代后仍试图保留传统生活方式,与主流社会的宗教、文化具有显著差别。其中,罗姆人在罗马尼亚、保加利亚、匈牙利、西班牙的数量均超过50万人,在塞尔维亚、北马其顿、波黑等国也有广泛分布。罗姆人因难以融入当地社会,在教育、医疗、就业等方面居于劣势,许多罗姆人仍定居在生活条件极差的棚户区内,和其他民族居民时有冲突,因此欧盟将罗姆人融入社会作为各国入盟进程的指标之一,并为此提供协助。

资料来源:笔者根据柏林进程2023年峰会结论及相关协议整理,参见"Conclusions and Agreements-Berlin Process Summit 2023 in Tirana",柏林进程官网,2023年10月17日,https://www.berlinprocess.de/en/the-berlin-process-is-coming-back-to-berlin,检索日期:2023年11月20日。

2023年12月13日,欧盟-西巴尔干峰会在布鲁塞尔举行。会议聚焦俄乌冲突的地缘政治影响,以"分阶段、渐进式"一体化为主线加强西巴尔干与欧盟的经济与安全合作。会议通过《布鲁塞尔宣言》,不仅提出通过西巴尔干经济和投资计划加强西巴尔干地区同欧盟的经济联系,还强调在地缘政治影响的背景下加强双方安全合作的必要性与具体方式。[①] 此外,《布鲁

---

① "EU-Western Balkans Summit Brussels Declaration, 13 December 2023",欧洲理事会官网,2023年12月13日,https://www.consilium.europa.eu/media/68822/brussels-declaration-en.pdf,检索日期:2023年12月25日。

塞尔宣言》将以共同地区市场为主要实现途径的西巴尔干地区一体化与各国的入盟进程进行更密切的对接，其主要内容见表2。

表2 2023年欧盟-西巴尔干峰会主要内容

合作领域	基本思路	主要实现机制	主要内容
推动地区一体化，落实"分阶段、渐进式"入盟思路	以西巴尔干地区一体化为入盟基础	共同地区市场	1. 鼓励在共同地区市场机制下增强"包容性和基于欧盟规则和标准的地区合作"，并提前准备下一期共同地区市场行动计划（当前计划于2024年底到期） 2. 欢迎地区国家签署关于医护人员自由流动的协议，并欢迎此前达成的公民身份、大学学历和职业资格互认三项协议落地实施。上述举措将有助于促进地区"四大自由" 3. 加强地区国家与欧盟的政治接触，包括允许各国参加欧盟高层会议、欧盟共同外交与安全政策会议，加强在国际多边场合合作
加强同欧盟经济联系	落实"分阶段、渐进式"入盟进程改革，增加欧盟对地区的投入	西巴尔干经济和投资计划	1. 支持地区绿色与数字"双转型"，通过能源支持一揽子计划协助地区国家应对俄乌冲突导致的能源价格上涨，推动能源来源多元化，通过能源共同体①向西巴尔干开放欧盟电力市场；通过欧洲和平机制②等促进地区提升应对网络攻击等威胁的能力，加强5G、宽带等基础设施的部署；进一步落实西巴尔干绿色、数字"两大议程" 2. 通过交通共同体③将泛欧交通网络扩展到西巴尔干，并建设西巴尔干-东地中海交通走廊；建立并扩展通关便利化的边境"绿色通道"和"蓝色通道" 3. 再次强调在关键原材料产业链、供应链方面合作的重要性，强调须"依据欧盟标准发展相关产业"，并建立关键原材料伙伴关系 4. 通过西巴尔干经济和投资计划为上述项目提供资助，并强调经济改革计划④中的改革承诺，以西巴尔干投资框架为主要融资工具 5. 加强公共管理、科技、教育、文化、青年等方面合作

续表

合作领域	基本思路	主要实现机制	主要内容
加强安全合作	提升对地区的地缘战略影响力	—	1. 和欧盟共同外交与安全政策保持一致,加强西巴尔干国家与欧盟共同安全与防务政策(CSDP)的协调,通过欧洲和平机制提升地区防务能力 2. 强调网络安全领域合作,将西巴尔干纳入欧盟网络安全机制,投资260万欧元设立"网络安全快速反应项目",建立西巴尔干网络能力中心 3. 推进难民、边境管控、有组织犯罪等领域的合作

注:①能源共同体(Energy Community)是欧盟(由欧委会代表)与西巴尔干国家根据2005年10月签署的《建立能源共同体条约》在2006年7月创立的。根据条约,缔约国有义务在欧委会的提议下,执行欧盟在能源、环境、竞争力与可再生能源方面的共同法规。随后,条约内容被多次扩展,以涵盖新的法规和指令。目前条约内容涉及以下领域:电力、天然气、石油、基础设施、可再生能源、能效、竞争力与国家补贴、环境、统计、气候与网络安全。目前缔约方除欧盟与西巴尔干尚未入盟的国家和地区外,还包括摩尔多瓦(2010年加入)、乌克兰(2011年加入)和格鲁吉亚(2017年加入),其总部位于奥地利首都维也纳。

②欧洲和平机制(European Peace Facility)设立于2021年3月,是欧盟为提升预防冲突、建设与维护和平、加强国际安全与稳定的能力而建立的融资机制。该机制的资金来自欧盟预算外,按照各国国民总收入比例分摊,用于资助欧盟共同外交与安全政策下所有军事与防务活动。经过多轮追加,目前该机制2021~2027年总预算超过170亿欧元。在俄乌冲突爆发后,该机制成为欧盟对乌军援的主要渠道。2022~2024年,欧盟在该机制下为乌提供111亿欧元军事援助。参见"European Peace Facility",欧洲理事会官网,https://www.consilium.europa.eu/en/policies/european-peace-facility/,检索日期:2024年3月20日。

③交通共同体(Transport Community)是欧盟与西巴尔干未入盟的国家和地区在2019年设立的合作平台,其目的是通过协助这些西巴尔干国家和地区采用并实施欧盟交通法规、支持西巴尔干内部及与欧盟之间的交通建设项目,推动对象国家和地区融入欧盟交通市场。其常设秘书处位于塞尔维亚首都贝尔格莱德。参见"About Us",交通共同体官网,https://www.transport-community.org/about-us/,检索日期:2024年3月20日。

④经济改革计划(Economic Reform Programmes,ERPs)是欧盟在2013年《扩大战略》中建立"小欧洲学期"年度评审机制的实现方式。欧盟候选国与潜在候选国自2015年起每年就其宏观经济与财政政策框架、结构性改革措施等向欧盟提交报告。欧委会、欧洲央行和欧盟统计局对报告进行评估,并形成最终政策指南。各国履行经济改革计划的情况被作为评估其入盟改革进展状况的指标。参见"Economic Reform Program",北马其顿政府官网,https://finance.gov.mk/economic-reform-program/?lang=en;"Economic Reform Programmes, Western Balkans and Turkey",欧盟委员会官网,https://neighbourhood-enlargement.ec.europa.eu/system/files/2018-05/20180417-erp-factsheet.pdf,检索日期均:2023年12月25日。

资料来源:笔者根据2023年欧盟-西巴尔干峰会主要成果整理,参见"EU-Western Balkans Summit, 13 December 2023",欧洲理事会官网,2023年12月13日,https://www.consilium.europa.eu/en/meetings/international-summit/2023/12/13/,检索日期:2024年1月10日。

（二）提出西巴尔干增长计划

2023年5月31日，欧委会主席冯德莱恩在参加斯洛伐克"全球安全"智库（GLOBSEC）论坛时，首次提出建立新"西巴尔干增长计划"的目标。冯德莱恩表示，俄乌冲突使欧盟内逐渐形成一种新认识，"不能够仅等待入盟国家主动向欧盟靠拢，或是仅做出'门户开放'的表态，欧盟必须拉近同有意入盟国家之间的距离"[①]。而西巴尔干增长计划将同时包括"符合欧盟标准的"地区一体化和地区同欧盟的一体化两个层面，因此其在支持西巴尔干地区内部发展的同时也将加强该地区同欧盟单一市场和单一欧元支付区的联系。

2023年11月8日，欧委会在发布年度扩大政策通讯的同时发布了西巴尔干增长计划。该计划通过"四大支柱"及分项措施进一步明确推进"分阶段、渐进式"一体化的领域和方式，并以改革与增长机制为完善欧盟条件机制、加强欧盟引领的方式，[②] 其主要内容见表3。

表3　欧盟西巴尔干增长计划主要内容

四大支柱	政策
加强西巴尔干国家与欧盟单一市场的一体化	1. 确定融入欧盟单一市场的七大优先领域建设 (1) 货物自由流动 (2) 服务与劳动力自由流动 (3) 加入单一欧元支付区 (4) 促进道路互联互通 (5) 能源市场的一体化与去碳化 (6) 数字单一市场 (7) 融入欧盟产业供应链（可持续原材料价值链战略伙伴关系、关键医药供应安全战略伙伴关系）

[①] "Keynote Speech by President von der Leyen at the GLOBSEC 2023 Bratislava Forum"，欧盟委员会官网，2023年5月31日，https://neighbourhood-enlargement.ec.europa.eu/news/keynote-speech-president-von-der-leyen-globsec-2023-bratislava-forum-2023-05-31-en，检索日期：2023年12月20日。

[②] "New Growth Plan for the Western Balkans"，欧盟委员会官网，2023年11月8日，https://neighbourhood-enlargement.ec.europa.eu/system/files/2023-11/COM_2023_691_New%20Growth%20Plan%20Western%20Balkans.pdf，检索日期：2024年1月2日。

续表

四大支柱	政策
加强西巴尔干国家与欧盟单一市场的一体化	2. 为支持上述七大优先领域建设，应使西巴尔干国家参加欧盟单一市场项目、海关与财政相关项目、数字欧洲计划、地平线欧洲①项目等，并在西巴尔干实施"全球门户"战略，促其融入泛欧交通网络
通过共同地区市场促进地区经济一体化	1. 强调需充分实施共同地区市场行动计划②所列项目，履行西巴尔干绿色议程、数字和创新议程，并将实施共同地区市场的情况作为获得西巴尔干增长计划好处的前提条件 2. 推动《中欧自由贸易协定》③下的贸易便利化措施 （1）基于欧盟标准，通过增加标准与资格互认促进地区贸易 （2）减少非关税壁垒 （3）地区内互相开放服务业，尤其是电子商务领域 （4）互认学历和专业资格 3. 提前准备下一期共同地区市场行动计划
加强基础性改革	1. 西巴尔干各国须根据欧盟建议提交2024-2027年改革议程，该议程在制定过程中需与欧委会磋商，并由欧委会评估和采纳 2. 确定一系列优先改革项目，并将其细化为定性和定量的步骤，将各国履行各步骤的情况作为欧盟资金的支付条件 3. 塞尔维亚和科索沃地区须建设性地参与"关系正常化"进程
通过增加财政援助支持趋同；落实西巴尔干改革与增长机制	1. 设立西巴尔干改革与增长机制，欧盟2024~2027年将提供最高20亿欧元赠款和40亿欧元贷款，用于支持地区建设并加强西巴尔干与欧盟经济一体化 2. 通过"加强基础性改革"中的内容，对监督各国改革情况引入强有力的条件约束机制

注：①地平线欧洲（Horizon Europe）是欧盟第九期研究与科技发展框架项目（Framework Programmes for Research and Technological Development）。该框架项目创办于1984年，旨在由欧盟预算对成员国的研究与发展等进行资助。其中第八期（2014~2020）被定名为"地平线2020"（Horizon 2020），第九期延续"地平线"称呼，并改名为"地平线欧洲"。该项目2021~2027年总预算为955亿欧元。

②2020年11月柏林进程索非亚峰会期间，与会各方发起成立共同地区市场的同时通过《共同地区市场行动计划（2021~2024）》，该行动计划将在2024年底到期，届时地区国家须在欧盟推动下达成新的多年期行动计划。参见"Common Regional Market"，东南欧地区合作委员会（Regional Cooperation Council, RCC）官网，https：//www.rcc.int/pages/143/common-regional-market，检索日期：2024年1月10日。

③《中欧自由贸易协定》（CEFTA）旨在加强待入盟国家在经济方面的改革与合作，从而使其为入盟做好准备。协议推动参与方之间的贸易、投资合作，促进各国经济发展，协议签署方成为欧盟成员国后将自动退出该机制。现有签约国包括阿尔巴尼亚、波黑、北马其顿、摩尔多瓦、黑山和塞尔维亚。参见"About"，中欧自由贸易协定官网，https：//cefta.int/about/，检索日期：2024年1月10日。

资料来源：笔者根据西巴尔干增长计划整理，参见"New Growth Plan for the Western Balkans"，欧盟委员会官网，2023年11月8日，https://neighbourhood-enlargement.ec.europa.eu/system/files/2023-11/COM_2023_691_New%20Growth%20Plan%20Western%20Balkans.pdf，检索日期：2024年1月2日。

在"四大支柱"外，欧盟还提出支持西巴尔干融入欧盟单一市场的7项具体措施，包括：推动企业创新合作、通过建立单一市场研究院为地区国家有针对性地融入欧盟单一市场做准备、强化数字与网络合作、加强劳动力自由流动与技能培训合作、增进青年与留学合作、加强文化与旅游合作、促进消费者权益保护执法方面的合作。

欧盟将新设立的西巴尔干改革与增长机制作为西巴尔干增长计划的核心。[①] 与入盟前援助机制第三期的事后审查的条件机制不同，根据这一新机制，欧盟将在给付款项前先对地区国家的改革状况进行审查，审查的标准不只限于受助国能否合理、合规地利用资金，还包括在改革议程中设定的各项改革目标的完成状况。同时，与改革状况挂钩的款项将不只限于欧盟拨款，还包括在西巴尔干增长计划下的贷款融资，从而对地区国家按照欧盟要求改革做出了更强的约束。为协助地区国家进行改革，欧盟成员国还可在技术支持机制（Technical Support Instrument，TSI）下为其提供有针对性的帮助。

（三）增强该地区国家的入盟信心

一是就"2030年扩盟"进行表态。2023年8月28日，欧洲理事会主席夏尔·米歇尔（Charles Michel）在参加布莱德战略论坛时为欧盟设定了"2030年实现扩大"的时间表。[②] 米歇尔认为，这一目标不仅应被列入欧盟下一份战略议程文件[③]中，欧盟还应在下一份多年期财政框架文件中考虑扩

[①] "Proposal on Establishing the Reform and Growth Facility for the Western Balkans"，欧盟委员会官网，2023年11月8日，https://neighbourhood-enlargement.ec.europa.eu/system/files/2023-11/COM_2023_692_Proposal%20Regulation%20Reform%20Growth%20Facility%20Western%20Balkans%20%2B%20annex.pdf，检索日期：2023年12月20日。

[②] "Charles Michel: Get Ready by 2030 to Enlarge EU"，政治新闻网，2023年8月28日，https://www.politico.eu/article/european-council-president-charles-michel-eu-enlargement-by-2030/，检索日期：2023年10月15日。

[③] 欧盟在每次欧洲议会选举、欧盟机构换届前，由理事会牵头，并由各成员国就未来五年的优先政策和战略议程等进行讨论，形成五年期的欧盟战略议程（EU Strategic Agenda）。2023年10月欧盟格林纳达峰会正式开启对《2024~2029年欧盟战略议程》的讨论，随后欧盟理事会主席米歇尔主持召开多轮咨商会议。该战略议程文件定于2024年6月通过并发布。

大与扩盟相关的支出。他还提出，为表现出欧盟的"坚定承诺"，欧盟应将候选国改称为"未来成员国"。但他同时表示，入盟仍应当是"基于各国表现的进程"①，且不应抛弃欧盟"全体一致"的纳新决策原则。

该提议随即引起欧盟内部的热烈讨论。欧委会副发言人达娜·斯皮南特（Dana Spinant）表示，扩大"不应关注具体期限"，且米歇尔在发言前未与欧委会主席冯德莱恩沟通相关内容。②但欧盟扩大事务专员瓦尔赫利则认为2030年扩大的目标"能够实现"，但需要"欧盟和候选国加倍努力"。他强调，西巴尔干增长计划将是落实"渐进式一体化"的具体途径，会使入盟政策更加灵活，并可根据各国具体情况优先推动"能够推进的领域"。③

2023年9月13日，欧委会主席冯德莱恩在盟情咨文中表示，扩大须成为"进步的催化剂"。入盟进程是"基于各国表现的进程"，不应设定具体时间表。欧盟扩大不是在广度和深度之间"二选一"，而是必须同时提升广度和深度，各国只有在达成入盟条件时才能够实现入盟。这将有助于提升欧盟的地缘政治地位和行动能力④。

二是通过宣示改革提升入盟进程可信度。2023年10月5日，第三届欧洲政治共同体峰会在西班牙格林纳达举行，欧盟成员国及西巴尔干国家均参会。此次会议虽集中讨论俄乌冲突和安全影响，但地区国家领导人也同欧盟及其成员国就科索沃局势等地区问题进行了沟通。次日，欧洲理事会在格林纳达

---

① "Speech by President Charles Michel at the Bled Strategic Forum"，欧洲理事会官网，2023年8月28日，https://www.consilium.europa.eu/en/press/press-releases/2023/08/28/speech-by-president-charles-michel-at-the-bled-strategic-forum/，检索日期：2023年10月15日。

② "Commission Snubs Charles Michel's 2030 EU Enlargement Target"，政治新闻网，2023年8月29日，https://www.politico.eu/article/european-commission-snub-charles-michel-2030-enlargement-target/，检索日期：2024年3月20日。

③ "EU Readies 'Substantial Proposals' on Enlargement in October, Várhelyi Says"，欧洲动态网，2023年9月5日，https://www.euractiv.com/section/enlargement-neighbourhood/interview/eu-readies-substantial-proposals-on-enlargement-in-october-varhelyi-says/，检索日期：2023年12月15日。

④ "2023 State of the Union Address by President von der Leyen"，欧盟委员会官网，2023年9月13日，https://ec.europa.eu/commission/presscorner/detail/en/speech_23_4426，检索日期：2023年11月5日。

举行峰会，并通过《格林纳达宣言》。宣言重申"欧盟扩大是对和平、安全、稳定和繁荣的地缘战略投资"，"（在此过程中）必须培育欧盟的基本价值观"。为此，有意入盟的国家和欧盟均须做好准备：候选国需加大入盟改革力度，而欧盟则应为其自身改革做好准备，并制定长期目标和确定实现方式。此份文件呼应了米歇尔此前的讲法，将西巴尔干国家称为"未来成员国"。①

2023年12月15日欧洲理事会发布的《会议结论》不仅明确提出只要波黑达到一定程度的成员国标准，就将开启同其入盟谈判，还重申了欧盟推动西巴尔干入盟政策的决心，包括将在"严格的条件机制下"推动地区国家同欧盟的经济社会趋同、通过共同地区市场建设"基于欧盟规则和标准的地区经济一体化"等。②

二 提升对西巴尔干地区的地缘政治影响力

（一）加速推动科索沃问题的解决

一是提出《欧盟提案》（European Union Proposal），将之作为快速实现塞尔维亚和科索沃地区"关系正常化"的手段。在地缘竞争加剧的背景下，法国、德国和欧盟加速调处有关科索沃地区的争端，并期望在俄罗斯深陷乌克兰战场之时按照欧美方案实现塞尔维亚和科索沃地区的"关系正常化"。2022年下半年起，法、德两国密切同塞尔维亚和科索沃地区进行接触，并提出实现"关系正常化"的"法德提案"。③ 同年12月5日，欧盟在欧盟-

---

① "The Granada Declaration"，欧洲理事会官网，2023年10月6日，https：//www.consilium.europa.eu/en/press/press-releases/2023/10/06/granada-declaration/，检索日期：2023年12月13日。
② "European Council Meeting (14 and 15 December 2023)-Conclusions"，欧洲理事会官网，2023年12月15日，https：//www.consilium.europa.eu/media/68967/europeancouncilconclusions-14-15-12-2023-en.pdf，检索日期：2025年1月1日。
③ "LEAK：Franco-German Plan to Resolve the Kosovo-Serbia Dispute"，欧洲动态网，2022年11月9日，https：//www.euractiv.com/section/enlargement/news/leak-franco-german-plan-to-resolve-the-kosovo-serbia-dispute/，检索日期：2023年2月10日。

西巴尔干峰会上以"法德提案"为基础正式推出《欧盟提案》①。该提案以冷战时期"两德协议"②为蓝本，包括要求双方互相承认官方文件、加强经济沟通等内容。③ 2023年2月，欧盟27国在欧洲理事会会议上对《欧盟提案》表示支持。④ 2月27日，塞尔维亚总统阿莱克桑达尔·武契奇和科索沃临时当局"总理"阿尔宾·库尔蒂在欧盟外交与安全政策高级代表何塞普·博雷利·丰特列斯、欧盟西巴尔干事务特别代表⑤米罗斯拉夫·莱恰克的见证下"口头达成"《关于科索沃与塞尔维亚通往关系正常化道路的协议》，对双方"关系正常化"做出原则性规定。在此基础上，欧盟在3月18日推动双方在北马其顿奥赫里德再次"口头达成"作为协议附件的《实施路线图》。上述两份文件共同构成欧盟现阶段试图快速推动科索沃问题实现"最终解决"的具体方案。根据该协议，有关双方均不在国际场合代表对方，塞尔维亚不反对科索沃临时当局加入国际组织，双方互派常驻使团，事实上意味着"互相承认"。但协议也要求科索沃方面确保其境内塞族社群的自治权利，并同意塞政府为其提供

---

① 欧盟此后多次强调，该提案由欧盟提出，应被称为《欧盟提案》，而法德在其中发挥推动作用。
② 1971年9月，美、英、法、苏签署《关于柏林问题的四边协议》（Quadripartite Agreement on Berlin），表示将缓和德国局势，并对柏林的地位、管理、交通等做出明确安排。同时，苏联外长葛罗米柯呼吁缓和东西方局势，建立整体的欧洲安全；联邦德国政府也开始推动同苏联和东欧国家接触的"东方政策"（Ostpolitik）。在此背景下，东西德当局在1972年12月签署两德《基础条约》（全名为《关于德意志联邦共和国与德意志民主共和国关系的基础条约》）。根据该条约，东西德在互相承认主权的基础上发展正常、平等、友好的关系。该条约改变了两德之间、两德与对方阵营的国家之间互不承认、互不交流的状况，推动其国际空间拓展与东西方关系缓和。早在2007年，德国前驻美大使、驻英大使、慕尼黑安全会议前主席沃尔夫冈·伊申格尔（Wolfgang Ischinger）就提出以两德协议为蓝本处理科索沃问题，随后该倡议被一再提及，但始终未成为正式提案，直至此轮"关系正常化"谈判。
③ "EU Drafts New Proposal for Kosovo-Serbia Ties-Senior EU Diplomat"，英国路透社新闻网，2022年12月6日，https://www.reuters.com/world/europe/kosovo-apply-eu-membership-by-year-end-president-2022-12-06/，检索日期：2023年2月10日。
④ "Special Meeting of the European Council (9 February 2023)-Conclusions"，欧洲理事会官网，2023年2月9日，https://data.consilium.europa.eu/doc/document/ST-1-2023-INIT/en/pdf，检索日期：2023年5月15日。
⑤ 职务全称为"欧盟贝尔格莱德-普里什蒂纳对话和其他西巴尔干地区事务高级代表"，简称"欧盟西巴尔干事务特别代表"。

资金支持，避免采取升级措施。① 为增强协议的约束力，欧盟还在《实施路线图》中将双方在该协议下的义务列入入盟条件和与欧盟关系中，并通过专门的投资与援助工具包依据双方的表现提供资金激励。②

欧盟虽自诩取得了"突破性"成就，但双方在核心问题上的立场仍差异明显。塞方认为，该协议意味着对科索沃的"事实承认"；科方亦对要求其在北部塞族聚居区建立塞族城市联盟的地方自治机构感到不满，因而双方均不愿正式签署该协议及《实施路线图》，仅在欧美的压力下表示"口头同意"，即不正式签署，但对协议的核心精神表示"默许"，并认可欧盟将协议的义务要求列入塞入盟谈判义务和科与欧盟接触的义务文件中。然而，由于双方均将对方核心关切作为"让步前提"，欧盟推动"口头达成"的协议不仅无助于化解分歧，反而使双方聚焦核心分歧，容易再次激化双方的对抗。

二是调解科索沃多轮危机。2022年11月，因科索沃临时当局单方面禁止科北部塞族民众使用塞尔维亚车牌，科索沃塞族最大政党"塞尔维亚名单"号召塞族公职人员退出所有科索沃临时当局机构③，并要求按照2013年《布鲁塞尔协议》建立塞族城市联盟。由于科索沃临时当局拒绝满足塞族要求，塞族继续抵制在2023年4月23日举行的塞族市长补选，结果阿尔巴尼亚族候选人以不足4%的投票率"当选"北部塞族城市市长。科索沃临时当局旋即称选举结果"合法有效"。5月26日，新当选的阿族市长在科索沃临时当局的特警护送下强行进入市政府大楼就职，从而引发更大冲突，当地塞族民众在示

---

① "Belgrade-Pristina Dialogue: Agreement on the Path to Normalisation Between Kosovo and Serbia"，欧盟 EEAS 官网，2023年2月27日，https://www.eeas.europa.eu/eeas/belgrade-pristina-dialogue-agreement-path-normalisation-between-kosovo-and-serbia_en，检索日期：2023年12月5日。

② "Belgrade-Pristina Dialogue: Implementation Annex to the Agreement on the Path to Normalisation of Relations Between Kosovo and Serbia"，欧盟 EEAS 官网，2023年3月18日，https://www.eeas.europa.eu/eeas/belgrade-pristina-dialogue-implementation-annex-agreement-path-normalisation-relations-between_en，检索日期：2023年12月5日。

③ "Serbs Stage Mass Resignation from Kosovo State Institutions"，Balkan Insight，2022年11月5日，https://balkaninsight.com/2022/11/05/serbs-stage-mass-resignation-from-kosovo-state-institutions/，检索日期：2023年6月2日。

威时还与北约驻科索沃维和部队发生冲突。随后，欧盟及英、法、德、意、美"五国集团"对科索沃的单方面行动和暴力表示谴责，① 并要求科索沃临时当局重新组织选举，并按照2013年《布鲁塞尔协议》要求建立塞族城市联盟。

但具有强烈民族主义倾向的科索沃临时当局对上述要求一拖再拖。2023年6月，塞科双方又在边境陷入"警察互捕"僵局。② 9月24日，约30名塞族武装人员因不满科当局的长期挑衅行为，在科北部塞族村庄伏击了科索沃警察并与后者进行枪战，导致1名警察和3名攻击者身亡、多人受伤。③ 在该冲突的影响下，塞科对话在2023年下半年始终处于停滞状态。欧盟多次居间调停，呼吁双方履行协议承诺，尤其希望科索沃避免采取升级行动，并将双方"建设性参与欧盟推动的和谈进程"作为西巴尔干增长计划的指标和条件之一，但由于科临时当局的不配合，科索沃局势仍处于高度紧张态势。

（二）协助解决波黑内政矛盾和北马其顿与保加利亚争端

波黑内政困境源于1995年《代顿和平协议》所设定的该国复杂的国家架构，④ 随着战火逐渐远去，这种情形愈发难以适应其发展与入盟改革的需要。2019年5月，欧委会对波黑在入盟方面提出14项关键优先改革目标，这成为欧盟在入盟机制下引导波黑改革进程的基本指标。其中明确提出

---

① "UK, France, Italy, Germany and U. S. Condemn Kosovo Violence"，英国路透社新闻网，2023年5月26日，https://www.reuters.com/world/europe/uk-france-italy-germany-us-condemn-kosovo-violence-2023-05-26/，检索日期：2023年6月2日。

② 2023年6月13日，科索沃警方在北部塞族城市逮捕了据称是塞族示威活动的领导者。隔日，塞警方在边境附近逮捕了越境的科索沃警察，从而使紧张局势再度升级。在欧美的调停下，塞在6月26日释放了三名科警察。

③ "Serb Gunmen Battle Police in Kosovo Monastery Siege; Four Dead"，英国路透社新闻网，2023年9月24日，https://www.reuters.com/world/europe/one-police-officer-killed-another-injured-kosovo-gunfire-pm-kurti-2023-09-24/，检索日期：2023年10月8日。

④ 根据该协议，波黑由两个实体（波黑联邦、塞族共和国）和三大主体民族（波什尼亚克族、塞尔维亚族、克罗地亚族）组成，这种架构不仅使两实体、三民族具有"各自为政"、固化民族分野的观念，也使得中央政府相对虚弱，在重大问题上难以形成一致立场。此外，具有超越波黑政府权限的国际社会驻波黑高级代表由联合国授权的和平实施委员会任命，波黑宪法法院的9名法官中也有3人由欧洲人权法院任命，且不得为波黑本国和邻国公民，这些外部因素使波黑中央决策体系更加复杂化。

了进行宪法改革、确保行政效率和司法统一等内容。① 但近年来，波黑两实体之一的塞族共和国的独立倾向增强。2021年，时任波黑主席团塞族成员多迪克多次发表军事、司法独立等言论；2022年初，塞族共和国与国际社会驻波黑高级代表和宪法法院就不动产权法发生多轮冲突②。进入2023年，上述矛盾持续升级，4月14日，多迪克表示，除非不动产权法问题得到解决，否则可能寻求塞族共和国"独立"。③ 4月26日，塞族共和国议会通过退出波黑宪法法院的决议。随后，波黑宪法法院修改法定人数规定，使裁决可在塞族法官缺位的状态下做出。对此，塞族共和国总统多迪克认为该修正案"违宪"，并推动塞族共和国议会在6月通过两部法律，停止在塞族共和国境内落实高级代表的决定④，在波黑宪法法院改革完成前停止在塞族共和国境内落实该法院的判决⑤。7月，国际社会驻波黑高级代表克里斯蒂安·施密特（Christian Schmidt）使用特权，颁布波黑刑法修正案，将以上行为列入刑罚范畴。据此，8月11日，波黑检察院指控多迪克签署上述两项法律违法。对此，多迪克表示该指控是由"政治驱动"的，且认为波黑检察院的设立违反了波黑宪法。⑥

---

① "Commission Opinion on Bosnia and Herzegovina's Application for Membership of the European Union"，欧盟委员会官网，2019年5月29日，https：//neighbourhood‑enlargement.ec.europa.eu/document/download/6cbf9fa7‑a288‑4497‑9e4a‑17527bcbafc5_en?filename=20190529‑bosnia‑and‑herzegovina‑opinion.pdf，检索日期：2023年7月3日。
② "BiH High Representative Suspends RS Entity Law on Immovable Property"，欧洲动态网，2023年4月13日，https：//www.euractiv.com/section/politics/short_news/bih‑high‑representative‑suspends‑rs‑entity‑law‑on‑immovable‑property/，检索日期：2023年7月3日。
③ "Bosnia Serb Leader Dodik Threatens to Declare Independence"，英国路透社新闻网，2023年4月14日，https：//www.reuters.com/world/europe/bosnia‑serb‑leader‑dodik‑threatens‑declare‑indepdendence‑2023‑04‑14/，检索日期：2023年11月8日。
④ "Bosnian Serbs Change Law to Defy International Envoy's Decisions"，Balkan Insight，2023年6月22日，https：//balkaninsight.com/2023/06/22/bosnian‑serbs‑change‑law‑to‑defy‑international‑envoys‑decisions/，检索日期：2023年11月8日。
⑤ "Bosnia's Serb Entity Passes Law Rejecting Constitutional Court's Authority"，Balkan Insight，2023年6月28日，https：//balkaninsight.com/2023/06/28/bosnias‑serb‑entity‑passes‑law‑rejecting‑constitutional‑courts‑authority/，检索日期：2023年11月8日。
⑥ "Bosnian Serbs Dismiss Indictment against Dodik as 'Politically Motivated'"，英国路透社新闻网，2023年9月13日，https：//www.reuters.com/world/europe/bosnian‑serbs‑dismiss‑indictment‑against‑dodik‑politically‑motivated‑2023‑09‑13/，检索日期：2024年12月20日。

面对这一复杂局势，欧盟一方面对波黑塞族共和国单方面违抗高级代表和波黑宪法法院的举动表示反对，① 另一方面以 14 项关键优先改革目标为抓手，试图通过推进波黑的入盟进程来改善波黑局势。2023 年 7 月 19 日，欧盟-波黑稳定和联系委员会会议举行，双方就与欧盟关系、入盟前进程和援助、入盟的政治和经济标准等进行讨论。11 月 1 日，欧委会主席冯德莱恩访问波黑并再次强调对波黑入盟的坚定支持和达成 14 项关键优先改革目标的必要性。11 月 8 日，欧委会在欧盟扩大政策通讯中建议波黑在达到必要的成员国标准时与该国开启入盟谈判。12 月 14 日，欧洲理事会会议同意这一建议，并责成欧委会在 2024 年 3 月就波黑入盟改革情况做出报告，在此基础上决定是否与波黑开启入盟谈判。② 此外，欧洲理事会 12 月 12 日的会议结论在提及波黑的 14 项关键优先改革目标的基础上，对塞族共和国的单方面立法等行为表达"严重关切"，强调波黑应进一步推进宪法和选举法改革，并支持高级代表履行其职责。③ 可以说，尽管欧盟缺乏强制性手段，但其通过加强与美方和高级代表的协调，在波黑改革问题上形成一致立场和"合力"，同时通过入盟进程和援助资金规范波黑各方行为，取得一定的成效。在欧盟、美国的压力下，波黑局势总体稳定，14 项关键优先改革虽进展迟缓，但在司法改革等方面有所进展，多迪克的立场也略有后退，其表示"没有分裂国家的计划"④。

---

① "Bosnia and Herzegovina-Statement by the Spokesperson on the Vote in the Republika Srpska National Assembly"，欧盟 EEAS 官网，2023 年 6 月 28 日，https：//www.eeas.europa.eu/eeas/bosnia-and-herzegovina-statement-spokesperson-vote-republika-srpska-national-assembly_en? s=219，检索日期：2024 年 1 月 5 日。

② "EU Greenlights Accession Talks with Ukraine and Moldova, Decision on Bosnia Still on Hold"，欧洲 EWB 新闻网，2023 年 12 月 15 日，https：//europeanwesternbalkans.com/2023/12/15/eu-greenlights-accession-talks-with-ukraine-and-moldova-decision-on-bosnia-still-on-hold/，检索日期：2024 年 1 月 5 日。

③ "Council Conclusions on Enlargement as Approved by the Council on 12 December 2023"，欧盟理事会官网，2023 年 12 月 12 日，https：//data.consilium.europa.eu/doc/document/ST-16707-2023-INIT/en/pdf，检索日期：2024 年 1 月 5 日。

④ "Bosnian Serb Leader Tempers Secession Talk as US Exerts Pressure"，欧洲动态网，2024 年 1 月 8 日，https：//www.euractiv.com/section/enlargement-neighbourhood/news/bosnian-serb-leader-tempers-secession-talk-as-us-exerts-pressure/，检索日期：2024 年 1 月 10 日。

北马其顿与保加利亚关于民族、历史、语言等方面的争议仍在延续，并继续影响北马其顿的入盟进程。尽管两国在2022年6月达成一致，保加利亚不再阻碍北马其顿开启入盟谈判，北马其顿则将修改宪法，将保加利亚族列为少数民族并保障其权利，但由于北马其顿难以达到修宪所需的2/3门槛，目前仍未能落实上述协议，两国关系仍不平稳。2023年5月，保加利亚副总统伊利安娜·伊奥托娃（Iliana Iotova）称，北马其顿修宪完成前，保加利亚将不会允许其举行继续入盟的政府间会议。① 保加利亚外交部长玛丽亚·加布里埃尔在9月1日也做出类似表态。对此，欧委会主席冯德莱恩在10月30日到访北马其顿，敦促北马其顿各界尽快推动修宪，以开启入盟进程。②

（三）强调外交政策趋同和价值观因素

欧盟延续2022年俄乌冲突后的"地缘政治转向"态势，将西巴尔干国家外交政策和欧盟共同外交与安全政策的趋同程度作为评判其"战略和价值观选择"的表现和其入盟意愿的重要指标，且该指标的重要性逐年上升。2022年欧盟扩大政策通讯仅将和欧盟共同外交与安全政策的趋同程度作为

---

① 在开启谈判后，欧委会将首先起草《谈判框架》，设定候选国入盟谈判的原则、基本程序和内容、谈判章节等。随后欧盟各成员国与候选国的外长或大使将举行首次政府间会议，此为正式启动条约谈判的标志。此后各章节谈判的开启与结束均须在政府间会议上讨论通过。与此同时，欧委会还将就候选国与欧盟法规的符合情况进行审查，并出具审查报告。根据该审查报告，如果欧委会在某章节中没有进一步提出候选国须完成的"开启标准"，或候选国在规定时间内达到报告中的"开启标准"，则欧委会将向欧洲理事会建议开启该章节谈判。由于整体入盟谈判的启动及各章节的开启及结束均需欧盟成员国在政府间会议上达成一致，若保加利亚阻碍北马其顿举行政府间会议，将使北马其顿的入盟进程陷入停滞。参见"Bulgaria Will Not Greenlight Next Intergovernmental Conference for North Macedonia's EU Accession Until Skopje Amends Constitution"，保加利亚通讯社网站，2023年5月10日，https://www.bta.bg/en/news/balkans/454317-bulgaria-will-not-greenlight-next-intergovernmental-conference-for-north-macedon，检索日期：2023年6月2日。

② "Von der Leyen Urges Skopje: Approve Constitutional Changes for Your Future"，欧洲新闻台网站，2023年10月31日，https://euronews.al/en/von-der-leyen-urges-skopje-approve-constitutional-changes-for-your-future/，检索日期：2023年11月20日。

指标之一略加提及；而 2023 年的通讯中，该项指标已成为重要评价指标，出现在有关西巴尔干国家入盟努力成果的总结性表述中。① 2023 年 12 月举行的欧盟-西巴尔干峰会则更明确地指出，致力于欧盟一体化的伙伴国必须在和欧盟共同外交与安全政策保持完全一致方面取得"迅速、可持续的进展"，② 显示出欧盟在地缘竞争日趋激烈的背景下争夺西巴尔干政策主导权的态势。

此外，将共同外交与安全政策作为重要评估指标也成为欧盟对塞尔维亚施压的重要手段。根据欧委会 2022 年扩大政策通讯，在西巴尔干未入盟国家中，黑山、阿尔巴尼亚和北马其顿与欧盟保持一致的程度均达到 100%，波黑为 98%，而塞尔维亚仅为 21%，③ 显示出欧盟对塞尔维亚推行的大国间平衡政策的不满。尽管欧盟和美国在 2022 年以来科索沃事态的升级方面对塞科双方采取了相对平衡的立场，要求科索沃临时当局约束其"未经协调的单方面行动"，但欧盟对塞尔维亚施压的一贯做法并未改变。塞尔维亚 2023 年 12 月 17 日议会选举后，欧盟在未有充分证据的情况下再次对其"选举程序的合规性"表示关切④，便是一个证明。因此，欧盟对共同外交与安全政策的强调也成为其对西巴尔干国家"打拉结合"的手段之一。

---

① "Commission Adopts 2023 Enlargement Package, Recommends to Open Negotiations with Ukraine and Moldova, to Grant Candidate Status to Georgia and to Open Accession Negotiations with BiH, Once the Necessary Degree of Compliance is Achieved"，欧盟委员会官网，2023 年 11 月 8 日，https://ec.europa.eu/commission/presscorner/detail/en/ip_23_5633，检索日期：2024 年 1 月 10 日。

② "EU-Western Balkans Summit 2023: A Vital Cooperation Between Current and Future EU Members"，欧盟 EEAS 官网，2023 年 12 月 14 日，https://www.eeas.europa.eu/eeas/eu-western-balkans-summit-2023-vital-cooperation-between-current-and-future-eu-members_en，检索日期：2024 年 1 月 5 日。

③ Barbara Lippert, "EU Enlargement: Geopolitics Meets Integration Policy", Stiftung Wissenschaft und Politik (SWP, German Institute for International and Security Affairs), https://www.swp-berlin.org/publications/products/comments/2024C01_EU_Enlargement.pdf，检索日期：2024 年 3 月 22 日。

④ "EU Expresses Concern About Conduct of Parliamentary Elections in Serbia"，《布鲁塞尔时报》网站，2023 年 12 月 20 日，https://www.brusselstimes.com/846979/eu-expresses-concern-about-conduct-of-parliamentary-elections-in-serbia，检索日期：2024 年 1 月 6 日。

与此相对应的是欧盟对价值观因素的强调。2023年，欧盟在柏林进程峰会、欧盟-西巴尔干峰会及主要官员的历次表态中均强调认同并坚持欧盟价值观对西巴尔干国家推进入盟进程的重要性。其中，12月13日欧盟-西巴尔干峰会通过的《布鲁塞尔宣言》明确指出，西巴尔干国家应"在共同原则和价值观的基础上同欧盟发展更紧密的关系，进行更深入的合作"，并应致力于推动"符合国际法的欧洲核心价值观与原则"。① 作为欧盟2023年对西巴尔干的主要政策倡议，西巴尔干增长计划的主要思路亦是通过引入更强的条件机制推动各国加速入盟改革，并遵守欧盟价值观。作为西巴尔干增长计划的核心，西巴尔干改革与增长机制明确将欧盟的资金给付同西巴尔干国家的改革表现挂钩，并突出关键基础性改革和核心社会经济改革，体现出鲜明的价值观导向。②

三 欧盟西巴尔干政策仍面临诸多挑战

一是"地缘政治反应"型政策的可持续性。欧盟加大对西巴尔干投入力度的重要背景是地缘博弈加剧，尤其是俄乌冲突背景下欧盟同俄罗斯在该地区影响力的争夺，以及乌克兰、摩尔多瓦入盟前景的"倒逼"效应。在俄乌冲突平息，甚至欧俄关系有所转圜后，欧盟是否仍将"不计成本"地资助西巴尔干，是否能够持续推动其"分阶段、渐进式"一体化进程，是否有意愿实质性推动欧盟自身改革和扩大进程，均值得观察。

二是欧盟资金投入和规模的可持续性。欧盟提出多轮西巴尔干地区融资和资助倡议，旨在增强欧盟对该地区的吸引力，但其冗长的审批周期、复杂

---

① "EU-Western Balkans Summit Brussels Declaration, 13 December 2023", 欧洲理事会官网，2023年12月13日，https：//www.consilium.europa.eu/media/68822/brussels-declaration-en.pdf，检索日期：2024年1月6日。

② "Proposal for a Regulation on Establishing the Reform and Growth Facility for the Western Balkans", 欧盟委员会官网，2023年11月8日，https：//neighbourhood-enlargement.ec.europa.eu/system/files/2023-11/COM_2023_692_Proposal%20Regulation%20Reform%20Growth%20Facility%20Western%20Balkans%20%2B%20annex.pdf，检索日期：2024年1月5日。

的规范要求和难以完全兑现的"动员投资额"① 令地区国家多有关切。且欧盟投资普遍以3~5年为周期,其能否通过维持相当规模的投资额来维持地区国家的入盟动力亦不确定。此外,将入盟进程与资金拨付过于紧密捆绑,将使该进程的功利性色彩增强,与欧盟所声称的"价值观导向"背道而驰。一旦大规模资助不复存在,地区国家是否仍愿意按照欧盟要求处理内政、外交政策亦难以肯定。

三是科索沃和波黑问题短期内无法解决对欧盟的压力。在塞科双方核心关切均无法得到满足的情况下,欧盟显然无法按照其意愿在短期内实现其"关系正常化"。而波黑改革及其入盟进程的推进因涉及宪法修改和改变《代顿和平协议》的基本政治架构,也将十分困难。在当前的宪法法律架构下,波黑民族和实体间的分野将延续,这也将使试图以入盟进程等"软实力"手段为主对波黑施加影响的欧盟"力不从心"。

---

① 欧盟西巴尔干经济和投资计划等地区发展倡议采用"欧盟拨款+撬动融资"的方式,即以一定数额的欧盟资金撬动更大规模的投资数额,从而发挥欧盟拨款的"最大效益"。欧盟还通过西巴尔干担保机制等形式为投资提供担保,进而增强地区国家吸引投资的能力。欧盟西巴尔干经济和投资计划承诺将以90亿欧元拨款动员300亿欧元投资,但拨款与动员投资的落地情况均相对有限。

B.6
俄乌冲突背景下美国在巴尔干地区的最新战略走向

鞠维伟 姜昊*

摘 要： 俄乌冲突发生以来，美国加强了对巴尔干地区的关注和投入，主要原因有：首先，美国政策界担心在欧洲地缘安全环境恶化的情况下，巴尔干地区易受到俄罗斯的影响；其次，欧盟既没有满足西巴尔干国家尽快入盟的期望，也没有对该地区的亲俄动向给予强有力的回应；最后，中国与巴尔干国家的务实合作引起美国的警惕。对此，美国加强了对巴尔干国家的军事援助，通过北约强化与巴尔干国家的军事联盟关系，打击该地区亲俄势力，助推欧盟区域政策。目前美国在巴尔干地区主要寻求的战略目标是：第一，继续利用自身的政治、安全影响力，将巴尔干地区打造为制俄地缘前线；第二，继续支持和推动欧盟的区域政策，将巴尔干地区纳入跨大西洋联盟体系中；第三，进一步加大在巴尔干地区针对中国的政策力度。

关键词： 巴尔干 美国 北约 俄罗斯 中国

巴尔干地区具有重要的地缘战略价值。冷战结束后，美国在巴尔干地区长期经营，力图杜绝在该地区出现不利于美国及其欧洲盟友的情况。20世纪90年代，美国对巴尔干地区的民族冲突进行了军事干涉，1994～

---

* **鞠维伟**，历史学博士、政治学博士后，中国社会科学院欧洲研究所中东欧研究室主任、副研究员，主要研究方向为中东欧研究；**姜昊**，法学博士，中国社会科学院欧洲研究所博士后，主要研究方向为欧盟对外政策研究。

1995年美国领导北约对波黑内战进行干预,并促成了《代顿和平协议》的签署。1999年,以美国为首的北约以"科索沃问题"为借口对南联盟进行轰炸,并造成科索沃实际脱离南联盟,之后北约在科索沃地区派驻部队,2008年美国带头承认科索沃独立。美国将上述干涉行动视为自身在巴尔干地区树立"自由、民主"权威以及建立在该地区强大政治、军事影响力的最大成果。

随着2022年2月俄乌冲突的发生,美国对巴尔干这一临近冲突区域且受俄罗斯影响较大的地区重视的程度提升,通过其在巴尔干地区的政治、军事影响力,试图使巴尔干国家加入"反俄"阵营。在俄乌冲突带来的地缘安全压力以及美国的影响下,巴尔干国家对美国的重视表现出积极的回应态度。

与此同时,中国多年来与巴尔干国家的经贸务实合作深入发展,引起了美国的"关注"和警惕,在中美战略博弈的背景下,美国在巴尔干地区,特别是西巴尔干地区,试图遏制和排斥中国的影响力。

一 美国加强对巴尔干国家的关注和投入

(一)打击亲俄和反美民族主义政治势力

美国政策界担心在欧洲地缘安全环境恶化的情况下,巴尔干地区更易受到俄罗斯的影响。俄乌冲突爆发后,塞尔维亚作为欧洲唯一一个拒绝参与对俄制裁的国家引起了西方的不满和警惕。同时,波黑塞族共和国总统米洛拉德·多迪克也一直表示反对制裁俄罗斯,[①] 并宣称"他与俄罗斯保持着友谊和良好关系"[②]。美国担心以塞尔维亚和波黑塞族共和国为代表的

---

① 波黑外交政策理应由波黑主席团塞族、克族和波族成员共同制定,但实际上波黑外交部长经常无视其他民族的诉求代表波黑采取外交行动,波族和克族在对俄制裁问题上比塞族积极。
② 《波黑塞族共和国总统:欧盟不断提出不明确的入盟条件,波黑应申请加入金砖国家组织》,观察者网,2023年8月29日,https://www.guancha.cn/internation/2023_08_29_706697.shtml,检索日期:2024年1月12日。

部分巴尔干国家和地区会成为西方打压俄罗斯统一阵线的缺口。

更加让美国担心的是，部分巴尔干国家和地区的亲俄立场会起到政治上的示范效应。美国皮尤研究中心2022年年中进行的一项调查显示，虽然多数巴尔干国家的民众对美国的好感度较高，但是对美持好感者比例在塞尔维亚和波黑塞族当中较低，塞尔维亚和波黑塞族受访者中将俄罗斯视为本国和地区安全威胁者的比例也较低。有鉴于德国（德国选择党）、英国（改革党）、法国（国民联盟）和瑞典（瑞典民主党）的右翼民粹主义、民族主义政党也具有对俄罗斯较为"亲近"的立场，美国担忧在欧洲右翼保守主义、民粹主义政治势力崛起的背景下，巴尔干地区的右翼政治势力纷纷效仿，出于本国利益考虑恢复或发展对俄关系。①

长期以来，美国对巴尔干地区的政策是：以政治军事实力为后盾，支持欧盟在该地区的一体化政策，借助欧盟的经济影响力、价值观以及地区和社会政策来吸引巴尔干国家积极参与欧洲一体化进程，并最终使这些国家融入跨大西洋关系的框架中。冷战结束后，欧盟通过一体化政策不仅让多个巴尔干国家融入欧盟，对西巴尔干国家也进行了长期的开发，欧盟已经成为西巴尔干国家贸易、投资以及援助方面的主要来源。然而，对于迄今尚未入盟的部分西巴尔干国家，欧盟既没有满足它们尽快入盟的期望，也没有对该地区的亲俄动向实施有力干预。虽然欧盟长期声称对西巴尔干地区未入盟的国家"敞开大门"，但出于各种原因，西巴尔干国家的入盟进程被一拖再拖。由于长期徘徊在欧盟大门之外，西巴尔干国家对欧盟的信任度开始下降。俄乌冲突爆发后，西巴尔干地区部分国家和地区对俄罗斯表达了支持，欧盟对此采取的政策更多的是安抚，也即继续承诺将给予西巴尔干国

---

① Richard Wike, Janell Fetterolf, Moira Fagan and Sneha Gubbala, "International Attitudes Toward the U. S., NATO and Russia in a Time of Crisis", Pew Research Center, 2022年6月22日, https://www.pewresearch.org/global/2022/06/22/ratings-for-russia-drop-to-record-lows/, 检索日期：2024年1月12日。

家入盟承诺。① 然而在关于西巴尔干国家入盟的实质性问题，如时间表和具体日程上，欧盟仍未做出承诺，引起了相关国家政府和民众的极大不满和失望。在美国看来，欧盟面对该地区的"亲俄动向"并没有采取有力的回击和遏制措施，反而对亲俄领导人采取了"绥靖政策"。有欧洲智库也认为，欧盟推动西巴尔干国家入盟失败并造成了"地缘政治权力真空"。②

为此，美国自俄乌冲突爆发以来在西巴尔干采取了更主动的干预措施。2024年1月9日，波黑塞族共和国举行了"国庆日"庆祝活动，此次活动遭到了波黑另一政治实体波黑联邦以及美国政府的反对。③ 庆祝活动中，庆祝人群挥舞着塞尔维亚和俄罗斯国旗以及带有俄罗斯总统普京头像的旗帜，俄罗斯驻波黑大使也受邀参加活动。美国驻波黑大使馆强烈反对该庆祝活动，公开警告称其违反了波黑宪法和《代顿和平协议》，并敦促波黑当局展开调查。然而，令美国"头疼"的问题还不止于此。波黑的克族政治家德拉甘·乔维奇（Dragan Čović）与俄罗斯关系密切，而克罗地亚虽为欧盟和

---

① 2023年8月，欧洲理事会主席夏尔·米歇尔在布莱德战略论坛上表示，欧盟应在2030年前做好接纳西巴尔干国家入盟的准备。参见"EU Official Proposes 2030 as Enlargement Deadline for States that Have Long Been Waiting in Line"，美联社新闻网，2023年8月28日，https://apnews.com/article/balkans-european-union-enlargement-russia-ukraine-michel-51be2bc9c53092c16d4011bc8542c156，检索日期：2024年1月12日。同年10月，在阿尔巴尼亚举行的柏林进程峰会上，包括欧洲理事会主席夏尔·米歇尔以及欧委会主席乌尔苏拉·冯德莱恩在内的欧盟领导人均表示，欧盟将加大对西巴尔干地区的投资和援助力度，深化该地区的经济一体化，拉近西巴尔干地区与欧洲单一市场的距离等。参见《2023年柏林进程领导人峰会：承诺、愿景与现实》，中国-中东欧研究院微信公众号，2024年1月3日，https://mp.weixin.qq.com/s/a1azduwl0WnmYvGvGm8U5Q，检索日期：2024年1月12日。

② Markéta Slavková, Anja Grabovac, Tamara Grabovac, eds., *Western Balkans at the Crossroads: Democratic Backsliding and External Actors' Influence*, Prague, Prague Security Studies Institute (PSSI), 2023, p. 27, https://www.pssi.cz/download/docs/10587_final-report-western-balkans-at-the-crossroads-democratic-backsliding-and-external-actors-influence.pdf，检索日期：2024年1月15日。

③ 1992年1月9日，波黑塞族政治代表发表《波斯尼亚和黑塞哥维那塞族人民共和国宣言》，1月9日被视为波黑塞族共和国的"国庆日"。这一未受到波黑中央政府认可的单方面行为以及1992年3月波黑在塞族抵制的情况下通过的独立公投直接引发了波黑内战。2015年和2016年，波黑宪法法院曾两次宣布该节日违宪。

北约成员国，其总统佐兰·米拉诺维奇却多次就制裁俄罗斯以及北约对俄的军事政策表示反对。

针对欧盟"权力真空"导致的西巴尔干地区民族主义势力抬头的情况，美国打压了一批所谓的"激进民族主义分子"。例如，2022年，美国财政部将亲俄的波黑主席团包括塞族成员多迪克在内的13个个人和实体列入贸易和旅行制裁"黑名单"；2023年7月，美国财政部对塞尔维亚安全情报局局长亚历山大·武林（Aleksandar Vulin）实施制裁，理由是武林"利用其公开职位支持俄罗斯"[1]。美国显然意在通过上述制裁警告巴尔干地区的亲俄力量。

此外，在科索沃问题上，2023年初以来欧盟通过向科索沃临时当局施压，迫使其接受由欧盟提出的塞尔维亚和科索沃地区"关系正常化"方案，包括给予科索沃地区塞族人更大的自治权并在科索沃北部塞族聚居区建立塞族城市联盟，在这一问题上表现出不配合姿态的科索沃临时当局"总理"阿尔宾·库尔蒂受到美国的强烈批评，他的做法被认为打破了塞尔维亚和科索沃地区"关系正常化"的节奏。对此，西方智库专家称，如果库尔蒂继续藐视美国并妨碍其和平解决科索沃问题的努力，美国政府可能对他采取与波黑"民族主义分子"相同的政策。[2]

（二）加强对巴尔干地区的军事援助，强化军事联盟

2022年以来，美国显著加大了对巴尔干地区的军事援助的力度。根据美国政府的统计数据，2021年美国对巴尔干地区的军事援助项目资金约为1.02亿美元，而2022年则达到了约9.37亿美元；2022年美国对巴尔干地

---

[1] Jasmin Mujanović, "US Sanctions Against Serbia's Intel Boss Should Signal a More Holistic Policy Redo", Just Security, 2023年8月16日, https://www.justsecurity.org/87627/us-sanctions-against-serbias-intel-boss-should-signal-a-more-holistic-policy-redo/，检索日期：2024年1月15日。

[2] Markéta Slavková, Anja Grabovac, Tamara Grabovac, eds., *Western Balkans at the Crossroads: Democratic Backsliding and External Actors' Influence*, Prague: Prague Security Studies Institute (PSSI), 2023, p.28, https://www.pssi.cz/download/docs/10587_final-report-western-balkans-at-the-crossroads-democratic-backsliding-and-external-actors-influence.pdf，检索日期：2024年1月15日。

区军事教育和训练援助项目的金额较前一年也有明显增幅（见表1和表2）。

表1 2020~2022年美国对巴尔干地区军事援助项目（FMF）金额

单位：百万美元

	2020年	2021年	2022年
罗马尼亚	50.35	4.88	252.34
保加利亚	85.54	40.59	274.10
塞尔维亚(不含科索沃)	4.4	—	—
克罗地亚	7.12	—	140
阿尔巴尼亚	30.35	6.00	32
波黑	37.81	28.14	17
黑山	7.54	—	27.9
北马其顿	11.26	8.00	137
科索沃地区	8.66	7.31	11.54
斯洛文尼亚	12.71	6.78	44.82
总计	255.74	101.7	936.7

注：表中总计数据为笔者手动计算得出。
资料来源：美国政府对外援助网站，https://www.foreignassistance.gov/，检索日期：2024年1月15日。

表2 2020~2022年美国对巴尔干地区军事教育和训练援助项目（IMET）金额

单位：百万美元

	2020年	2021年	2022年
罗马尼亚	1.25	1.08	1.44
保加利亚	1.63	0.56	1.67
塞尔维亚(不含科索沃)	0.22	0.72	1.04
克罗地亚	0.92	0.69	0.80
阿尔巴尼亚	1.48	0.9	0.88
波黑	0.78	0.69	—
黑山	0.53	0.43	0.50
北马其顿	0.89	1.04	1.08
科索沃地区	0.94	0.74	0.74
斯洛文尼亚	0.19	0.05	0.05
总计	8.83	6.9	8.2

注：表中总计数据为笔者手动计算得出。
资料来源：美国政府对外援助网站，https://www.foreignassistance.gov/，检索日期：2024年1月15日。

从表 1 可见，2022 年之后，美国加大了对巴尔干地区的军事援助力度，其中对罗马尼亚、保加利亚两个黑海沿岸国家的军事援助力度最大，分别达到了约 2.52 亿美元和约 2.74 亿美元。2022 财年①，为"表彰"罗马尼亚对乌克兰的支持，美国向罗马尼亚额外提供了 1.48 亿美元的军事援助。美国国防部还向罗马尼亚额外提供了 652 万美元的国际军事教育和训练资金，为罗马尼亚军队提供专业的军事教育和训练，以提高其专业化程度和建设关键领域的能力，增强联合互操作性，发展两国持久的军事关系。② 美国在 2023 年向保加利亚出售 F-16 战斗机，还帮助该国训练飞行员并建立一支现代化的多用途战斗机机队，增强保加利亚空军与美国和北约的互操作性。③ 美国也是克罗地亚最大的军事外援来源，2022 年以来，克罗地亚从美国接收了两架 UH-60M 黑鹰直升机，估计价值 5500 万美元，美国还向克罗地亚提供了 5110 万美元的财政资助，用于购买美制布拉德利步兵战车（IFV）。④

但是对于塞尔维亚和波黑两国的军事援助，美国要么停止，要么大幅降低，这与它对其他巴尔干国家的军事援助趋势完全相反。这说明美国通过军事援助，一方面利用巴尔干国家对当前地缘安全格局的担忧，拉拢这些国家与其进行军事安全合作，提升它们的军事实力，期待它们成为其应对俄罗斯"安全威胁"的助手；另一方面展示了对这些国家当中亲俄势力的不满。

此外，美国还通过北约强化与巴尔干国家的军事联盟关系。在巴尔干地区，除了塞尔维亚、波黑外，其他国家均已成为北约成员国。作为北约的实际领导者，美国依托北约的联盟机制，强化与巴尔干国家的军事联盟关系。2022 年之后，北约加强了在其东部地区的军事部署力量，其中原有的 4 个

---

① 从 2021 年 10 月到 2022 年 9 月。
② "U. S. Security Cooperation with Romania"，美国国务院官网，https：//www.state.gov/u-s-security-cooperation-with-romania/，检索日期：2024 年 1 月 20 日。
③ "U. S. Security Cooperation with Bulgaria"，美国国务院官网，https：//www.state.gov/u-s-security-cooperation-with-bulgaria/，检索日期：2024 年 1 月 20 日。
④ "International Military Cooperation-Croatia-2023"，Balkan Defence Monitor，https：//balkandefencemonitor.com/international-military-cooperation-croatia-2023/，检索日期：2024 年 1 月 15 日。

多国战斗群增加至8个，新增加的战斗群有两个部署在巴尔干国家——罗马尼亚和保加利亚。① 上述战斗群均为旅一级建制，且美军都直接参与其中。2023年11月，北约秘书长延斯·斯托尔滕贝格访问巴尔干地区，并在北马其顿首都斯科普里会见了北马其顿、阿尔巴尼亚、黑山、克罗地亚等国的总理或总统。在会见中，各方讨论了加强北约的威慑和防御、北约对乌克兰的持续支持以及西巴尔干局势，斯托尔滕贝格表示巴尔干地区对北约具有重要的战略价值，但对该地区目前的形势感到担忧，希望波黑以及科索沃局势得到稳定。② 他还表示，北约正在考虑永久地增加西巴尔干地区的部队人数，以控制紧张局势，"确保不会在科索沃或更广泛的地区造成新的暴力冲突"③。2023年5月，包括阿尔巴尼亚、保加利亚、克罗地亚、黑山和北马其顿在内的多个巴尔干国家与驻欧洲美军一起参加了2023年的"立即反应23"军事演习，该演习的部分目的是展示北约的军事实力。④ 此外，北约通过各种协调机制与巴尔干地区的成员国建立了密切的联络关系和信息情报网络，这些网络成为美国与巴尔干国家发展军事安全方面的关系的重要渠道。

二 巴尔干国家对美国政策反应不一

针对美国新近的对巴尔干地区政策，相关国家做出了不同反应。

---

① "NATO's Military Presence in the East of the Alliance"，北约官网，https：//www.nato.int/cps/en/natohq/topics_136388.htm，检索日期：2024年1月20日。
② "Secretary General Meets Allied Leaders from the Western Balkans, Concludes Tour of the Region"，北约官网 https：//www.nato.int/cps/en/natohq/news_220292.htm，检索日期：2024年1月20日。
③ "NATO Examining Permanent Increase of Troops in Kosovo-Stoltenberg"，英国路透社新闻网，2023年11月20日，https：//www.reuters.com/world/europe/nato-looking-into-permanent-increase-troop-numbers-kosovo-stoltenberg-2023-11-20/，检索日期：2024年1月18日。
④ "Balkan Countries Host 'Immediate Response' NATO Exercise"，Balkan Insight，2023年5月22日，https：//balkaninsight.com/2023/05/22/balkan-countries-host-immediate-response-nato-exercise/，检索日期：2024年1月20日。

（一）积极回应并紧跟美国政策

巴尔干地区的欧盟成员国以及北约成员国①积极回应并紧跟美国的政策，加强与美国的防务合作和在北约框架下的联盟关系。2021年以来，保加利亚与美国一起参加了127次双边和多边军事演习，有1500多名保加利亚军人参加，而1300多名保加利亚人员参加了9次在美国援助下进行的演习。美方认为保加利亚已经成为一个更有能力的盟友，并加强了与保加利亚的防务合作。②

2023年7月25日，罗马尼亚副总理兼内务部长克特林·普雷多尤（Cătălin Predoiu）会见美国驻罗大使凯瑟琳·安·卡瓦勒克（Kathleen Ann Kavalec），双方强调了巩固两国战略伙伴关系的承诺，同时讨论了双边关系的优先事项，包括预防和打击有组织犯罪、非法移民、毒品运输和人口贩运。③ 2023年9月14日，美国负责国际安全事务的助理国防部长塞莱斯特·沃兰德（Celeste Wallander）会见罗马尼亚国防部长西蒙娜·科乔卡鲁（Simona Cojocaru），双方强调了确保北约盟国的团结以及每一寸领土的安全和防御方面的重要性，两国承诺未来将继续发展合作关系。④

克罗地亚政府承诺到2024年将国防开支增加到GDP的2%，并计划购

---

① 巴尔干地区的欧盟成员国包括罗马尼亚、保加利亚、斯洛文尼亚、克罗地亚和希腊，北约成员国包括罗马尼亚、保加利亚、斯洛文尼亚、克罗地亚、阿尔巴尼亚、北马其顿、黑山和希腊。
② "U. S. Security Cooperation with Bulgaria"，美国国务院官网，https：//www.state.gov/u-s-security-cooperation-with-bulgaria/，检索日期：2024年1月20日。
③ "The Meeting Between the Deputy Prime Minister and Minister of Internal Affairs, Cătălin Predoiu, and the Ambassador of the United States of America in Bucharest, Kathleen Ann Kavalec"，罗马尼亚内务部官网，2023年7月25日，https：//www.mai.gov.ro/en/the-meeting-between-the-deputy-prime-minister-and-minister-of-internal-affairs-catalin-predoiu-and-the-ambassador-of-the-united-states-of-america-in-bucharest-kathleen-ann-kavalec/，检索日期：2024年1月22日。
④ "Joint Statement on the U. S.-Romanian Bilateral Defense Relationship"，美国国防部官网，2023年9月14日，https：//www.defense.gov/News/Releases/Release/Article/3526907/joint-statement-on-the-us-romanian-bilateral-defense-relationship/，检索日期：2024年1月20日。

买法国阵风战斗机、布拉德利步兵战车和黑鹰直升机，同时承诺继续支持北约的长期军事合作目标。①

阿尔巴尼亚为获得美国在安全方面提供的支持和保障，于2023年向北约开放本国一个军用机场，美国军方正在此为美国特种部队建立一个地区指挥所，美军将领大卫·H.塔博尔（David H. Tabor）表示："阿尔巴尼亚是部署和训练北约快速反应部队的最佳地点。"②

2023年2月22日，美国和斯洛文尼亚在华盛顿进行第三次战略对话，双方表示，将坚定地与欧洲和全球盟友一道"支持乌克兰人民保卫自己的国家和民主，抵御俄罗斯的侵略战争"。③ 此外，斯洛文尼亚参与了部署在拉脱维亚和斯洛伐克的多国战斗群，北约方面认为这加强了北约在东翼的防御力量，称斯洛文尼亚在促进东南欧和西巴尔干地区的区域稳定方面发挥了重要作用。④

可见，美国及其领导的北约被多数巴尔干国家视为安全的保障。在俄乌冲突的背景下，多数巴尔干国家积极参与北约的防务行动，进一步密切了与美国的同盟关系，美国在该地区的政治、军事影响力仍然不可替代。

（二）多方平衡下依然无法摆脱美国影响

巴尔干地区的少数国家，如塞尔维亚、波黑，仍在寻求与域外大国关系的平衡，以实现本国利益的最大化。塞尔维亚的外交政策中形成了所谓的"四大支柱"关系，即与欧盟、俄罗斯、美国和中国的关系。塞尔维亚虽然

---

① "Integrated Country Strategy, Croatia"，美国国务院官网，https://www.state.gov/wp-content/uploads/2022/07/ICS_EUR_Croatia_Public.pdf，检索日期：2024年1月20日。

② "US Opens Special Forces Base in Albania"，德国之声新闻网，2022年1月7日，https://www.dw.com/en/us-constructs-new-special-forces-regional-base-in-albania/a 60361419，检索日期：2024年1月22日。

③ "Joint Statement on the Strategic Dialogue Between Slovenia and the United States"，美国国务院官网，2023年2月23日，https://www.state.gov/joint-statement-on-the-strategic-dialogue-between-slovenia-and-the-united-states/，检索日期：2024年1月20日。

④ "Chair of the NATO Military Committee Visits Slovenia"，北约官网，2023年2月20~21日，https://www.nato.int/cps/en/natohq/news_212220.htm?selectedLocale=en，检索日期：2024年1月20日。

被美欧抱怨与俄罗斯、中国走得太近，但是在外交实践中，塞尔维亚仍同美国保持着积极的关系，两国也在安全、军事方面开展合作。2023年6月，塞尔维亚与美国领衔的十几个北约国家举行代号为"白金狼"的联合军演，2014年以来，"白金狼"演习定期在塞尔维亚举行，但塞尔维亚在2022年一度宣布暂停举办此项演习，2023年又恢复了演习的举办，美国认为这一举动表明塞尔维亚已经选择"进一步融入欧洲-大西洋安全架构，与北约军队加强伙伴关系"[1]。2023年9月，为应对科索沃紧张局势，北约驻科索沃部队加强了在科索沃北部地区的部署。随后，塞尔维亚将驻扎在科索沃边境的部队人数削减了近一半，否认了关于其要针对美国干预科索沃问题而进行大规模军事部署的报道。[2] 可见，塞尔维亚虽然被西方视为俄罗斯的"势力范围"，但鉴于美国在巴尔干地区强大的军事和政治影响力，也不得不在军事安全方面对美有所依赖，甚至忌惮。

波黑不同民族在与大国关系上立场不同。与塞族共和国不同，波黑联邦，尤其是波族在外交关系上更加亲近欧美。2022年底当选新一届波黑主席团波族成员的丹尼斯·贝契罗维奇（Denis Bećirović）上任后与北约、欧盟及美国方面互动频繁，一方面为波黑加入北约、欧盟积极奔走，另一方面表现出强烈的反俄立场。2023年4月，贝契罗维奇在美国智库发表署名文章，呼吁北约加快接纳波黑为成员国的进程，并称波黑"仍然处于俄罗斯支持的塞尔维亚民族主义者及其扩张主义的阴谋中"，"也处于地缘政治的前线"。[3] 波黑若想实现加入北约的目标，美国的支持尤为关键，因而以贝

---

[1] 《敏感时刻，塞尔维亚与北约举行联合军演》，参考消息网，2023年6月15日，https://www.cankaoxiaoxi.com/#/detailsPage/%20/73f8a06ba08247f5bd6c2a8afa10fc89/1/2023-06-15%2016：46？childrenAlias=undefined，检索日期：2024年1月20日。

[2] "Serbia Says It Has Reduced Army Presence near Kosovo After US Expressed Concern over Troop Buildup"，Military，2023年10月3日，https://www.military.com/daily-news/2023/10/03/serbia-says-it-has-reduced-army-presence-near-kosovo-after-us-expressed-concern-over-troop-buildup.html，检索日期：2024年1月22日。

[3] Denis Bećirović，"NATO Must Fast Track Bosnia's Membership,"Just Security，2023年4月13日，https://www.justsecurity.org/85938/nato-must-fast-track-bosnias-membership/，检索日期：2024年1月22日。

契罗维奇为代表的波黑亲美政治力量将美国视为最重要的外交和安全伙伴。2022年以来波黑内部（主要是塞族共和国）更加强化的独立、分离倾向也让波黑联邦更加依赖美国对于《代顿和平协议》的保障，而美方也对此做出了"积极回应"。2024年1月，贝契罗维奇会见美国驻波黑大使麦克尔·墨菲（Michael Murphy）时，后者指出，美国不会允许波黑的和平与独立受到威胁，如果有人企图分裂波黑，美国将采取行动全力捍卫《代顿和平协议》。①

总之，巴尔干国家总体上都难以摆脱美国在该地区的政治、军事影响，虽然在对俄罗斯的政策上有所不同，但基本上都与美国保持了或紧密或适度的同盟与合作关系。

三 美国力图限制中国在巴尔干的影响力

中国与巴尔干国家近年来蒸蒸日上的务实合作引起了美国的警惕。中国与巴尔干国家近年来在中国-中东欧国家合作机制以及"一带一路"倡议下开展了多领域的务实合作，在投资、贸易、基建、能源、科技、文化、人文交流等方面产出了丰富的合作成果。美国担忧中国通过在巴尔干地区扩大影响力来"主宰"这一地区，进而在欧洲建立"桥头堡"。

自2016年唐纳德·特朗普（Donald Trump）总统上台后，美国就开始在巴尔干地区采取针对中国的措施。2017~2018年，美国先后通过参与"三海倡议"②和提出"清洁网络倡议"③等方式，拉拢、胁迫巴尔干国家

---

① "Becirovic-Murphy: The USA Will Not Allow the Peace and Independence of BiH to Be Threatened"，《萨拉热窝时报》新闻网，2024年1月24日，https://sarajevotimes.com/becirovic-murphy-the-usa-will-not-allow-the-peace-and-independence-of-bih-to-be-threatened/，检索日期：2024年1月26日。
② "三海倡议"即波罗的海、亚得里亚海、黑海（BABS）倡议，是由12个中东欧国家组成的地区性论坛，2016年被提出，旨在推动成员国在能源、交通等基础设施建设方面的合作。
③ "清洁网络倡议"是2020年8月由美国国务卿宣布发起的一项数字主权倡议，意在针对他国的数字化产业的发展，以建立美国的数字霸权。

限制中国参与在该地区的交通、能源基础设施项目，禁止它们使用中国企业的5G通信技术和设备。

美国特使兼国务院全球参与中心协调员詹姆斯·鲁宾（James Rubin）2023年4月访问黑山、北马其顿等国期间表示，西巴尔干国家容易受到俄罗斯和中国"虚假信息"的影响，并要求巴尔干有关国家"打击"来自中、俄的所谓"虚假信息"。①

四 近期美国在巴尔干地区的战略目标及前景分析

在欧洲地缘安全局势持续动荡，巴尔干地区民粹主义政治潮流凸显、民族主义情绪上升，以及美国对华战略博弈持续的背景下，美国在巴尔干地区将寻求实现以下的战略目标。

第一，美国将继续利用自身的政治、安全影响力，将巴尔干地区打造为遏制俄罗斯的地缘前线。在美国持续向乌克兰提供军事援助并造成乌克兰局势长期动荡的情况下，巴尔干地区作为临近冲突的地缘热点地区必将继续引起美国的重视。虽然一些欧美智库指出，美国近年来对巴尔干地区的重视程度有所降低，这说明美国不想过多地将用于乌克兰问题的资源和精力分散在巴尔干地区，但美国也不会允许巴尔干地区成为俄罗斯突破西方封锁的薄弱环节。美国已经通过北约将大多数巴尔干国家纳入了同盟体系，对政治上亲俄的塞尔维亚和波黑塞族共和国形成包围之势，此外美国在科索沃问题上有着强大的"政治话语权"，这也能有效牵制塞尔维亚现政府的外交政策，使之不敢与俄罗斯走得太近。美国在科索沃建有邦德斯蒂尔军事基地，在保加利亚拥有两个空军基地和两个陆军基地，虽然美国在巴尔干地区的军事基地并不多，但其足以成为美国发挥在该地区军事影响力的有力工具。此外，美国还在通过各种方式与巴尔干国家开展军事合作，包括联合演习、军事援助

---

① "U. S. Envoy Urges Firmer Action to Counter Russian, Chinese Disinformation in Western Balkans"，RFE/RL新闻网，2023年4月11日，https://www.rferl.org/a/balkans-russia-china-disinformation-rubin/32359395.html，检索日期：2024年1月18日。

和为其国防部门改革提供支持等,力图加快推动巴尔干国家防务力量向北约标准过渡。

第二,美国将继续支持和推动欧盟的区域政策,依托欧盟的经济和规制力量将巴尔干地区纳入跨大西洋联盟体系中。有欧洲智库认为,美国政府似乎没有兴趣和能力以整体方式处理巴尔干问题,而是根据危机的严重程度将政策重点从一个国家转移到另一个国家。① 美国对巴尔干地区政策出现这种特点,一方面是由于美国在该地区虽具有强大的政治、军事影响力,但在经济上没有太重要的利益;另一方面是因为巴尔干地区在美国的全球战略布局中尚未成为首要对象,除非发生重大的地区安全事件,美国不会进行大规模的直接介入。从历史上看,美国介入并平息巴尔干地区冲突后,会将后续的维和、建设任务逐渐交给欧盟来处理。此外,进入 21 世纪以来,美国大力支持欧盟在巴尔干地区的东扩政策,认为如果巴尔干国家不加入欧盟,就难以实现长期稳定,反之,这既符合欧盟的长远利益又能够让美国减轻对巴尔干地区的投入负担。

第三,美国将进一步加大在巴尔干地区针对中国的政策力度,力图遏制和排除中国在该地区的影响力。巴尔干地区是亚洲通往欧洲的贸易、投资和互联互通建设的门户,美国越来越担忧中国通过中国-中东欧国家合作机制以及推进"一带一路"建设巩固在该地区的地位,因此,美国未来可能倚仗自身在这一地区的政治和军事影响力,通过以下几种方式遏制和排除中国的影响力。

首先,美国将长期参与该地区事务,继续在科索沃问题、波黑国家构建与治理以及处理巴尔干国家间的纷争方面发挥自身的政治影响力,以巩固在该地区的地位。其次,美国将持续加大对巴尔干地区的资源投入力度,除了进行军事援助外,美国还将增加在该地区能源、交通及通信基础设施建设方

---

① Markéta Slavková, Anja Grabovac, Tamara Grabovac, eds., *Western Balkans at the Crossroads: Democratic Backsliding and External Actors' Influence*, Prague: Prague Security Studies Institute (PSSI), 2023, p. 32, https://www.pssi.cz/download/docs/10587_final-report-western-balkans-at-the-crossroads-democratic-backsliding-and-external-actors-influence.pdf, 检索日期:2024 年 1 月 15 日。

面的投入。最后，美国将寻求建立与巴尔干国家之间的多边合作机制或模式，除了已经参与"三海倡议"外，美国也可能支持并参与"开放巴尔干"倡议①和欧盟的"柏林进程"②。

实际上，美国近年来已经对塞尔维亚、罗马尼亚等对华较为友好的国家施加了各种压力，如迫使罗马尼亚政府放弃与中国签署的核电项目协议，在2020年塞尔维亚和科索沃达成的经贸关系正常化协议中恶意加入"移除不可靠5G设备"的内容等。在地缘安全利益成为巴尔干国家的关注焦点之后，美国预计将更加肆无忌惮地实施上述政策。

美国这种遏制、排挤中国的政策对巴尔干国家可能产生多种影响。中美博弈的加剧，使得巴尔干国家很难在中美之间实现平衡，美国的安全影响力导致该地区大部分国家在安全问题上依赖于美国，从而在一定程度上追随美国的对华政策。但是，中美博弈也能给巴尔干国家带来一些发展机遇，因为美国为"争夺"巴尔干很有可能向该地区提供更多资源。然而，如果美国不能长期并持续投入资源，就无法阻挠中国与巴尔干地区开展各类务实合作。此外，美国如要瓦解塞尔维亚与中国的紧密关系，就必须改变对科索沃问题的政策，即考虑支持塞尔维亚的立场，但这在目前来看是不可能的。而且正如一些欧洲学者所指出的，美国政府热衷于在与巴尔干当地政治精英的对话中找到解决地区问题的方案，又在过去几年中减少了对媒体和非政府组织的财政和政治支持，这导致美国在巴尔干地区舆论场中的威望有所下降。③ 因此，美国尚不具备完全在该地区排除中国影响力的条件。

---

① 由塞尔维亚、阿尔巴尼亚和北马其顿发起的"开放巴尔干"倡议于2021年7月提出，是由2019年启动的"迷你申根"倡议更名而来的，该倡议意在推进巴尔干地区国家之间人员、资本商品和服务的自由流动。

② "柏林进程"始于2014年，经过数年发展，已经成为一个多层次、宽领域的区域合作机制，对巴尔干地区国家的入盟进程产生影响。

③ Markéta Slavková, Anja Grabovac, Tamara Grabovac, eds., *Western Balkans at the Crossroads: Democratic Backsliding and External Actors' Influence*, Prague: Prague Security Studies Institute (PSSI), 2023, p.31, https://www.pssi.cz/download/docs/10587_final-report-western-balkans-at-the-crossroads-democratic-backsliding-and-external-actors-influence.pdf，检索日期：2024年1月15日。

B.7 俄乌冲突影响下的俄罗斯与西巴尔干

涂冰玥*

摘　要： 俄乌冲突与随之而来的西方世界对俄罗斯施加的制裁为俄罗斯与西巴尔干关系带来新变数。西巴尔干国家多数追随欧美外交政策，与俄罗斯关系持续紧张。在此情况下，俄罗斯调整其外交政策构想并转向东方，西巴尔干地区逐渐淡出俄罗斯的外交优先区域。但不可否认的是，俄罗斯仍在当地维持着一定的影响力。在政治往来上，俄罗斯主要同塞尔维亚和波黑塞族共和国保持着传统友好关系，交往较为密切；经济贸易关系中，俄罗斯的天然气出口在制裁阴影下依然占据优势；社会移民方面，俄乌冲突产生的大量俄移民正在涌入黑山与塞尔维亚。为抵抗西方势力对俄罗斯在西巴尔干的排挤，俄罗斯利用媒体宣传其在地区热点问题上的表态成为其展现存在感的重要途径。

关键词： 俄罗斯　西巴尔干　塞尔维亚　波黑塞族共和国

　　仍徘徊于欧盟"门前"的西巴尔干地区既是俄罗斯与西方之间的缓冲带，也是俄罗斯与西方开展大国博弈的角力场。俄罗斯与西巴尔干地区拥有深厚的历史与宗教联系，从19世纪巴尔干地区挣脱奥斯曼土耳其统治的民族解放运动到20世纪的社会主义建设，再到东欧剧变和苏联解体后面临的

---

* 涂冰玥，首都师范大学国别区域研究院科研秘书、研究实习员，主要研究方向为俄罗斯与巴尔干地区的历史与现实问题。

政治危机与转型，俄罗斯均作为一支不可忽视的力量直接参与其中。2022年2月24日俄乌冲突的发生冲击了当前西巴尔干地区的地缘政治格局。北马其顿总统斯特沃·彭达罗夫斯基（Stevo Pendarovski）在2023年达沃斯世界经济论坛上表示，除基辅外，西巴尔干地区是欧洲安全架构的"软肋"。①西方国家意识到解决西巴尔干地区的潜在冲突的可能和维持区域安全的紧迫性，于是加速推动该地区国家加入欧盟的进程和地区热点矛盾问题的谈判进程。反观俄罗斯，由于俄乌冲突及该问题的延宕带来的消耗，其在该地区的影响力正在逐渐减弱。目前，俄罗斯对西巴尔干地区的战略规划尚不明确，该地区正在逐渐淡出俄外交政策构想。

然而，俄罗斯在多个领域对西巴尔干地区仍然具有一定的影响力。在政治往来因制裁受阻的情况下，天然气经济依然是连接俄罗斯与西巴尔干的重要纽带。在科索沃问题上，俄罗斯在外交上给予塞尔维亚充分支持，利用媒体宣传手段突出其在西巴尔干地区矛盾调解上的存在感。

一 西巴尔干国家对俄态度立场的分歧和变化

2022年3月2日，联合国针对俄乌局势召开紧急特别会议，以压倒性票数通过联合国大会第ES-11/1号决议，谴责俄罗斯的特别军事行动，并要求俄无条件撤军，西巴尔干国家均在决议中投下赞成票。但塞尔维亚、波黑和黑山等社会内部政治分歧较大的国家对俄态度较为分裂。

作为公认的俄罗斯在西巴尔干地区的盟友，塞尔维亚在外交表态上并不赞同俄罗斯的特别军事行动，未在公开场合支持俄罗斯的立场。2022年2月25日，塞尔维亚总统阿莱克桑达尔·武契奇声明支持乌克

---

① "One Year on, Russia's War in Ukraine Ramps up Fears over Europe's Next Security 'Soft Spot'"，美国CNBC新闻网，2023年2月20日，https://www.cnbc.com/2023/02/20/russia-ukraine-war-stokes-security-fears-in-the-western-balkans.html，检索日期：2024年2月12日。

兰的领土完整并谴责了俄罗斯，但表示不会对俄罗斯施加制裁。① 塞尔维亚社会对俄乌冲突的态度不一，但大多数人对俄罗斯仍保持友好态度。难以忘却的内战、北约的侵略以及塞尔维亚人在20世纪90年代受到的民族耻辱塑造了他们对乌克兰危机的多方面态度。对于冲突责任问题，大部分人认为北约和美国是冲突的主要煽动方，而不是俄罗斯或乌克兰。② 2022年年中开放社会基金会的一次民意调查显示，塞尔维亚民众在俄乌冲突爆发后对俄态度改变不大，63%的受访者认为西方对此负有责任。③ 2023年6月，在一项1100人参与的社会调查中，79%的塞尔维亚公民反对对俄实施制裁。④

波黑因其国家性质在俄乌冲突上立场不一。虽然波黑在联合国大会的反俄决议中投下赞成票，但在乌克兰问题上，波黑的两个政治实体波黑联邦和塞族共和国并未达成一致立场。波黑联邦认为波黑应追随欧盟立场，而塞族共和国则希望保持中立。2022年3月2日，时任波黑主席团塞族成员的米洛拉德·多迪克在波黑主席团会议上提议通过一项关于波黑在乌克兰局势中保持中立立场的特别决议，但遭到克族成员热利科·科姆希奇（Željko Komšić）和波族成员舍菲克·扎费罗维奇（Šefik Džaferović）的反对。虽然波黑外交部已声明加入欧盟的对俄制裁，但塞族共和国阻止政府执行这一决定。由于波黑外交政策制定的权限在波黑国家层面，在这一背

---

① "Вучић：Србија подржала територијални интегритет Украјине, али неће увести санкције Русији"，塞尔维亚《政治报》网站，2022年2月25日，https://www.politika.rs/scc/clanak/500561/Vucic-Srbija-podrzala-teritorijalni-integritet-Ukrajine-necemo-uvesti-sankcije-Rusiji，检索日期：2025年2月28日。

② Е. Г. Энтина, Е. С. Чимирис, М. С. Лазович; под ред. Е. О. Карпинской, С. М. Гавриловой, Перспективы российско-сербских отношений в условиях санкционного давления : рабочая тетрадь № 77 / 2023. М. : НП РСМД, 2023. С. 7.

③ Maksim Samorukov and Vuk Vuksanovic, "Untarnished by War：Why Russia's Soft Power Is So Resilient in Serbia"，卡内基国际和平基金会网站，2023年1月18日，https://carnegieendowment.org/politika/88828，检索日期：2024年2月16日。

④ Milana Živanović, "Politics, Geopolitics, History：Russian-Serbian Relations at the Present Stage"，瓦尔代俱乐部网站，2023年8月16日，https://valdaiclub.com/a/highlights/politics-geopolitics-history-russian-serbian/，检索日期：2024年2月7日。

景下，有俄罗斯专家称，波黑塞族共和国官员的对俄声援只能是"空话"，无论波黑塞族支持俄罗斯的态度多么真诚，他们的政治活动也仅限于阻止直接的反俄行动。①

黑山政府虽然在官方立场上站在欧美一边，但大部分黑山民众仍对俄罗斯抱有好感。2023年3月，权威出版物《新塞尔维亚政治思想》（Нова српска политичка мисао）为今日俄罗斯巴尔干新闻网站开展的一项调查显示，约60%的黑山受访者对北约持十分消极或消极的态度，48%的人对俄罗斯持十分积极或积极的态度，19%的人对俄持十分消极的态度。对于制裁俄罗斯，66%的受访者持反对意见，22%的人支持对俄采取限制性措施。52%的受访者将乌克兰问题归咎于美国和北约，16%的人认为俄罗斯是罪魁祸首，4%的人认为乌克兰应为此负责。②

作为发起对乌特别军事行动的决策者，俄罗斯总统普京在西巴尔干地区的支持率在俄乌冲突的背景下也发生了一些变化。2023年1月，匈牙利数据分析机构CEPER发布的一项民意调查对比了2022年前后（2021年和2023年）美国总统拜登与俄罗斯总统普京在中欧国家的支持率。③ 2023年初，普京在塞尔维亚、黑山和北马其顿的支持率均有所下降，其中在北马其顿的支持率跌幅最大，在黑山和北马其顿两国的支持率已不到一半。普京在塞尔维亚的受欢迎程度虽然也有所下降，但仍然拥有过半支持率。拜

---

① ""Отечества расколов"：страны Западных Балкан и СВО на Украине"，俄罗斯外交事务委员会官网，2023年2月21日，https：//russiancouncil.ru/blogs/d-rastegaev/otechestva-raskolov-strany-zapadnykh-balkan-i-svo-na-ukraine/? ysclid=lsr8yts7a3458798673，检索日期：2024年2月16日。

② "Истраживање НСПМ за РТ Балкан：Црна Гора не воли НАТО；СПЦ，Србија и Русија изнад свих"，今日俄罗斯巴尔干新闻网站，2023年3月23日，https：//rt.rs/srbija-i-balkan/24238-vecina-crnogoraca-ne-podrzava-nato-i-sad/，检索日期：2024年2月16日。

③ 该调查选取时间段为2021年10月27日至11月26日以及2023年1月9日至26日，调查者通过电话及亲自走访的方式对每个国家的1000名受访者进行调查。每个国家的样本具有性别、年龄和居住类型的代表性，涉及的西巴尔干国家有塞尔维亚、黑山和北马其顿。调查结果参见"Putin Strongly and Biden Slightly Losing Popularity in Central Europe"，CEPER，2023年3月28日，https：//cepergroup.com/article/putin-strongly-and-biden-slightly-losing-popularity-in-central-europe，检索日期：2024年2月7日。

登在北马其顿的支持率下降尤为明显，在塞尔维亚、黑山和北马其顿，拜登的支持率仍低于俄罗斯总统普京，在塞尔维亚最不受欢迎（见图 1 和图 2）。

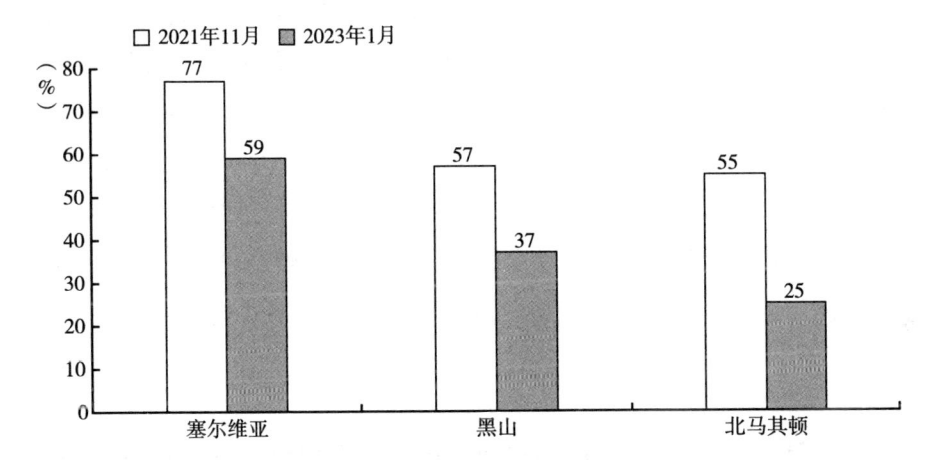

图 1　俄罗斯总统普京在部分西巴尔干国家的支持率变化

资料来源："Putin Strongly and Biden Slightly Losing Popularity in Central Europe"，CEPER，2023 年 3 月 28 日，https：//cepergroup.com/article/putin-strongly-and-biden-slightly-losing-popularity-in-central-europe，检索日期：2024 年 2 月 7 日。

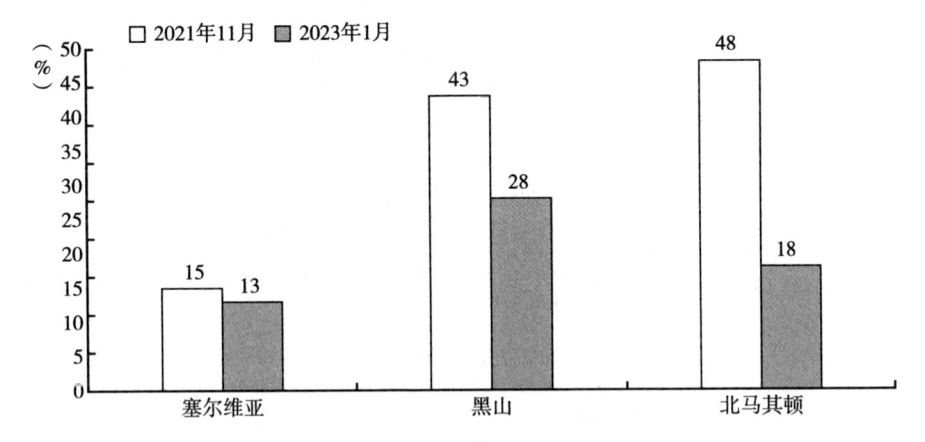

图 2　美国总统拜登在部分西巴尔干国家的支持率变化

资料来源："Putin Strongly and Biden Slightly Losing Popularity in Central Europe"，CEPER，2023 年 3 月 28 日，https：//cepergroup.com/article/putin-strongly-and-biden-slightly-losing-popularity-in-central-europe，检索日期：2024 年 2 月 7 日。

二 西巴尔干在俄外交政策构想中淡出

2023年3月，俄罗斯外交部出台了新版《俄罗斯联邦外交政策构想》（以下简称"《构想》"），其中俄罗斯未来外交的重点和优先区域变化明显转向东方。1993~2016年公布的前五版《构想》中，欧洲国家在俄外交优先区域中始终位于亚洲国家之前，但新版《构想》中，欧洲国家在文本中的位置后移，对其的表述也体现出不友好的立场。通过对俄罗斯联邦成立以来六版《构想》的梳理，可以发现西巴尔干乃至整个巴尔干地区在加快欧洲一体化步伐的同时，也正在淡出俄罗斯的外交重点方向与优先区域，见表1。

表1　1993~2023年《俄罗斯联邦外交政策构想》文本中提及的西巴尔干相关内容

发布时间	相关内容表述
1993年4月23日	继续恢复与阿尔巴尼亚的双边关系，完成俄罗斯-阿尔巴尼亚关系的政治文件 与联合国、欧安组织、欧盟和其他有关各方合作，根据对南斯拉夫局势的现实评估，继续积极参与维持和平的努力；采取切实举措，与塞尔维亚、克罗地亚、斯洛文尼亚、波黑和马其顿建立外交关系并与它们建立政治、经济及其他领域的联系；考虑到解决危机方面的进展，应着手拟订相关双边协定；就摆脱南斯拉夫危机的问题与南联盟领导人保持长期的沟通渠道
2000年6月28日	俄罗斯将竭尽全力在国际社会商议后所做决定的基础上促进巴尔干问题得到持久和公正的解决。维护南联盟的领土完整并反对将其分割至关重要，因为这可能引发整个巴尔干的冲突，带来难以预料的后果
2008年6月12日	俄罗斯愿意进一步扩大与中欧、东欧和东南欧国家之间务实且体现相互尊重的合作，同时考虑到每个国家的实际意愿
2013年2月12日	俄罗斯的目标是与东南欧国家开展全面、务实和平等的合作。作为向欧洲国家输送石油和天然气的最大运输和基础设施枢纽，巴尔干地区对俄罗斯具有重要的战略意义
2016年11月30日	俄罗斯对于不加入军事联盟的欧洲国家的选择表示尊重。这些国家为欧洲的稳定与安全做出了切实贡献。俄罗斯愿意与它们开展多方面的建设性合作

续表

发布时间	相关内容表述
2023年3月31日	<u>大多数欧洲国家</u>对俄罗斯采取具有侵略性的政策,旨在对俄罗斯的安全和主权构成威胁,获取单方面的经济优势,破坏国内政治稳定,侵蚀俄罗斯的传统精神和道德价值观,并给俄罗斯与其盟国和伙伴的合作设置障碍 当<u>欧洲国家</u>意识到,除了与俄罗斯和平共处和互利平等合作别无选择,同时提高其外交政策的独立性,并向奉行与俄罗斯的睦邻友好政策过渡,这将会对欧洲地区的安全和福祉产生积极影响,并将有助于欧洲国家在大欧亚伙伴关系和多极世界中占据应有的地位

注：下划线为笔者标注。

资料来源：Сост. Д. В. Кузнецов. Концепции внешней политики РФ, 1993－2023 гг. ［Электронный ресурс］. Б. м.：Б. изд., 2023。

由此可见，从1993年到2023年，俄罗斯《构想》中关于西巴尔干国家和地区的表述越来越泛化与模糊，最近一版的《构想》仅提及对俄罗斯采取"具有侵略性的政策"的"大多数欧洲国家"，从对俄态度看，这些国家也包含大多数西巴尔干国家。俄罗斯在《构想》中对西巴尔干地区的淡漠表明其在该地区缺乏明确的外交战略规划。一方面，俄罗斯深陷对乌特别军事行动，缺乏对西巴尔干事务和争议问题施加重要影响的精力与资源；另一方面，有分析人士认为，俄罗斯国内在外交领域推动俄罗斯参与巴尔干事务的主要官员——公正俄罗斯党（СР）成员、国家杜马副主席亚历山大·巴巴科夫（Alexander Babakov）和俄罗斯驻塞尔维亚大使、俄罗斯外交部负责该地区事务的高级官员亚历山大·博灿-哈尔琴科——在莫斯科缺乏一定的影响力，虽然他们都对西巴尔干地区有深入的了解，在该地区也有广泛的政治资源，但在当前的国际局势下很难游说俄罗斯高层领导人关注巴尔干问题或实施针对该地区的某些政策。[1]

---

[1] Marxim Samorukov, "Surviving the War: Russia-Western Balkan Ties After the Invasion of Ukraine", 卡内基国际和平基金会, 2023年4月25日, https://carnegieendowment.org/politika/89600, 检索日期：2024年1月31日。

三 西方制裁下俄罗斯与西巴尔干国家的政治交往

俄乌冲突发生之后，阿尔巴尼亚、黑山和北马其顿追随欧盟和美国对俄罗斯发起制裁措施，涵盖经济、政治和媒体等多个方面。

亲美的阿尔巴尼亚政府对俄推行经济制裁和针对俄政要的个人制裁，并对俄罗斯飞机关闭领空。① 2023年4月20日，阿尔巴尼亚部长会议还决定取消对俄免签制度，访问阿尔巴尼亚的俄罗斯公民全年都需要"根据旅行目的"申请签证。②

2022年9月29日，黑山驱逐6名俄罗斯外交官，俄罗斯驻黑山大使馆的领事处声明无期限终止业务办理，自此，黑山与俄罗斯几乎断绝外交往来，到2023年2月，俄驻黑山大使馆仅剩包括大使在内的两名外交官。黑山中间派亲欧政治运动"现在欧洲"党候选人亚科夫·米拉托维奇在2023年4月的总统选举中胜出，他此前在担任黑山政府经济发展部长期间曾向西方媒体承诺，将充分履行黑山承担的所有国际义务，包括冻结俄罗斯公民在黑山的财产。在就任总统后，他表示："黑山会完全遵循欧盟的外交政策。"③ 但2023年10月30日，亲塞与亲俄的安德里亚·曼迪奇作为黑山新一届议会议长宣誓就职，其领导的新塞尔维亚民主党（NSD）参与组阁。11月11日，这位新任议长会见了俄罗斯驻黑山大使并表示两国人民的友谊源

---

① "Albania Unveils Sanctions on Russia Over Attack on Ukraine", Balkan Insight, 2022年2月28日，https://balkaninsight.com/2022/02/28/albania-unveils-sanctions-on-russia-over-attack-on-ukraine/，检索日期：2024年2月15日。

② "Албания отменила безвизовый режим для граждан РФ", 俄罗斯美杜莎网，2023年4月21日，https://meduza.io/news/2023/04/21/albaniya-otmenila-bezvizovyy-rezhim-dlya-grazhdan-rf，检索日期：2024年2月7日。

③ "Что известно о новом президенте Черногории Якове Милатовиче", 俄罗斯塔斯社网站，2023年5月20日，https://tass.ru/info/17800643，检索日期：2024年2月1日。

远流长①，因此，未来黑山政府的政治倾向与对俄态度仍有待观察。

然而，黑山对西方制裁的支持并没有阻止俄罗斯人在黑山的房地产投资，该国的制裁承诺与现实情况存在差距。而且黑山中央银行发布的官方数据显示，2023年，俄罗斯是黑山第二大外国直接投资来源国，总投资额达1.13亿欧元，仅次于第一的塞尔维亚，与之相差1276万欧元，但远超第三的土耳其。在黑山的外国直接投资领域，房地产投资占据主导地位，在该领域俄罗斯位居第二，总投资额为5595万欧元。②

北马其顿是最早加入欧美对俄制裁的西巴尔干国家之一，自2022年3月至2023年9月共驱逐了11名俄外交官，其中2023年3月驱逐了5名。但在宗教层面，2022年被俄罗斯东正教会承认、从塞尔维亚教会中分离并独立的马其顿东正教会2023年4月决定不与"分裂者"乌克兰东正教会（ПЦУ）的主教们共融，直到其在教规的地位得到明确。③

当前，塞尔维亚是唯一拒绝对俄罗斯实施制裁的欧洲国家，也保留了欧洲唯一一条直飞俄罗斯的国家航空公司航线。波黑由于塞族共和国的反对始终无法将制裁付诸行动。2023年，塞尔维亚与波黑仍保留了与俄罗斯的高层沟通渠道。相比之下，波黑塞族共和国与俄罗斯的交流更加积极。

2023年1月8日，波黑塞族共和国总统多迪克在"塞族共和国日"的庆祝仪式上将最高奖章——塞族共和国勋章——授予普京，以表彰后者对塞

---

① "Спикер парламента Черногории заявил о вековой дружбе с народом России"，俄罗斯Rambler新闻网，2023年11月11日，https://news.rambler.ru/world/51753898-spiker-parlamenta-chernogorii-zayavil-o-vekovoy-druzhbe-s-narodom-rossii/，检索日期：2024年3月18日。

② "Montenegro's Foreign Direct Investment Landscape: Trends, Shifts and 2023 Outlook"，黑山商业新闻网，2024年3月6日，https://montenegrobusiness.eu/montenegro-recent-foreign-direct-investments/，检索日期：2024年3月19日。

③ 乌克兰东正教会在2018年底宣布独立，成为不受莫斯科牧首区管辖的自主教会，但俄罗斯东正教会称其为"分裂者"，不承认该教会在教规中的地位。因此，与俄罗斯东正教会关系密切的塞尔维亚东正教会和马其顿东正教会也与其保持一致立场。"Источник: Македонская церковь отказалась сослужить с раскольничьей ПЦУ"，俄新社网站，2023年4月2日，https://ria.ru/20230402/ptsu-1862415983.html，检索日期：2024年2月7日。

族共和国的"特殊关怀和热爱",以及他为加强俄塞合作所做的贡献。① 同年5月,多迪克访问俄罗斯并参与第十一届安全事务高级代表国际会议期间,俄罗斯总统普京将亚历山大·涅夫斯基勋章②授予多迪克,以表彰其为发展俄罗斯与波黑合作、巩固俄罗斯与塞族共和国伙伴关系所做的贡献。③ 此次访问是2023年西巴尔干国家仅有的一次高级别对俄访问,多迪克在会谈中公开表明了对俄罗斯的支持,认为俄罗斯坚定维护了所在地区的安全框架,并曾试图捍卫这一框架,但被迫发动了对乌特别军事行动。他还批评西方试图利用俄罗斯给这场冲突煽风点火,并声明不会制裁俄罗斯。多迪克表示,塞族共和国与俄罗斯之间维持着很好的合作关系,这符合它们的共同利益。④

俄总统普京和塞尔维亚总武契奇在2023年10月于北京召开的第三届"一带一路"国际合作高峰论坛期间进行了短暂会面,普京当时在接受采访时说:"武契奇总统也对塞尔维亚周边区域的局势感到担忧,我们有着共同的关切。"⑤ 在对俄制裁的问题上,塞尔维亚总统武契奇一直承受着来自西方的压力,他在2023年2月坦言塞尔维亚将被迫在近期对俄罗斯实施制裁,但他将"尽可能地拖延时间"。⑥ 2023年8月,欧盟与乌克兰、巴尔干国家

---

① "Милорад Додик наградил Владимира Путина высшей наградой Республики Сербской",俄罗斯塔斯社网站,2023年1月9日,https://tass.ru/mezhdunarodnaya-panorama/16755529,检索日期:2024年2月5日。

② 亚历山大·涅夫斯基勋章(Орден Александра Невского)以俄罗斯民族英雄亚历山大·涅夫斯基大公的名字命名,最初由叶卡捷琳娜一世在1725年设立,在1917年被废除。苏联时期,它曾作为军事勋章重新设立。苏联解体后,俄罗斯联邦保留了这一勋章,并将其作为国家奖励授予在军事、国家建设方面有突出贡献的公民,以及与俄罗斯在开展多边合作领域有突出贡献的国外政治家和社会活动家等。

③ "Путин наградил Додика Орденом Александра Невского",俄新社网站,2023年6月6日,https://ria.ru/20230606/orden-1876505644.html,检索日期:2024年2月5日。

④ "Встреча с Президентом Республики Сербской Милорадом Додиком",克里姆林宫网站,2023年5月23日,http://kremlin.ru/events/president/news/71188,检索日期:2023年5月25日。

⑤ "Путин рассказал о встрече с Вучичем",https://ria.ru/20231018/vuchich-1903582051.html,俄新社网站,2023年10月18日,检索日期:2024年2月3日。

⑥ """Я потяну время, сколько могу". Сербию вынуждают к санкциям против России",俄罗斯Gazeta新闻网,2023年2月11日,https://www.gazeta.ru/politics/2023/02/11/16237639.shtml,检索日期:2024年2月12日。

和地区领导人在雅典举行了非正式会议，与会领导人签署了一份重点支持西巴尔干、乌克兰和摩尔多瓦融入欧盟的联合声明，据俄罗斯卫星通讯社的报道，一位消息人士称，由于塞尔维亚总统武契奇的反对，最终宣言文本中对俄制裁的相关条款被删除。① 当年12月24日，武契奇总统在一次新闻发布会上再次提到了制裁俄罗斯一事，强调塞尔维亚将继续奉行独立的外交政策，在对俄实施制裁等问题上不受外部摆布。时任塞尔维亚副总理兼国防部长、塞尔维亚前进党主席的米洛什·武切维奇（Miloš Vučević）也表示，虽然加入欧盟是塞尔维亚的战略目标，但塞尔维亚无意加入针对俄罗斯的制裁政策。②

四 双边经贸总额下降与西巴尔干对俄的天然气依赖

自2014年4月到2023年，欧盟已对俄罗斯发起了11轮制裁。受制裁的影响，根据俄罗斯联邦海关署（FCS）的数据，2023年，俄罗斯对欧洲国家的出口额减少68%，为849亿美元；进口额减少12.3%，为785亿美元。③ 根据西巴尔干国家的统计局公布的数据，西巴尔干国家与俄罗斯2023年的贸易额相比2022年双方的贸易额出现下降趋势，见图3。

其中，阿尔巴尼亚、塞尔维亚与俄罗斯的贸易额跌幅较大。2022年，俄罗斯还是塞尔维亚的第四大贸易伙伴，仅次于德国、中国和意大利，而到2023年已降至第六，位于匈牙利与波黑之后。

---

① "Serbian President Gets Russia Sanctions Dropped From Athens Summit Declaration"，俄罗斯卫星通讯社网站，2023年8月22日，https://sputnikglobe.com/20230822/serbian-president-demands-to-remove-provision-on-sanctions-from-declaration-of-athens-summit-1112776357.html，检索日期：2023年9月4日。

② "Вучич: Сербия сохранит независимую политику, несмотря на призывы к санкциям против РФ"，俄罗斯塔斯社网站，2023年12月24日，https://tass.ru/mezhdunarodnaya-panorama/19619995，检索日期：2024年2月12日。

③ "Сальдо внешней торговли России сократилось в 2023 году в 2,4 раза"，俄罗斯塔斯社网站，2024年2月12日，https://tass.ru/ekonomika/19960477，检索日期：2024年2月16日。

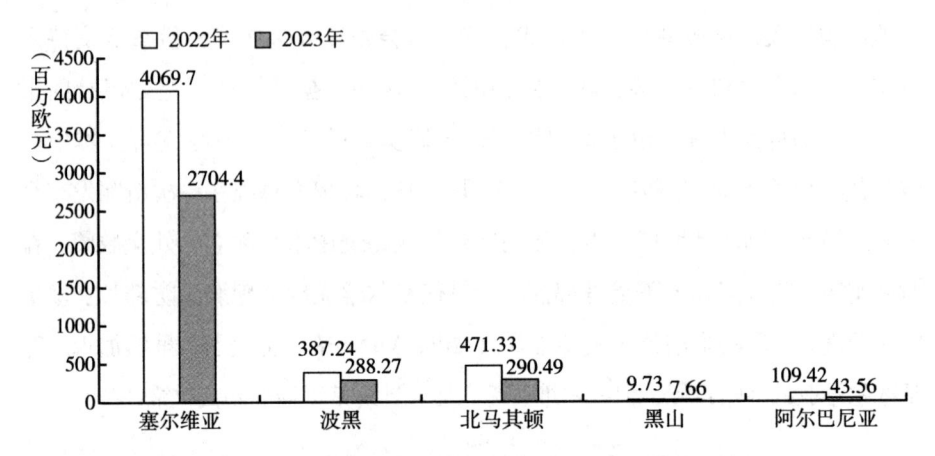

图3　2022~2023年西巴尔干国家与俄罗斯的贸易额

资料来源：塞尔维亚统计局，https：//www.stat.gov.rs/en-us/；波黑统计局，https：//bhas.gov.ba/Home/；黑山统计局，https：//www.monstat.org/eng/index.php；北马其顿统计局，https：//www.stat.gov.mk/Default.aspx；阿尔巴尼亚统计局，https：//www.instat.gov.al/en/，检索日期均：2024年7月21日。

虽然俄罗斯对欧洲国家的贸易额普遍下降，西巴尔干国家对俄罗斯天然气的依赖性依然很强。当前，"土耳其溪"① 是欧洲仅存的一条输送俄罗斯天然气的能源管道，其分支"巴尔干溪"更是一条战略性能源动脉，每年向巴尔干地区供应约120亿立方米的天然气。② 俄罗斯天然气工业股份公司（Gazprom）是塞尔维亚唯一的天然气供应商，掌握着塞尔维亚最大能源企业塞尔维亚石油工业公司50%的股份，而塞尔维亚国家仅是持股29.87%的小股东。③ 除了塞尔维亚，波黑和北马其顿的天然气进口也完全依赖俄罗

---

① "土耳其溪"（TurkStream）是一条于2020年开始运营的从俄罗斯通往土耳其的天然气管道。俄罗斯天然气到达土耳其后通过延伸管道"巴尔干溪"再输送至保加利亚、塞尔维亚和匈牙利。自2022年2月21日以来，北溪线路被炸毁，波兰线路被封锁，乌克兰线路被终止，南部的"土耳其溪"实际上成为俄罗斯天然气通往欧洲的唯一通道。

② "Запад проигрывает：Россия сохраняет энергетическое влияние на Балканах"，俄罗斯国际政治和经济战略研究所，2023年12月13日，https：//russtrat.ru/analytics/13-dekabr-2023-1658-12331，检索日期：2024年2月8日。

③ "Запад проигрывает：Россия сохраняет энергетическое влияние на Балканах"，俄罗斯国际政治和经济战略研究所，2023年12月13日，https：//russtrat.ru/analytics/13-dekabr-2023-1658-12331，检索日期：2024年2月8日。

斯。由于匈牙利、捷克、斯洛伐克和保加利亚等一些高度依赖俄罗斯能源的国家得到欧盟的暂时豁免，它们可以继续购买俄罗斯天然气（直到2024年底），这些国家也可将俄罗斯天然气输送至部分西巴尔干国家。

面对欧盟对俄的能源制裁以及欧盟对天然气供应来源多样化的诉求，西巴尔干国家2023年也试图对天然气的进口来源做出改变。2023年10月13日，保加利亚通过了对经其领土供应的俄罗斯管道天然气征收过境税的法案，规定每兆瓦时（约100立方米）征收20列弗（约合10.76美元）。俄天然气在保加利亚过境的成本增加后，包括匈牙利和塞尔维亚在内的一些东欧和南欧国家面临天然气供应削减的风险。①

2023年11月15日，塞尔维亚与阿塞拜疆签署了一项协议，宣布塞尔维亚从2024年起每年向阿塞拜疆购买4亿立方米天然气。② 12月10日，塞尔维亚总统武契奇、保加利亚总统鲁门·拉德夫和阿塞拜疆总统伊利哈姆·阿利耶夫（Ilham Aliyev）在塞尔维亚南部城市尼什（Niš）为供应阿塞拜疆天然气的互联管道举行了落成典礼，未来这条管道还将供应来自希腊的液化天然气。塞尔维亚天然气公司负责人杜尚·巴亚托维奇（Dušan Bajatović）表示，假以时日，建成的天然气管道将能满足塞尔维亚100%的天然气需求。③ 但截至2023年12月，这条天然气管道供应的天然气总量远不及俄罗斯天然气的输送量。巴亚托维奇此前曾说，按照塞尔维亚与俄罗斯签署的有效期至2025年6月的天然气供应合同，塞尔维亚每年从俄罗斯购买的天然气量将达到24亿立方米至26亿立方米。④

---

① "Болгария усложнила транзит российского газа в Европу"，俄罗斯Lenta新闻网，2023年10月13日，https://lenta.ru/news/2023/10/13/bolgariya-uslozhnila-tranzit-rossiyskogo-gaza-v-evropu/?ysclid=lo5gkb8w2y369113786，检索日期：2023年10月13日。
② "Serbia Signs Gas Supply Deal with Azerbaijan"，英国路透社网站，2023年11月15日，https://www.reuters.com/business/energy/serbia-signs-gas-supply-deal-with-azerbaijan-2023-11-15/，检索日期：2024年2月4日。
③ "Сербия, Болгария и Азербайджан открыли в Нише газопровод"，俄新社网站，2023年12月10日，https://ria.ru/20231210/spg-1914913827.html，检索日期：2024年2月4日。
④ "В Сербии рассказали, сколько российского газа получат за год"，俄新社网站，2023年12月16日，https://ria.ru/20231216/serbiya-1916157102.html，检索日期：2024年2月4日。

2023年12月7日，北马其顿电力公司下属的天然气部门开始采购保加利亚公司Graystone供应的天然气，以减少对俄罗斯天然气的依赖。该公司供应的天然气包括阿塞拜疆天然气、美国液化天然气和其他来源的混合气。出于对保加利亚征收俄罗斯天然气过境税的考虑，北马其顿电力公司在招标时明确要求投标人保证天然气不来自俄罗斯。如果天然气来自俄罗斯，那么投标人必须承诺向保加利亚支付过境税。①

波黑在2023年并未寻找潜在的可替代天然气来源，在波黑塞族共和国总统多迪克5月的访俄行程中，天然气价格是一个重要议题。② 与普京会面后，多迪克称波黑的天然气价格会大致稳定在2022年的水平，以保证国民能度过一个暖冬。他当时说："普京总统表示，俄罗斯的天然气价格到新年之前都会维持在有利于塞族共和国的水平。天然气价格每6个月会以某种方式进行更新，要么与之前的价格几乎相同，要么略有提高。提价的主要原因不在俄罗斯，提价是因为现在的天然气运输十分困难。"③

实际上，西巴尔干地区主要的能源燃料并非天然气，而是煤炭，这是除阿尔巴尼亚（主要依靠石油和水力能源）以外所有西巴尔干国家和地区发电与供热的主要来源。相比其他国家，天然气在塞尔维亚和北马其顿发挥的作用更大，被用作发电和供热的补充燃料。波黑以及阿尔巴尼亚的天然气消费量微不足道，而黑山的能源行业完全不使用天然气。但煤炭燃烧导致了严重的空气污染，预计到2030年，欧盟大部分国家将停止使用煤炭作为燃料。于是，为加入欧盟，面临能源转型的西巴尔干地区需要将天然气作为煤炭的

---

① "N. Macedonia Cuts Russian Gas Reliance with Bulgaria's Graystone Deal"，东南欧新闻网，2023年12月7日，https://seenews.com/news/n-macedonia-cuts-russian-gas-reliance-with-bulgarias-graystone-deal-842461，检索日期：2024年2月8日。

② 波黑完全依赖从俄罗斯进口天然气，俄天然气会通过"土耳其溪"经由波黑塞族共和国与塞尔维亚交界的兹沃尔尼克（Zvornik）进入波黑，因此俄天然气进口被塞族共和国控制的公司垄断。

③ "Додик назвал низкую цену на российский газ"，俄罗斯塔斯社网站，2023年5月24日，https://tass.ru/ekonomika/17824825?yaclid=li2n9lreu6284051956，检索日期：2023年5月25日。

快速替代品。① 虽然在西方的支持下，西巴尔干地区正在尝试寻找俄罗斯以外的天然气供应来源，但在未来一段时间内，俄罗斯在西巴尔干地区的天然气出口优势仍然存在，且不可小觑。

五 俄罗斯移民涌入西巴尔干

2022~2023年，大量俄罗斯公民移民到黑山和塞尔维亚，谋求在当地长期居留或将其作为前往其他欧洲国家的中转地。

黑山是俄罗斯公民在巴尔干地区比较容易获得居留许可证的少数国家之一。据黑山内务部的报告，2022年，超过10万名俄罗斯人在其部门进行登记，黑山成为最受俄罗斯人欢迎的目的地之一，但这种情形并不源于该国旅游产业的吸引力。②

根据黑山税务和海关部门的数据，2021年，黑山约有4600家公司的注册人为俄罗斯公民，而2023年2~7月，这类公司的数量就达到5846家。然而，在这些新注册的公司中，有64%的公司员工不超过1名，22%除创始人外没有任何注册员工。这些数据表明俄罗斯人开办公司可能不是为了赚钱，而是通过投资获得居留证。③ 据统计，2023年1~6月，黑山向外国人发放的2.15万份工作许可证中俄罗斯公民获得7412份，占总数的34.5%。④

---

① Petr Čermák, "New Gas Supplies For the Western Balkans Facilitates a Geopolitical Game Rather Than the Green Energy Transition", Visegrad Insight, 2024年2月14日, https://visegradinsight. eu/new-gas-supplies-for-the-western-balkans-facilitates-a-geopolitical-game-rather-than-the-green-energy-transition/, 检索日期：2024年2月16日。

② "Побег на Балканы: чем занимаются уехавшие жить в Черногорию россияне", 福布斯新闻网, 2023年5月2日, https://www.forbes.ru/forbeslife/488673-pobeg-na-balkany-cem-zanimautsa-uehavsie-zit-v-cernogoriu-rossiane?ysclid=lsrj61fvzd970112192, 检索日期：2024年2月4日。

③ "Russian Business Influx into Montenegro More a Means to Residence", Balkan Insight, 2023年10月30日, https://balkaninsight.com/2023/10/30/russian-business-influx-into-montenegro-more-a-means-to-residence/, 检索日期：2024年2月4日。

④ "Russians Transfer Money to Montenegro, Declared the Biggest Foreign Investors During 2023", 阿尔巴尼亚Argumentum新闻网, 2023年8月13日, https://www.argumentum.al/en/russians-transfer-money-to-montenegro-declared-the-biggest-foreign-investors-during-2023/, 检索日期：2024年2月4日。

除黑山外，俄罗斯人的热门目的地是塞尔维亚。根据塞尔维亚商业注册局的数据，截至2023年，俄罗斯人在塞尔维亚注册了约9000家新企业。2022年初，新来的俄罗斯人倾向于在塞尔维亚开设迎合俄人的餐馆、酒吧和美容院。欧洲政策中心①的一项调查显示，其中一些是移民为获得塞尔维亚临时居留证而成立的影子公司。但到2023年底，俄罗斯移民更倾向于在贝尔格莱德和诺维萨德开设幼儿园、网店、设备生产公司、房地产公司和创建联合办公空间。俄罗斯移民中的信息技术专家、软件开发者、法律咨询和商业咨询从业者也在利用塞尔维亚政府提供的优惠条件在该国扎根。②

塞尔维亚政府出于对国家经济转型战略的考虑也欢迎来自俄罗斯的高素质知识分子、信息技术人员和工程师，并在2022年实施了一项增加IT从业者在国家就业结构中比例的计划。③ 2023年4月21日，塞尔维亚总理安娜·布尔纳比奇(Ana Brnabić)称政府对俄罗斯的专业人才提供优待，积极评价俄罗斯移民对塞国家经济的正面影响："他们大多是非常年轻、技术高超、很有才华的人……这些年轻人面向西方，受过良好教育，反对战争。这对我们有好处。"她认为，这些移民来到巴尔干不仅是因为被巴尔干国家的经济发展潜力吸引，还因为他们认为自己在欧洲会不受欢迎。④

---

① 欧洲政策中心（European Policy Centre）是一家成立于2011年的非政府组织、非营利智库，由欧盟法律、欧盟事务、经济和行政改革领域的专家组成，致力于改善塞尔维亚的决策环境。该智库在宾夕法尼亚大学发布的《2018年全球智库指数报告》中居西巴尔干地区智库首位，名列中东欧地区智库前十。参见James G. McGann, "2018 Global Go to Think Tank Index Report", *TTCSP Global Go To Think Tank Index Reports*, 2019。

② "Russian Entrepreneurship in Serbia Booms as Wartime Emigres Settle Down",《莫斯科时报》新闻网，2024年2月2日，https：//www.themoscowtimes.com/2024/02/02/russian-entrepreneurship-in-serbia-booms-as-wartime-emigres-settle-down-a83712，检索日期：2024年2月4日。

③ «Полакость» и льготы для стартапов: гид по Сербии для предпринимателей, 俄罗斯RB商业新闻网，https：//rb.ru/countries/serbia/，2023年11月17日，检索日期：2024年3月21日。

④ "Европейская страна оценила выгоду от притока россиян", 俄罗斯Lenta新闻网，2023年4月12日，https：//lenta.ru/news/2023/04/21/russerbia/，检索日期：2024年2月5日。

六　俄在西巴尔干热点问题上积极表态

2023年，西巴尔干地区的紧张局势主要集中在塞尔维亚和波黑。针对该地区发生的暴力冲突与政治矛盾，俄罗斯均在媒体上给予了官方回应，在维持亲塞立场上提出不同于西方的国际秩序主张。

2023年1月，西方正式提出致力于解决科索沃问题的新提案①，塞尔维亚和科索沃地区对话重启，但尚未取得实质性进展。这期间，科索沃北部塞族与临时当局的冲突频发。5月，由于不满科索沃北部临时选举的结果，当地的塞族人在阻止当选市长就职及随后试图控制政府办公楼的过程中先后与科索沃阿族警察和北约驻科索沃部队②发生冲突。俄罗斯外交部对此回应称，北约驻科索沃部队已成为"不必要暴力的根源"和导致科索沃北部局势升级的因素，同时敦促西方停止追究塞族对科索沃局势升级的责任。③ 6月9日，科索沃北部的局势稳定后，俄外交部发言人玛丽亚·扎哈罗娃（Maria Zakharova）表示，虽然"普里什蒂纳发动的暴力冲突"已被平息，但冲突的根源仍未得到解决，西方仅是虚假地谴责了科索沃临时当局对冲突的助长，而实际目的在于疏远塞尔维亚与俄罗斯的战略伙伴关系。对于如何解决科索沃问题，扎哈罗娃重申，除了俄罗斯参与制定的联合国安理会第1244号决议之外别无选择，任何试图取代这一基石性文件的行为都会加深危机，给巴尔干地区安全

---

① "法德提案"是2022年8~9月西方就塞科"关系正常化"提出的一项有11项条款的提案，全称为"法国、德国和美国支持下的欧盟提案"。这份提案一方面要求塞方"不反对科索沃加入任何国际组织"，即承认科索沃"独立"；另一方面要求科索沃临时当局"给予境内塞尔维亚人更大的自治权"，即在塞族聚居地建立塞族城市联盟。

② 北约驻科索沃部队（KFOR）是1999年北约在联合国安理会通过第1244号决议后派驻科索沃的维和部队。2009年科索沃安全部队成立后，北约驻科索沃部队的行动逐渐减少。

③ "МИД РФ назвал виновника эскалации на севере Косова"，俄罗斯卫星通讯社网站，2023年5月30日，https://radiosputnik.ru/20230530/kosovo-1875065465.html，检索日期：2024年2月15日。

带来不可预测的后果。①

2023年9月，科索沃北部的巴尼斯卡发生枪击事件，塞族与阿族警察发生冲突，导致4人死亡，再次将科索沃问题推上风口浪尖。俄罗斯总统新闻秘书德米特里·佩斯科夫（Dmitry Peskov）强调，国际社会应关注和反思在科索沃问题上对塞族的传统偏见，这是一种"传统的不平衡路线"。② 10月21日，欧盟和美英德法意的特别代表会见了塞尔维亚总统武契奇，并向其提交了塞族城市联盟章程草案，但草案内容尚未揭露。12月27日，俄外交部发言人扎哈罗娃再次谈及科索沃问题，称俄外交部已经看到西方版本的草案，并认为这一章程根本无法运作且毫无意义，将塞族城市联盟纳入科索沃的阿族权力体系会导致对塞族来说至关重要的行政权被剥夺，因为届时科索沃临时当局高层将有权阻止该联盟的任何决定。③

2023年12月塞尔维亚议会选举和地方选举结束后，不满选举过程和结果的反对派发起大规模抗议活动，塞尔维亚总理布尔纳比奇对媒体透露，俄罗斯安全部门曾警告过塞政府选举后将发生动乱，总统武契奇还对俄情报机构提供的信息表示感谢。④ 12月20日，俄罗斯外交部发言人扎哈罗娃在新闻发布会上将选举骚乱与"颜色革命"联系起来，她表示西方势力正在塞尔维亚乃至巴尔干地区推动类似于乌克兰"广场革命"的运动。她还借机提到乌克兰局势，表示"应该把乌克兰当作一个直观的例子，这么做既无

---

① "В МИД РФ заявили о некоторой стабилизации обстановки на севере Косова"，俄罗斯塔斯社网站，2023年6月9日，https：//tass.ru/politika/17977633？ysclid=lsq7df0ttl993241456，检索日期：2024年2月15日。

② "В Кремле заявили о предвзятом отношении к сербам в мире"，俄新社网站，2023年9月25日，https：//ria.ru/20230925/serby-1898469997.html？ysclid=lsq5usa8yh921755065，检索日期：2024年2月15日。

③ "В МИД рассказали, чем грозит реализация плана Запада в отношении Сербии"，俄新社网站，2023年12月27日，https：//ria.ru/20231227/serbiya-1918416190.html？ysclid=lsq78dztiv639684547，检索日期：2024年2月15日。

④ "BNN：Сербия поблагодарила Россию за то, что помогла предотвратить «цветную революцию»"，今日俄罗斯新闻网，2023年12月25日，https：//russian.rt.com/inotv/2023-12-25/BNN-Serbiya-poblagodarila-Rossiyu-za？ysclid=lsq9m6y8ua282149324，检索日期：2024年2月15日。

益于人民，也不利于国家"。①

波黑政治中的争议主要发生在塞族共和国总统多迪克与国际社会驻波黑高级代表之间。2023年6月，波黑塞族共和国议会通过两部法律，挑战高级代表克里斯蒂安·施密特和波黑宪法法院的权力。施密特随即宣布其无效，并颁布了一项波黑刑法修正案，将违抗高级代表决定的行为入刑。但塞族共和国总统多迪克仍然签署所通过的法律并将其颁布，波黑检察院8月批准了对多迪克的指控。

对此，支持普京的俄罗斯民族主义政客谢尔盖·巴布林（Sergey Baburin）表示，欧洲人应该为多迪克祈祷，因为没有他，波黑早就陷入混乱了。在他看来，多迪克反对所谓高级代表的"外部控制"是完全正确的，"所以我们视多迪克为朋友、战友，东正教信仰对他来说不是一句口号，而是一种心灵状态，多迪克体现了斯拉夫精神的基本原则"。② 2024年1月2日，俄罗斯驻波黑大使伊戈尔·卡拉布克霍夫表示，波黑塞族共和国有权无视所谓高级代表在该国的存在，因为他的候选资格尚未得到联合国安全理事会的批准。此外，他还将对多迪克的起诉与欧美对俄罗斯的针对联系在一起，"多迪克谴责对俄罗斯的制裁，并与莫斯科亲近。这意味着塞族共和国可能成为俄罗斯和塞族在巴尔干地区的堡垒，而这并不在美国起草《代顿和平协议》时的计划之中……当英美在试图分裂塞族空间、剥夺这个民族的权利和未来以及阻止其与俄罗斯保持亲近时，多迪克挺起英美所惧怕的塞尔维亚民族脊梁"。③

---

① 《Захарова констатировала огромное желание Запада 'помайданить' на Балканах》，俄新社网站，2023年12月20日，https：//ria.ru/20231220/balkany-1917013854.html，检索日期：2023年12月25日。

② 《Сергей Бабурин：Преследование Додика нелепо, противозаконно и контрпродуктивно》，俄罗斯社会服务新闻网，2023年12月9日，https：//www.osnmedia.ru/politika/sergej-baburin-politicheskoe-presledovanie-milorada-dodika-nelepo-protivozakonno-i-kontrproduktivno/，检索日期：2024年2月14日。

③ 《Посол Калабухов назвал абсурдным судебный процесс против Милорада Додика》，《俄罗斯报》网站，2024年1月2日，https：//rg.ru/2024/01/02/posol-kalabuhov-nazval-absurdnym-sudebnyj-process-protiv-milorada-dodika.html，检索日期：2024年2月14日。

俄罗斯莫斯科国立国际关系学院比较政治学系教授、政治学博士叶莲娜·波诺马廖娃（Elena Ponomareva）认为，俄罗斯在欧洲只有两个盟友——塞尔维亚和波黑塞族共和国。塞尔维亚的经济和政治潜力更大，但波黑塞族共和国的"道德意志力"更强。①

---

① 《Посол Калабухов назвал абсурдным судебный процесс против Милорада Додика》，《俄罗斯报》网站，2024年1月2日，https：//rg.ru/2024/01/02/posol-kalabuhov-nazval-absurdnym-sudebnyj-process-protiv-milorada-dodika.html，检索日期：2024年2月14日。

B.8
2023年巴尔干国家与中国关系：
依存与疏离

韩 萌*

摘　要： 作为共建"一带一路"和中国-中东欧国家合作的关键次区域，巴尔干半岛在中国对外关系中的地位逐步提升，双方的各领域合作也在近年来显著增强。面对2023年世界局势的加速演变，中国与巴尔干国家关系依然展现出强大的韧性，双方在经贸投资、数字技术、绿色能源等功能性领域的相互依存仍在加深。不可否认，受大国博弈与俄乌冲突外溢效应加剧的影响，中国-中东欧国家合作受到很大影响，而巴尔干国家处于大国博弈的前沿地带，在自身安全忧虑和寻求经济利益的综合作用下，其追随美欧的倾向有所上升，对华合作立场的"两面性"凸显。可以说，2023年的中国与巴尔干国家关系正处于依存与疏离相互交织的复杂情境之中。

关键词： 巴尔干　中国-中东欧国家合作　共建"一带一路"

巴尔干半岛地处亚欧大陆枢纽地带，极具地缘战略价值，而且是共建"一带一路"和中国-中东欧国家合作的关键次区域，中国对于巴尔干国家的重视程度逐步提高，双方关系在近年来有所上升，双边和多边的各领域合作日益密切。不过，随着中国在巴尔干影响力的逐渐扩大，域外西方国家加紧在该地区的利益布局，加之地缘冲突持续使该地区的安全形势全

---

* 韩萌，博士，中国社会科学院欧洲研究所中东欧研究室副主任、助理研究员，主要研究方向为中东欧问题、欧洲经济、中欧经贸合作等。

面恶化，该地区部分国家对外安全依赖因此上升，其向西方回归的趋势进一步加速。① 2023年，在全球经济增长放缓、大国博弈烈度上升、局部冲突和动荡频发的全球变局下，中国与巴尔干国家关系的复杂性较以往更加突出，价值观等制约双方关系发展的结构性因素持续强化，但双方在经济利益的驱动下，也拓展务实合作空间。可以说，动荡的国际局势使中国和巴尔干国家关系多面承压，而功能性领域的合作诉求与依存度却在逐步提升，成为中国和巴尔干国家关系的重要依托，推动双方关系在摇摆中仍持续前行。

一 功能性领域相互依存加深，巴中关系韧性犹存

自2012年中国-中东欧国家合作机制启动后，中国与巴尔干国家关系引发了其他域外大国的关注与施压。2023年，受新冠疫情"长尾效应"和俄乌冲突的持续影响，中国与巴尔干国家的合作阻力增大，部分国家的对华态度也出现了摇摆。不过，双方在经贸投资、数字技术、绿色能源等功能性领域的相互依存仍在加深，丰富的务实合作成果使双方关系在日益加大的地缘压力下仍展现出强大的韧性。

（一）贸易稳中有升，夯实互利共赢根基

2023年，受高通货膨胀率和高利率持续等因素的影响，世界经济增长阻力加大，全球贸易陷入低迷。根据联合国贸易和发展会议（UNCTAD）发布的《全球贸易更新》报告，全球贸易额在2022年达到峰值后，在2023年下降3%，跌至31万亿美元。② 面对全球整体贸易形势的不景气，中国与巴尔干国家的贸易却保持着稳中有升的态势。2023年，中国与巴尔干10国之间的贸易额达442.92亿美元，相较于2022年的437.22亿美元略有上升。

---

① 韩萌、姜峰：《俄乌冲突下中东欧经济政策差异化动因：威胁感知与相互依赖》，《欧洲研究》2023年第3期，第65~98页。
② "Global Trade Update（March 2024）"，联合国贸易和发展会议官网，https：//unctad.org/system/files/official-document/ditcinf2024d1.pdf，检索日期：2024年4月1日。

其中中国对巴尔干10国的出口总额达362.74亿美元,从巴尔干10国的进口总额达80.18亿美元(见表1),较上一年分别增加3.89亿美元和1.81亿美元,表现显著优于中国对外贸易以及对欧贸易的整体水平。①

从国别层面来看,2023年中国同巴尔干国家的贸易互动差异明显。虽然2023年中国同斯洛文尼亚、黑山以及希腊的进出口总额出现下滑,但同多数国家的贸易额保持上升。表1显示,阿尔巴尼亚、塞尔维亚、北马其顿和波黑同中国的贸易额的同比增长率甚至进入了10%以上的高增长区间,面对2022年的高基数压力,依旧呈现强劲的增长活力。

表1 2023年中国同巴尔干国家的贸易情况

单位:亿美元,%

国家	进出口总额	出口总额	进口总额	同比增长率		
				进出口总额	出口总额	进口总额
斯洛文尼亚	66.97	61.98	4.99	-9.6	-9.1	-15.3
克罗地亚	25.33	23.96	1.37	5.2	6.6	-13.6
波黑	3.62	2.79	0.83	17.6	50.8	-32.5
塞尔维亚	43.52	26.99	16.53	23.7	24.8	22.0
黑山	2.23	1.82	0.41	-16.1	-16.6	-14.1
阿尔巴尼亚	12.74	10.94	1.80	45.0	57.7	-2.6
北马其顿	4.76	2.82	1.94	15.3	20.6	8.3
罗马尼亚	105.56	77.33	28.22	1.4	5.4	-8.3
保加利亚	42.22	26.47	15.75	2.7	-6.7	23.7
希腊	135.96	127.63	8.33	-0.2	-0.2	-0.3
巴尔干10国	442.92	362.74	80.18	1.3	1.1	2.3
世界	59368.26	33800.24	25568.02	-5	-4.6	-5.5

资料来源:《2023年12月进出口商品国别(地区)总值表(美元值)》,中华人民共和国海关总署官网,2024年1月18日,http://www.customs.gov.cn/customs/302249/zfxxgk/2799825/302274/302277/302276/5637259/index.html,检索日期:2024年2月23日。

---

① 《2023年12月进出口商品国别(地区)总值表(美元值)》,中华人民共和国海关总署官网,2024年1月18日,http://www.customs.gov.cn/customs/302249/zfxxgk/2799825/302274/302277/302276/5637259/index.html,检索日期:2024年2月23日。

虽然巴尔干国家的市场规模对中国而言影响甚微,但良好的贸易关系发展恰恰反映出双方客观利益契合度的提升。在"全球奶酪"萎缩的情况下,中国与巴尔干国家的贸易畅通已成为拉紧双方关系的重要纽带之一,对于降低政治干扰、聚焦务实合作发挥积极作用。

(二)投资空间稳步拓展,示范项目亮点纷呈

在中国-中东欧国家合作机制的推动下,巴尔干成为近年来中国投资的热点区域之一。《2012年度中国对外直接投资统计公报》的数据显示,2012年,中国对巴尔干10国的直接投资流量仅为8273万美元,直接投资存量为3.25亿美元,[①]而《2023年度中国对外直接投资统计公报》的数据显示,2023年中国对巴尔干10国直接投资流量已升至7.22亿美元,较2012年增长772.7%,存量更是达到27.34亿美元,较2012年上升741.2%,增幅远高于同期中国对欧盟直接投资的增长水平。[②]

中国对巴尔干的投资也呈现出多元化的特征,涉及基础设施、农业、制造以及高新技术等领域。其中,匈塞铁路、中欧陆海快线、黑山南北高速公路、塞尔维亚斯梅代雷沃钢厂、克罗地亚佩列沙茨大桥等成为中国-中东欧国家合作框架下的重要示范性项目,不仅通过国际市场的开拓,实现了中国企业资源配置的优化,也为当地发展带来了切实利益,树立了中国企业良好的国际形象。截至2024年1月,匈塞铁路贝尔格莱德—诺维萨德段正式开通一年多来,日均开行旅客列车50多列、日均发送旅客超8200人次,最高日发送旅客1.44万人次,累计发送旅客超560万人次。截至2024年1月,已有两批共计40余名塞尔维亚技术人员赴华接受培训,这为当地培养了一批掌握先进铁路技术的年轻技术骨干,切实推动了

[①] 《2012年度中国对外直接投资统计公报》,中华人民共和国商务部官网,2013年9月,https://images.mofcom.gov.cn/fec/201512/20151204085256581.pdf,检索日期:2024年3月11日。

[②] 《2023年度中国对外直接投资统计公报》,中华人民共和国商务部官网,2024年9月,https://cif.mofcom.gov.cn/cif/html/upload/20240926142744007_2023年度中国对外直接投资统计公报.pdf,检索日期:2024年11月11日。

巴尔干地区高速铁路的发展。① 中国远洋海运集团投资经营的希腊比雷埃夫斯港已跃升为全球前30名集装箱大港之一，创造直接就业岗位约3000个，2023年对希腊国内生产总值的贡献高达1.56%，为推动希腊经济社会发展发挥了积极作用。② 同时，它也激活了中欧陆海快线，成为欧亚双向陆海联运通道的新枢纽。

作为新兴市场，巴尔干国家有着比发达经济体更低的成本优势与热切的引资意愿。而由于巴尔干为通往欧洲腹地的门户，中国企业也希望依托巴尔干国家的区位优势，加快其融入欧盟市场进程。联合国贸易和发展会议的数据显示，2023年全球外国直接投资的势头羸弱，如剔除投资中转地增长较快这一因素，全年全球外国直接投资下降18%，③ 但中国与巴尔干国家的经贸合作跑出"加速度"。2023年第一季度，中国对中东欧国家全行业直接投资同比大幅增长148%，④ 巴尔干国家作为中东欧国家的主体，对中企的吸引力可见一斑。

（三）绿色与数字"双转型"合作如火如荼，成为中国与巴尔干国家对接的新增点

促进绿色与数字"双转型"是近年来巴尔干国家经济发展的重点方向。在新冠疫情、俄乌冲突以及全球气候变化加剧等多重因素的冲击下，数字经济和绿色发展对于经济复苏的促进作用进一步凸显，这也为中国和巴尔干国家在相关领域开辟了更大的合作空间。

一方面，巴尔干国家的数字化水平相对较低。欧盟发布的2022年

---

① 《"高铁改变了我们的生活"——匈塞铁路项目获得高度认可》，中国一带一路网，2024年1月24日，https://www.yidaiyilu.gov.cn/p/0O3QVC9L.html，检索日期：2024年3月11日。
② 《希腊比雷埃夫斯港滚装码头扩建工程正式落成》，人民网，2024年2月8日，http://world.people.com.cn/n1/2024/0208/c1002-40175930.html，检索日期：2024年3月11日。
③ "Investment Trends Monitor"，联合国贸易和发展会议官网，https://unctad.org/system/files/official-document/diaeiainf2024d1_en.pdf，检索日期：2024年3月11日。
④ 《深化务实合作 携手共向未来——中国-中东欧国家经贸合作新观察》，新华网，2023年5月18日，http://www.news.cn/2023-05/18/c_1129623468.htm，检索日期：2023年12月31日。

"数字经济与社会指数"（DESI）显示，在巴尔干国家中只有斯洛文尼亚达到欧盟平均水平，希腊、保加利亚以及罗马尼亚排名垫底。① 面对这种状况，部分巴尔干国家开始注重数字领域的发展，并将数字化转型列入国家重要议程。如2022年底，克罗地亚议会通过了《2032年数字克罗地亚战略》，旨在通过提升公共服务数字化水平、升级国家IT基础设施、支持教育和研究系统的数字化转型等措施全方位强化克罗地亚的数字经济发展，目标是在2032年使克罗地亚的数字化程度达到欧盟平均水平；② 塞尔维亚将数字化列为新政府的优先事项之一，并通过了《2020~2024年国家数字技能发展战略》，旨在依托公民数字知识和技能的提升，促进国家经济数字化进程；③ 希腊《2020~2025数字化转型白皮书》涉及总额达60亿欧元的400多个重点项目，计划在5年内实现社会和经济的数字化转型目标。④

中国在通信技术、人工智能、互联网、移动支付等领域具备技术优势，在巴尔干国家迫切的发展诉求下，中国企业也纷纷在该地区拓展业务，取得了大量落地成果。中国企业普遍参与了巴尔干国家的4G网络建设，其中华为和中兴等中国电信企业还通过投资和业务拓展，为该地区国家带来了大量的工作岗位、税收和经济增长。如中国和塞尔维亚于2017年签署了《关于加强信息互联互通的信息丝绸之路建设合作促进信息互联互通的谅解备忘录》，在良好的政治氛围下，中国科技企业在塞的活跃度显著提升。海康威

---

① "DESI 2022 Composite Index"，欧盟委员会官网，https：//digital–decade–desi.digital–strategy.ec.europa.eu/datasets/desi–2022/charts/desi–composite？indicator=desi_sliders&breakdownGroup=desi&period=2022&unit=pc_desi_sliders，检索日期：2023年12月31日。
② "The Digital Croatia Strategy 2032 Was Adopted at the Session of the Croatian Parliament"，克罗地亚国家数字社会发展办公室网站，2022年12月16日，https：//rdd.gov.hr/vijesti/na–sjednici–hrvatskoga–sabora–donesena–strategija–digitalne–hrvatske–2032/2005，检索日期：2023年12月31日。
③ "Digitalisation and Digital Transformation in Serbia"，欧盟委员会官网，https：//op.europa.eu/en/publication–detail/–/publication/7c02fbe1–9df2–11ed–b508–01aa75ed71a1/language–en，检索日期：2023年12月31日。
④ "Βίβλος Ψηφιακού Μετασχηματισμού 2020–2025"，希腊政府网站，https：//digitalstrategy.gov.gr/principles_of_implementation，检索日期：2023年12月31日。

视在贝尔格莱德开设了创新发展中心，在塞尔维亚数字生态系统建设领域发挥着重要作用。华为与塞尔维亚政府签订谅解备忘录，为塞尔维亚开发电子政务系统提供服务，并与塞尔维亚信息技术与电子政务办公室签署合作协议，成为塞尔维亚克拉古耶瓦茨（Kragujevac）国家数据中心的商业合作伙伴之一。[1] 以阿里巴巴为代表的跨境零售电商平台已落地多个巴尔干国家，在克罗地亚、罗马尼亚等多个巴尔干国家，阿里巴巴旗下平台全球速卖通[2]（AliExpress）的商品交易总额（GMV）均名列前茅，其通过引入中国成熟的电商模式，带动了当地电商生态的发展。

另一方面，"坚持'绿色共识'""推动'绿色发展'"是习近平主席对中国-中东欧国家合作提出的目标景愿。[3] 俄乌冲突给巴尔干国家造成了强烈的能源供给冲击，也为该地区加快绿色能源转型提供了更大的内驱力。中国在光伏发电、风力发电、核能利用、新能源汽车等领域具有比较优势，同时国内也存在着进一步调整能源结构、加快清洁能源发展的客观需要，因此中国与巴尔干国家在绿色能源领域真正开启了优势互补的良好局面。截至2024年，中国与巴尔干国家在绿色能源领域已拥有了一定的前期合作基础。中国企业在黑山参建的莫祖拉风电站、普列夫利亚热电站一期生态改造等重点项目，使黑山在清洁能源开发和传统能源转型方面走在了中东欧国家前列；上海电气承建的塞尔维亚潘切沃161兆瓦联合循环项目有效减少了燃料消耗和有害气体排放，为塞尔维亚提供了稳定和环保的能源来源；2023年6月，由中国能建葛洲坝

---

[1]《中国-中东欧国家数字经济合作的现状与前景》，数字中东欧经贸促进中心，http://www.e-ceec.org.cn/oss/showp?id=3a6e8be1-2c6f-4b53-86bb-0b786ac5463c，检索日期：2024年3月11日。

[2] 根据第三方机构欧洲跨境商务（Cross-Border Commerce Europe）发布的评价，全球速卖通力压亚马逊和eBay等海外电商巨头，成为欧洲消费者最认可的电商平台。参见"TOP 100 Cross-Border Marketplaces Europe 2023"，欧洲跨境商务网站，https://www.cbcommerce.eu/blog/2023/10/12/top-100-cross-border-marketplaces-europe-2023/，检索日期：2024年3月11日。

[3]《习近平在中国-中东欧国家领导人峰会上的主旨讲话（全文）》，中国政府网，2021年2月9日，https://www.gov.cn/xinwen/2021-02/09/content_5586359.htm，检索日期：2024年3月11日。

三峡建设公司承建的波黑达巴尔水电站项目正式开工，极大地助力了波黑的能源安全和绿色转型。一大批绿色低碳项目的顺利推进为中国企业在巴尔干创造了良好的口碑，并为中国－中东欧国家合作增添了绿色动能。

（四）人文交流不断丰富，巴尔干国家的对华认知有所加深

近年来，中国与巴尔干国家关系有了长足的发展，而人文交流正是加深彼此了解与信任的关键支撑。自2012年中国－中东欧国家合作启动以来，中国与巴尔干国家形成了多层次、全方位的人文交流局面，涉及领域包括教育、旅游、体育、青年、科技等，取得了丰硕的合作成果。虽然2020年发生的新冠疫情使双方的人员往来被迫中断，但2023年，双方人文互动全面重启，交流热度甚至超过疫情前水平。2023年，中国同巴尔干国家开展了密切的高层交往。2023年10月，习近平主席会见来华出席第3届"一带一路"国际合作高峰论坛的塞尔维亚总统武契奇；11月，希腊总理米佐塔基斯来华进行正式访问，习近平主席同米佐塔基斯在北京人民大会堂举行会谈；11月，习近平主席会见来华出席第6届中国国际进口博览会的塞尔维亚总理布尔纳比奇。一系列高层互动进一步巩固了中国与巴尔干国家的传统友谊，为双方扩大人文交流奠定了良好的基础。在双方高层交往的带动下，自2023年以来，聚焦中国与中东欧的各类研讨会、讲座、论坛层出不穷，中国与巴尔干国家间的各类人文交流平台也恢复运转，平台领域得到进一步拓展。2023年，由中国－中东欧国家创新合作研究中心举办的第2届中国－中东欧国家青年科技人才论坛、由中国－中东欧国家智库交流与合作网络举办的第9届中国－中东欧国家高级别智库研讨会等相继成功举行，而中国－中东欧国家高校联合会体育学学科建设共同体的成立、中国－中东欧国家职业院校产教联盟正式纳入中国－中东欧国家合作框架等，强化了中国与巴尔干国家的人文"向心力"，并为双方人文领域的良性互动发展创造了有利契机。

二 部分巴尔干国家与中国的疏离因素

受大国博弈与俄乌冲突外溢效应加剧的影响，中国-中东欧国家合作受到很大影响，而巴尔干国家也在安全忧虑的作用与经济利益的吸引下，追随美欧的倾向有所上升，对华合作立场的"两面性"增强。

（一）欧盟东扩步伐加速，对华竞争态势进一步凸显

欧盟认为巴尔干国家的融入不仅关乎巴尔干国家利益，也关乎欧盟的核心政治与安全利益。面对中国与巴尔干国家经济合作热度的上升，欧盟不仅加大了对于巴尔干国家的经济支持力度，而且通过推进制度性协同，使欧盟价值观与原则在该地区得到推广，从而在政治、经济、文化等领域巩固巴尔干国家的"欧盟化"基础。

一方面，作为巴尔干国家最大的贸易与投资伙伴，欧盟不仅推动该地区国家加强区域经济合作，以及通过推进与该地区的非欧盟国家签署自由贸易协定，提升同该地区的贸易联系，而且不断加大投资力度，通过提高在地区的市场占有率，强化自身的经济主导地位。2020年欧盟委员会通过了西巴尔干经济和投资计划，计划从2021年至2027年长期预算中划拨资金，支持巴尔干地区交通、能源等领域的建设，以增加就业，促进该地区的经济增长。2023年12月8日，欧盟批准了总额达6.8亿欧元的一揽子投资计划，以支持包括巴尔干地区铁路运输和可再生能源在内的五个旗舰投资项目，这也是基于西巴尔干经济和投资计划的第六个金融计划。[①]

另一方面，欧盟通过构建制度性框架，促进巴尔干地区社会文化的转变，并强化其对欧盟的政治和价值观的认同。依托定期举行的欧盟-西巴

---

① "New Investments Approved Under the Economic and Investment Plan for the Western Balkans"，欧盟西巴尔干投资框架官网，2023年12月14日，https://www.wbif.eu/news-details/new-investments-approved-under-economic-and-investment-plan-western-balkans，检索日期：2023年12月31日。

尔干国家峰会、邀请巴尔干国家参加欧盟高级别活动等方式，欧盟就该地区国家入盟问题不断释放积极信号。2023年12月，欧盟-西巴尔干国家峰会在比利时首都布鲁塞尔举行，欧盟领导人在会后发表的《布鲁塞尔宣言》重申欧盟对西巴尔干国家加入欧盟的"全面和明确的承诺"，并呼吁西巴尔干国家深化改革以"加快入盟进程"。① 欧洲理事会主席米歇尔在峰会前也表示，峰会的举办为欧盟表明支持西巴尔干国家入盟的决心提供了契机，这将有利于促进西巴尔干国家的改革，使其进一步趋近入盟标准并加快形成与欧盟一致的基本价值观和原则。② 与此同时，面对地缘政治的需要，欧盟表现出较强的扩员意愿，但仍强调对西巴尔干国家民主、人权、法治改革的重视，并将其作为西巴尔干国家获得入盟资格的前提条件。欧盟对于自身规范性形象与价值观的推广，加快了西巴尔干国家同欧盟的观念趋同，从而为欧盟更广泛地介入西巴尔干国家的政治和经济发展提供了抓手。

欧盟将中国视为合作伙伴、经济上的竞争者和制度对手，而在欧洲舆论场中，"对手"的具体语境更是逐渐增多。③ 通过加大对巴尔干国家的经济投入和政治拉拢力度，欧盟正在努力增强在巴尔干国家的影响力，而对于中国与巴尔干国家合作空间的挤压也在逐步加强。

（二）美国加大介入力度，外部地缘压力明显升高

长期以来，美国都是巴尔干国家对外关系发展的重要外部变量。
一方面，美国将作为北约东翼的罗马尼亚、保加利亚视为同俄罗斯进行

---

① "EU-Western Balkans Summit Brussels Declaration"，欧洲理事会官网，2023年12月13日，https://www.consilium.europa.eu/media/68822/brussels-declaration-en.pdf，检索日期：2024年3月16日。
② "Remarks by President Charles Michel Before the EU-Western Balkans Summit in Brussels"，欧洲理事会官网，2023年12月13日，https://www.consilium.europa.eu/en/press/press-releases/2023/12/13/remarks-by-president-charles-michel-before-the-eu-western-balkans-summit-in-brussels/，检索日期：2024年3月16日。
③ 刘作奎：《欧盟和中国关系中的西巴尔干问题——场域理论视角下"对手"语境的形成与启示》，《欧洲研究》2021年第2期，第25~51页。

对抗的军事前沿地带,通过大肆渲染假想敌,并激发部分巴尔干国家"恐俄"心态,持续推进同该地区国家的军事合作。截至2020年,美国已在保加利亚、希腊、罗马尼亚、阿尔巴尼亚、北马其顿等多个巴尔干国家建立了军事基地或情报基地,以不断扩充军事力量和军事设施,提升了美国在巴尔干地区的军事存在,并加强了该地区国家对美国的安全依赖。① 另一方面,除了利用安全和军事合作强化对盟友的"控制",美国近年来还着力加强在巴尔干的经济存在,特别是通过支持"三海倡议",寻求与该地区国家的利益捆绑。美国以提升能源安全为由头,大力向巴尔干国家贩售液化天然气、页岩气等,并且企图将"三海倡议"打造为"一带一路"倡议以及中国-中东欧国家合作的替代方案,通过更大规模的基础设施投资,扩大对巴尔干国家的影响力,并借此契机传播西方的理念、价值观,甚至插足巴尔干国家内部事务。

在中美战略竞争加剧的背景下,巴尔干国家面临更大的战略选择压力,为了构筑更加有利于自身发展与安全的对外依存关系,部分巴尔干国家倾向于疏离中国以显示其对美忠诚。如罗马尼亚曾在2020年单方面宣布将取消与中企关于切尔纳沃德核电站中的三号和四号核电机组的建造订单,转而与美国电力企业开展合作。2023年,罗马尼亚对华立场仍受美国和北约立场牵制,政治层面对华负面认知增强,民众对华友好度下降。罗马尼亚民意调查机构INSCOP Research 2023年的一份调查数据显示,罗马尼亚人对华持积极态度的比例降低,仅占36.3%,在友好排名中处于末尾,仅领先于俄罗斯。② 可以说,中国和巴尔干国家关系深受美国因素影响,面对地缘环境的恶化,处于地缘政治"断裂带"上的巴尔干国家对美

---

① 朱晓中:《中东欧地区的大国因素:利益格局及其影响》,《当代世界》2020年第4期,第10~16页。
② "NOVEMBER 2023: INSCOP Research Opinion Poll, Commissioned by News. ro. Part VI (After 10 Years: Romanians' Attitude Towards Other Countries. Comparison 2013–2023)", INSCOP Research官网,2024年1月10日,https://www.inscop.ro/en/november-2023-inscop-research-opinion-poll-commissioned-by-news-ro-part-vi-after-10-years-romanians-attitude-towards-other-countries-comparison-2013-2023/,检索日期:2024年3月11日。

倚重度可能进一步提高，这将直接冲击中国与巴尔干国家的政治互信，给双方关系发展造成显著负面影响。

（三）巴尔干各国利益诉求差异明显，合作成效有所不同

一是巴尔干各国无论在经济水平、人口规模，还是在外交倾向、合作定位等方面均存在着巨大的客观差异，这直接导致了不同国家同中国开展合作时，策略倾向存在明显区别。如保加利亚、克罗地亚等国由于入盟时间较短，十分关注其"欧盟身份"的国际认同，其更愿意依附于欧盟，并优先选择与欧盟开展合作，其同中国的合作关系存在一定的脆弱性。对于未入盟的塞尔维亚等国来说，它们更加需要欧盟外的支持以保证发展节奏，这为其同中国开展合作创造了有利条件。同时，中国对巴尔干国家的基础信息也缺乏足够的了解，难以形成清晰的对接思路与合理的合作切入点，这抑制了双方合作能效的释放。

二是俄乌冲突后西方加大了对于中方立场的炒作力度，而巴尔干国家也更加倾向于从地缘政治视角解读中俄关系，其对于安全威胁的认知无形之中影响了巴尔干国家的对华态度。一项关于中东欧国家对华立场的民意调查显示，66%的受访者认为中俄的友好关系以及中国对俄的立场是造成中东欧对华立场恶化的重要因素，61%的受访者对华持负面看法。[①] 可见，俄乌冲突给中国与巴尔干国家间的互信带来了一定干扰，双方关系也在部分国家怀疑和不满情绪的上升中呈趋冷态势。

三 强化中国和巴尔干国家关系的着力方向

中国和巴尔干国家关系正处于复杂的国际互动情境之中。面对双方合作

[①] Ankita Dutta, "From Pragmatism to Failed Influence—Shifting Eastern Europe-China Relations", 观察家研究基金会网站，2023 年 3 月 27 日，https://www.orfonline.org/expert-speak/shifting-eastern-europe-china-relations，检索日期：2024 年 3 月 16 日。

阻力的上升，中国应妥善协调各方利益关系，明确应对思路，为中国和巴尔干国家的合作排除障碍、拓展空间。

（一）发掘利益交汇点，发挥中国与欧盟在巴尔干地区的协同效应

欧盟对中国巴尔干政策的警惕主要源于担心中国在该地区影响力的上升，削弱欧盟地区政策的有效性，特别是导致巴尔干国家的入盟进程被耽误。面对欧盟的政治焦虑，中国应借助高层互访、机制性对话以及媒体传播等方式，主动表达支持欧盟一体化与战略自主的诚意，并通过积极寻求"中国+欧盟+巴尔干国家"的三边合作新机制，推动中欧在巴尔干地区的利益趋同和统一，以减少经济竞争导致的矛盾，为缓解中欧排他性的博弈困境创造良好条件。

同时，巴尔干国家和欧盟在经济发展与互联互通方面存在着客观的"发展鸿沟"，中国与欧盟应通过协商规划，推进在巴尔干地区项目的选择与落地，并且加强双方在规则、规制、管理、标准等方面的对接，在提升双方互惠互联水平的基础上，充分发挥好"中国力量"，缩小"发展鸿沟"，从而使中国与欧盟在促进巴尔干国家经济发展中形成有益互补，进而给巴尔干国家入盟进程带来积极影响。此外，当前巴尔干国家的基建资金主要来自欧盟，而建设也主要由欧盟企业承担。中国作为"后来者"，频繁推进大型项目落地自然容易招致市场排挤以及来自欧盟的政治疑虑。中国可尝试由"少而大"的项目模式转向"多而小"的项目模式，这不仅可降低中企的投资风险，而且有利于缓解欧盟的抵触情绪，避免欧盟将中国投资行为与政治挂钩。

（二）精准回击美国的遏制打压，缓解巴尔干国家的对华疑虑

当前，巴尔干地区已成为美国地缘战略中的关键环节，为了巩固其在该地区的势力范围，并对冲中国日益上升的地缘影响力，美国近年来不断加大在巴尔干的战略延伸力度，甚至将中美全面战略竞争直接引入其在巴尔干的战略构想，从而挤压中国与该地区国家的合作与发展空间。

首先，面对美国的一系列"污名化"指责与恶意打压，中国应坚决回击，并提升议题设置能力，主动揭示美国的霸权意图，对美国的"画饼造梦"行为进行批驳，重塑巴尔干国家的对华政治判断与民众认知。其次，巴尔干国家一直被美国作为战略棋子使用，美方并没有真诚地提供公共产品、寻求双赢合作，因此很容易出于利益需要而置盟友的诉求于不顾。中国要保持战略定力，精准地提供巴尔干国家真正需要的公共产品，特别是在俄乌冲突持续的背景下，聚焦巴尔干国家关键"痛点"，扩大在能源、关键原材料等核心领域的供需关联，弥补该地区国家的短期缺口，提升其与中国合作的获得感，并减轻其对美国的过度依赖。最后，美国加大在巴尔干的投入力度，其核心目的之一就是利用在该地区的影响力牵制、分化欧盟，使之难以形成有效合力，从而进一步巩固美国在欧洲的主导地位。因此，中国应利用好欧盟对独立自主的诉求与美欧战略分歧，全力维护好中国与欧盟互利共赢的主基调，在弱化美国对欧牵制的同时，为中国与欧盟在巴尔干地区对接争取更多的信任、打造更大的动能。

（三）坚持务实导向，提升中国与巴尔干国家的合作质量和成效

近年来，中国和巴尔干国家的合作得到较快发展，其根本动力源于双方坚持以经济合作为重心，在遵循市场经济规律的基础上，推动双方发展的互需互补和互惠互利。新冠疫情对巴尔干地区的影响尚未完全消散，俄乌冲突的持续使该地区的经济和民生再受重创。缓解国内经济压力、加快经济复苏进程成为巴尔干各国政府的首要目标和民众的头等期望。中国应充分聚焦巴尔干国家市场刚需，适度调整务实合作策略，在积极开拓贸易投资新机遇的基础上，优化重点合作方向，对于长期欠活跃、无成果的领域适当减少投入，对于发展前景好、民生外溢性强的项目给予积极引导，在"深耕细作"中提升合作成效，并在增进民生福祉中拉紧民心纽带。同时，中国应厘清与巴尔干各国的双边关系定位，切忌在合作中"一刀切"。巴尔干国家对华政策趋向存在异质性，且因国情不同，合作诉求也千差万别。中国应加强因国施策，甚至因城施策，以菜单式合作的方式，提升不同主体的参与积极性，

并提升合作的精准性和效率。此外，面对部分巴尔干国家对于中国在俄乌冲突立场上的误解，中国既应主动增信释疑，也要对负面声音保持一定的达观心态，避免同部分立场激进的国家陷入对抗局面，为中国与巴尔干国家关系营造更加和谐的发展氛围。

巴尔干地区与国别专题篇

B.9
2023年罗马尼亚外交：依托欧美增强地区影响力

曲 岩*

摘　要： 2022年2月俄乌冲突爆发之后，因地处冲突前沿地带，罗马尼亚采取积极的外交政策，在欧盟和北约框架内寻求更强的安全保障，并继续深化与美国的战略伙伴关系，参与多边合作组织的活动，推动提升黑海地区的战略地位。2023年，罗马尼亚外交政策依然以同欧盟、北约和美国的关系为三大支柱关系，取得了较大进展，部分实现了进入申根区的夙愿。在其所在地区，罗马尼亚始终推动摩尔多瓦向欧洲一体化迈进，在其中扮演非常重要的角色。

关键词： 罗马尼亚　外交　北约　欧盟

---

* 曲岩，博士，中国社会科学院俄罗斯东欧中亚研究所转型和一体化理论研究室助理研究员，主要研究方向为罗马尼亚政治转型与发展。

2023年罗马尼亚外交：依托欧美增强地区影响力

2022年2月俄乌冲突爆发之后，欧洲地缘政治局势发生巨大变化，毗邻乌克兰的中东欧国家面临巨大的外交挑战。2022年以来，位于冲突前沿地带的罗马尼亚采取了活跃的外交政策，在努力维护双边关系的同时，积极参与巴尔干地区黑海沿岸的多边合作机制，维护对巴尔干地区意义重大的黑海地区安全，努力成为北约和欧盟在巴尔干地区和黑海沿岸的支柱与盟友。罗马尼亚期望借助北约和美国的力量，成为黑海地区的"安全供应者"。2023年，罗马尼亚延续2022年以来的对外战略路线，在外交领域取得较大进展。

在欧盟范围内，罗马尼亚终于部分获得了申根区成员国身份，开放海空边境。在罗马尼亚的帮助与推进下，摩尔多瓦继续向着欧洲一体化不断迈进。北约继续进一步加强东翼，尤其是黑海地区的军事部署。罗马尼亚和美国的战略伙伴关系得到进一步推进。此外，罗马尼亚还积极参与"布加勒斯特9国模式"①峰会并成功举办"三海倡议"峰会。这些都是罗马尼亚对国家周边安全环境巨大变化的回应，是罗马尼亚在保障自身国家安全与利益的同时，实现安全与外交目标任务的努力，也体现了罗马尼亚期望在本地区拥有更为深远影响力的抱负与愿望。

一 外交政策支柱稳定不变

罗马尼亚的外交政策一直围绕着融入欧洲-大西洋框架而制定。近年来，随着地缘政治的变化，罗马尼亚希望抓住这一战略机遇，在欧盟内和黑海地区扮演更积极的角色，外交上继续坚持共同价值观下的多边主义合作，同时继续大力推进与美国的战略伙伴关系。

从罗马尼亚领导人的官方表态到罗政府有关外交政策方向的官方文件，都展现出这一明显趋势。综合2021年11月颁布的罗马尼亚政府《执政纲领

---

① "布加勒斯特9国模式"由波兰和罗马尼亚两国倡议成立，包括北约东翼9个成员国，即罗马尼亚、保加利亚、匈牙利、拉脱维亚、立陶宛、波兰、捷克、斯洛伐克和爱沙尼亚。第一次峰会于2015年在布加勒斯特召开。

（2021~2024）》和2023年6月罗总理马切尔·乔拉库上台后颁布的新《执政纲领（2023~2024）》，可以看出罗马尼亚外交政策仍然围绕三大支柱展开：加强罗马尼亚在欧盟中的作用、巩固在北约中的地位，以及继续发展并深化与美国的战略伙伴关系。

《执政纲领（2023~2024）》指出，鉴于俄乌冲突对罗马尼亚的巨大影响，罗马尼亚在外交政策上应在安全和经济方面继续积极、主动和迅速地应对变局，利用好这一背景下出现的机会。① 因此，罗马尼亚政府将继续坚定不移地加强国家安全，积极参与北约、欧盟等组织的各种多边层面的活动，有效应对各种挑战与变革，增强抵御危机的能力。《执政纲领（2023~2024）》尤其强调要加强与"具有共同价值观和目标"伙伴的关系，并且"减少或消除对那些有相反主张并影响我们实现目标"的行动体的依赖。②

2023年8月29~30日，在一年一度的外交集会上，罗马尼亚总统克劳斯·约翰尼斯（Klaus Iohannis）就该国一年来取得的外交成就和未来的外交与安全目标发表演讲，其中重申了罗马尼亚外交政策的三大支柱，以及支持和促进区域内和全球层面的民主价值观、支持有效多边主义、促进并遵守国际秩序的外交理念。③ 在此基础上，约翰尼斯明确了罗马尼亚外交未来的优先事项。在欧洲层面，罗马尼亚将自己定位为"平衡与稳定的因素以及建设性的参与者"，坚定地致力于落实新的强有力且高效的战略议程，巩固

---

① "Programul de guvernare（2023-2024）"，罗马尼亚政府网站，https://gov.ro/fisiere/pagini_fisiere/23-06-16-12-32-52Programul_de_Guvernare_2023-2024.pdf，检索日期：2024年1月31日。

② "Programul de guvernare（2023-2024）"，罗马尼亚政府网站，https://gov.ro/fisiere/pagini_fisiere/23-06-16-12-32-52Programul_de_Guvernare_2023-2024.pdf，检索日期：2024年1月31日。

③ "Discurs sus ținut cu prilejul primirii șefilor de misiuni diplomatice, a șefilor oficiilor consulare șia directorilor Institutelor culturale române ști cu ocazia Reuniunii Anuale a Diploma ției Române"，罗马尼亚总统网站，2023年8月29日，https://www.presidency.ro/ro/presedinte/agenda-presedintelui/discurs-sustinut-cu-prilejul-primirii-sefilor-de-misiuni-diplomatice-a-sefilor-oficiilor-consulare-si-a-directorilor-institutelor-culturale-romanesti-cu-ocazia-reuniunii-anuale-a-diplomatiei-romane，检索日期：2024年12月20日。

欧洲的团结与统一。其中，推进罗马尼亚加入申根区是重要目标。在北约层面，约翰尼斯表示将继续与盟友密切合作，强调黑海的战略重要性，并将继续提高这一议题在北约议程中的地位。在有关黑海的问题上，约翰尼斯重点指出"三海倡议"在这一地区的重要意义。在深化与美国的战略伙伴关系方面，约翰尼斯强调要继续推动美国增强在黑海地区的军事、经济、能源和政治影响力，并努力推动美国给予罗马尼亚公民免签待遇。此外，罗马尼亚还将继续巩固同亚太地区"具有共同价值观和目标的伙伴国家"之间的关系，如日本、韩国、印度和新加坡等。

二 入盟后表现稳中求破

自2007年加入欧盟以来，虽然罗马尼亚的欧洲化水平不如波兰、捷克等更早入盟的中东欧国家，但对欧盟和欧洲一体化的支持一直保持较为稳定的状态[①]，罗马尼亚民众对欧盟持积极看法的比例一直很高。[②] 在俄乌冲突持续的大背景下，罗马尼亚继续支持并推动欧盟政策的发展与落实，在强调增强欧洲复原力与凝聚力的同时，重视数字化转型、绿色转型和能源安全的问题。2023年，罗马尼亚在欧盟范围内最大的突破是部分实现了加入申根区这一夙愿。

（一）部分加入申根区

自入盟以来，加入申根区在罗马尼亚外交政策目标中始终占有重要地

[①] 2017~2019年社民党执政时期，罗马尼亚曾与欧盟发生过较明显的分歧，相关分析参见 Miruna Butnaru Troncotă and Drago şIoniţă, "EU's Eastern Discontents—When Top-down and Bottom-up Politicization Collide—The Case of Romania in the Future of Europe Debate", *Journal of Contemporary European Studies*, May 17, 2022. 另有关罗马尼亚欧洲化水平的讨论可参见鞠豪、苗婷婷《罗马尼亚的欧洲化水平评估——基于规范性和认知性要素的分析》，《俄罗斯东欧中亚研究》2018年第4期，第108~158页。

[②] 鞠豪、苗婷婷：《罗马尼亚的欧洲化水平评估——基于规范性和认知性要素的分析》，《俄罗斯东欧中亚研究》，2018年第4期，第123页。

位。2023年12月30日，欧盟理事会宣布从2024年3月31日起取消罗马尼亚与保加利亚的空中和海上边境管制，同意两国部分加入申根区。尽管罗马尼亚早已满足加入申根区的技术条件，欧洲议会也已投票表示同意其加入，但是获得申根区成员国的身份必须获得全部成员国的同意。此前，德国、法国、荷兰等申根区老成员国曾明确表示，因为罗马尼亚腐败问题严重、边境管理不力，反对其加入申根区。2022年12月，欧盟司法与内政部长会议就申根区问题进行投票，一致通过了克罗地亚加入的申请，但罗马尼亚与保加利亚的申请再次遭到少数老成员国的反对，荷兰出于对保加利亚的腐败和有组织犯罪问题的担忧，反对其加入申根区，奥地利则因为移民导致的安全问题反对罗、保两国加入。在此之后，罗马尼亚采取多种努力，敦促奥地利改变这一决定。罗马尼亚多次与奥地利政府官员就加入申根区问题展开对话。例如，"三海倡议"峰会期间，约翰尼斯总统会见参加峰会的奥地利总统，就申根区问题进行磋商。

对于奥地利对罗马尼亚加入申根区的反对立场，罗官员有过比较激烈的言论。2023年9月，乔拉库总理在一份声明中表示，如果奥地利总理再次无理由使用否决权，他将向欧洲法院提起诉讼，要求赔偿罗马尼亚因未能加入申根区造成的损失，额度至少是罗马尼亚GDP的2%。[①] 国家自由党副主席拉雷斯·博格丹（Rareş Bogdan）也表示，罗马尼亚有可能会寻求除外交以外的解决办法，如经济制裁等方式，以对奥地利的否决表示反对。[②] 随后，奥地利媒体报道，罗马尼亚"阻挠奥地利官员参加北约会议"。根据规定，奥地利不是北约成员国，其驻北约联络官的认证批准需要全体成员国的同意，而罗马尼亚提出批准奥地利驻北约联络官的认证需要更多的时间，奥

[①] "Romania Threatens Austria with Lawsuit over Stalled Schengen Accession"，政治新闻网，2023年9月15日，https://www.politico.eu/article/romania-austria-schengen-accession-lawsuit-marcel-ciolacu-croatia-bulgaria/，检索日期：2024年1月31日。

[②] "Romania Using Unconventional Means to Press Austria into Lifting Schengen Veto"，欧洲动态网，2023年9月27日，https://www.euractiv.com/section/politics/news/romania-using-unconventional-means-to-press-austria-into-lifting-schengen-veto/，检索日期：2024年1月31日。

地利媒体认为这种拖延就是对奥地利否决罗马尼亚加入申根区的明显报复。① 2023 年 11 月，有消息称罗马尼亚在推动分阶段加入申根区的方案。② 12 月，罗马尼亚内政部长在与奥地利内政部长就申根区问题再次会商之后表示，罗马尼亚的"努力已经取得了成果，奥地利的立场将变得更加灵活"③。最终这一方案得到落实，奥地利同意的条件是罗、保两国要加强边境管理，并接收更多的难民。2024 年 3 月 31 日起，罗马尼亚与保加利亚空中和海上边境将正式按照申根区国家边境管理方式进行管理。

（二）响应与落实欧盟政策

2023 年 11 月，欧盟委员会批准了罗马尼亚修改后的国家复苏与复原力计划，并给予积极评估，罗马尼亚由此获得了大约 285 亿欧元的资金。重新更新的章节包括"为欧盟重新供能"（RePower EU）章节，主要是响应欧盟能源转型和绿色转型的倡议，具体内容包括加速绿色能源发电、提高建筑能源效率、培养绿色能源发电领域劳动力的技能，并且将可用资金的 44.1% 用于支持气候目标的措施。此外，修订后的计划还提高了对数字化转型的拨款，约占总资金的 21%。④

在欧盟框架内，罗马尼亚一直支持欧盟对乌克兰的各项援助政策。2023 年，乌克兰粮食出口问题引发了欧盟内部分歧，罗马尼亚对这一问题的反应

---

① "Presa austriacă: România blochează accesul Austriei la NATO, ca răzbunare pentru veto-ul pe Schengen"，罗马尼亚 Digi24 新闻网，2023 年 9 月 23 日，https://www.digi24.ro/stiri/externe/presa-austriaca-romania-blocheaza-accesul-austriei-la-nato-ca-razbunare-pentru-veto-ul-pe-schengen-2516161，检索日期：2024 年 1 月 31 日。

② "Romania's Schengen Accession Will Not Be Voted on at JHA's December Meeting"，欧洲动态网，2023 年 11 月 29 日，https://www.euractiv.com/section/politics/news/romanias-schengen-accession-will-not-be-voted-on-at-jhas-december-meeting/，检索日期：2024 年 1 月 31 日。

③ "Predoiu spune că important este că Austria și-a schimbat poziția privind Schengen: Ne aș teptam"，罗马尼亚真理网，2023 年 12 月 10 日，https://adevarul.ro/politica/predoiu-spune-ca-important-este-ca-austria-si-a-2323150.html，检索日期：2024 年 12 月 20 日。

④ "Commission Endorses Romania's € 28.5 Billion Modified Recovery and Resilience Plan, Including a RePower EU Chapter"，欧盟委员会网站，2023 年 11 月 21 日，https://ec.europa.eu/commission/presscorner/detail/en/ip_23_5918，检索日期：2024 年 12 月 20 日。

没有波兰、斯洛伐克和匈牙利那样激烈。罗马尼亚未延长针对乌克兰粮食进口的限制性措施，但受到本国农民上街游行抗议的压力，2023年10月，罗马尼亚政府出台紧急法令，限制乌克兰部分农产品种类进入罗马尼亚。在粮食转运方面，罗马尼亚为乌克兰提供了巨大帮助。俄乌冲突爆发之前，罗马尼亚就是乌克兰粮食出口转运线路的重要节点。2023年8月，乌克兰总理什梅加尔访问罗马尼亚时与总理乔拉库签署了关于乌克兰粮食通过罗马尼亚转运的协议。约翰尼斯总统与乌克兰总统泽连斯基会面时表示，乌克兰每月通过罗马尼亚港口的农产品数量将翻一番，并且将新开一条粮食运输的铁路线。数据显示，2023年罗马尼亚黑海港口康斯坦察港谷物出口量创下新纪录，其中乌克兰粮食约占40%。①

罗马尼亚还继续为乌克兰提供军事援助。两国总统会面时，约翰尼斯总统表示，支持乌克兰代表了罗马尼亚的战略利益，两国正在为提升双边关系至战略伙伴关系做准备。② 泽连斯基表示，自俄乌冲突发生以来，罗马尼亚已经向乌克兰提供了15个军事方案。作为北约成员国的罗马尼亚拥有乌克兰急需的军事装备，可以为乌克兰士兵提供良好的训练保障。2023年11月，罗马尼亚在东南部的费泰什蒂（Feteşti）空军基地开设了一个F-16战斗机飞行员国际培训中心，支持对乌克兰飞行员的培训，这是帮助乌克兰加强空中防御能力的重要支持措施之一。

三 积极推进摩尔多瓦欧洲一体化进程

罗马尼亚新政府在《执政纲领（2023~2024）》中明确指出："作为外交政策的重中之重，罗马尼亚将继续支持摩尔多瓦共和国的欧洲一体化。与

---

① "Ukraine Drives Record Grain Exports at Romania's Constanta Port"，英国路透社新闻网，2024年1月10日，https://www.reuters.com/markets/commodities/ukraine-grain-pushes-romanian-constanta-port-record-volumes-2023-2024-01-10/，检索日期：2024年1月31日。

② "Opinie: Ce-a obținut Zelenski în România. Dar Iohannis?"，德国之声新闻网，2023年10月11日，https://www.dw.com/ro/opinie-ce-a-ob%C8%9Binut-zelenski-%C3%AEn-rom%C3%A2nia-dar-iohannis/a-67062211，检索日期：2024年1月31日。

摩尔多瓦建立语言、历史和文化共同体,并从欧洲一体化角度构建共同空间。"① 罗马尼亚从政治交往、贸易往来、项目投资、技术援助等方面,利用欧盟的框架全方位协助摩尔多瓦加速欧洲一体化的进程。

2023年,罗马尼亚和摩尔多瓦两国的高层互动频繁,为两国进一步合作确立了方向。2023年2月,罗马尼亚总统约翰尼斯在布加勒斯特会见摩尔多瓦总统玛雅·桑杜(Maia Sandu)。桑杜表示,摩尔多瓦感谢罗马尼亚"真诚、无私的帮助"。4月,德国总理奥拉夫·朔尔茨(Olaf Scholz)访问罗马尼亚之际,与约翰尼斯、桑杜在布加勒斯特举行了三方会谈,讨论当前摩尔多瓦的安全形势、入盟与援助等问题。9月,桑杜受邀赴布加勒斯特参加"三海倡议"峰会,再次与约翰尼斯就摩尔多瓦入盟、两国战略互联等问题展开对话。罗马尼亚总统和总理多次公开表示,罗马尼亚会尽最大努力帮助摩尔多瓦入盟。②

罗马尼亚现在是摩尔多瓦主要的经济贸易合作伙伴。数据显示,罗马尼亚是摩尔多瓦最大的进出口贸易对象国。③ 在投资方面,罗马尼亚政府加强推进与摩尔多瓦在能源和交通基础设施建设方面的互联互通。2023年5月,罗马尼亚与摩尔多瓦签订了关于翻新修建三座普鲁特河④大桥的协议;9

---

① "Programul de guvernare(2023-2024)",罗马尼亚政府网站,第5页,https://gov.ro/fisiere/pagini_fisiere/23-06-16-12-32-52Programul_de_Guvernare_2023-2024.pdf,检索日期:2024年1月31日。

② "Premierul Dorin Recean, la întrevederea cu Președintele României, Klaus Iohannis: Republica Moldova și România au relații cu totul speciale-cu fiecare zi mai solide",摩尔多瓦共和国政府网站,2023年3月1日,https://gov.md/ro/content/premierul-dorin-recean-la-intrevederea-cu-presedintele-romaniei-klaus-iohannis-republica,检索日期:2024年12月20日;"Ciolacu s-a întâlnit cu Maia Sandu: România susține asocierea Republicii Moldova cu I3M și integrarea acesteia în UE",Digi24新闻网站,2023年9月6日,https://www.digi24.ro/stiri/actualitate/politica/ciolacu-s-a-intalnit-cu-maia-sandu-romania-sustine-asocierea-republicii-moldova-cu-i3m-si-integrarea-acesteia-in-ue-2494535,检索日期:2024年12月20日。

③ "România a fost și este principalul partener comercial al Republicii Moldova",摩尔多瓦Ipn新闻网,2023年12月18日,https://www.ipn.md/ro/romania-a-fost-si-este-principalul-partener-comercial-al-7965_1101741.html,检索日期:2024年1月31日。

④ 普鲁特河源于乌克兰西南部东喀尔巴阡山东北坡,向东南流经摩尔多瓦和罗马尼亚,是摩罗两国的界河,最终注入多瑙河,全长950公里。修建跨河大桥对摩罗两国互联互通具有重大意义。

月，该协议获得罗马尼亚政府的批准，并开始准备招标。此前签订的关于修建普鲁特河翁盖尼（Ungheni）公路桥项目也有了新的进展，该项目获得了来自欧盟的资金支持。欧盟委员会批准欧洲联通基金（Connecting Europe Facility）的1650万欧元无偿基金用于大桥修建，2023年5月，在康斯坦察举行了基金发放仪式，欧盟负责交通运输的官员阿迪娜·瓦林（Adina Vălean）与罗马尼亚交通和基础设施部长索林·格林代亚努（Sorin Grindeanu）出席了仪式。① 这些基础设施的修建极大地加强了普鲁特河两岸居民的人员交往与经贸活动。

在能源方面，罗马尼亚一直助力摩尔多瓦摆脱对俄罗斯的依赖，并接入欧洲能源市场与供应体系。作为与欧盟谈判的一部分，摩尔多瓦承诺将天然气生产、运输、分配和供应分拆，而原来的运营商、50%股份由最大股东俄罗斯天然气工业股份公司持有的Moldovatransgaz拒绝满足分拆和认证的要求。2023年9月开始，摩尔多瓦国内的天然气输送网络由Vestmoldtransgaz公司管理，该公司由罗马尼亚天然气运输系统运营商Transgaz和欧洲复兴开发银行共同控股。目前，Vestmoldtransgaz公司拥有雅西—翁盖尼—基希讷乌天然气管道。2023年12月，罗摩两国能源部长还签署了有关天然气和电力网络互联互通项目的谅解备忘录，这代表两国将继续深化在能源领域的合作。备忘录提到，两国将在天然气领域进一步合作，通过扩建基希讷乌环线天然气管道，延长雅西—翁盖尼—基希讷乌天然气管道，并设法提高管道运输能力。此外，两国还将继续合作开展具有重要战略意义的电力连通项目，架设从罗马尼亚苏恰瓦（Suceava）到摩尔多瓦波尔茨（Bălți）的400千瓦空中电力线路，并扩建苏恰瓦和波尔茨的400千瓦电站，协调两国关于电力市场税务和海关制度的相关立法，实现罗马尼亚胡希（Huși）到摩尔多瓦

---

① "Poduri noi peste Prut între România și Republica Moldova: Guvernul aprobă indicatorii pentru Podul de la Ungheni, parte din proiectul Autostrăzii Unirii-A8"，罗马尼亚Economedia新闻网，2023年5月10日，https://economedia.ro/poduri-noi-peste-prut-intre-romania-si-republica-moldova-guvernul-aproba-indicatorii-pentru-podul-de-la-ungheni-parte-din-proiectul-autostrazii-unirii-a-8-finantare-europeana-neramburasabila-de-82.html，检索日期：2024年1月31日。

乔瓦拉（Cioara）现有的110千瓦输电线的连通。① 两国还将在民用核电领域加强合作。2023年7月，罗马尼亚Nuclearelectrica与摩尔多瓦Energocom两大国有公司签署了一份谅解备忘录，为摩尔多瓦参与罗马尼亚切尔纳沃德核电站扩建项目打开了大门，摩尔多瓦也将通过这个项目获得更多更便宜的电力供应。

罗马尼亚在多种场合表示支持摩尔多瓦与乌克兰尽快加入欧盟，并支持两国在2023年内开启入盟谈判。罗马尼亚利用自身经验，在技术层面助力摩尔多瓦入盟。2023年9月，罗马尼亚前欧盟谈判代表对摩尔多瓦官员进行了为期两周的入盟条约培训，并展开了模拟谈判，还就欧盟基金管理等问题向摩方人员提供培训。② 10月，罗马尼亚议会通过一项法案，将成立支持摩尔多瓦入盟研究院（Institutul pentru Sprijinirea Integrării Republicii Moldova în Uniunea Europeană），对摩尔多瓦入盟提供技术支持。此外，在罗马尼亚和德国、法国的倡议下，成立了摩尔多瓦支持平台（Platforma de sprijin pentru Republica Moldova），该平台联合欧盟、G7成员国、国际金融机构和其他国际组织的资源，为摩尔多瓦提供政治、金融和物资支持。2023年10月，平台第四次会议在摩尔多瓦首都基希讷乌举行，这期间摩尔多瓦签署了多项融资协议和援助备忘录，将在基础设施、能源和气候变化等方面获得资金和技术支持。③

---

① "România va colabora cu republica moldova pentru continuarea realizării proiectelor necesare interconectării rețelelor de gaze naturale și energie electrică"，罗马尼亚能源部官网，2023年5月17日，https：//energie.gov.ro/romania-va-colabora-cu-republica-moldova-pentru-continuarea-realizarii-proiectelor-necesare-interconectarii-retelelor-de-gaze-naturale-si-energie-electrica-2/，检索日期：2024年1月31日。

② "România va oferi Republicii Moldova asistență tehnicăpe perioada negocierilor de aderare la UE"，Europalibera，2023年10月24日，https：//moldova.europalibera.org/a/romania-va-oferi-republicii-moldova-asistenta-tehnica-pe-perioada-negocierilor-de-aderare-la-ue-/32652052.html，检索日期：2024年1月31日。

③ "Șase acorduri de finanțare, semnate în cadrul platformei de sprijin pentru republica moldova"，摩尔多瓦政府网站，2023年10月17日，https：//gov.md/ro/content/sase-acorduri-de-finantare-semnate-cadrul-platformei-de-sprijin-pentru-republica-moldova，检索日期：2024年3月4日。

四 积极参与北约框架内行动

罗马尼亚一直以来非常重视北约对黑海地区安全的维护。俄乌冲突爆发之后，罗马尼亚不遗余力地推动北约在东翼地区的战略部署。罗马尼亚政府在《执政纲领（2023~2024）》中明确提到，罗马尼亚将继续执行马德里峰会有关巩固盟军东翼阵地的决定，并支持盟军在黑海地区的存在。① 罗马尼亚在北约的最大诉求是提升黑海地区的战略地位，改变北约在黑海的战略。2023年7月，北约在维尔纽斯举行峰会，罗马尼亚的诉求基本得到实现，② 即继续加强北约在黑海地区的威慑态势，建立真正的前沿防御体系，并为乌克兰以及摩尔多瓦提供更多的帮助。《维尔纽斯宣言》提到，黑海对于欧洲-大西洋安全具有重要战略意义。③ 另一项重大成果是，在罗马尼亚的支持下，摩尔多瓦首次参加了北约峰会，摩尔多瓦问题也被成功列入峰会议程。《维尔纽斯宣言》表明了对摩尔多瓦领土完整和主权的支持，要求俄罗斯从德涅斯特河沿岸撤军，并表示北约将帮助摩尔多瓦增强防御能力。④ 北约加强其黑海地区的军事力量部署，与罗马尼亚的持续呼吁和努力是分不开的。约翰尼斯总统多次公开表示，罗马尼亚的安全是由北约提供的，罗马尼亚将继续努力加强北约在罗马

---

① "Programul de guvernare (2023-2024)"，第135页，罗马尼亚政府网站，https://gov.ro/fisiere/pagini_fisiere/23-06-16-12-32-52Programul_de_Guvernare_2023-2024.pdf，检索日期：2024年1月31日。

② "Klaus Iohannis, despre ce a obținut România în urma summitului NATO: Vom accelera procesele legate de pre-pozi ționarea de echipamente"，Hotnews新闻网，2023年7月12日，https://hotnews.ro/klaus-iohannis-despre-ce-a-obtinut-romnia-n-urma-summitului-nato-vom-accelera-procesele-legate-de-pre-pozitionarea-de-echipamente-55729，检索日期：2024年12月20日。

③ "Vilnius Summit Communiqué"，北约网站，2023年7月11日，https://www.nato.int/cps/pt/natohq/official_texts_217320.htm，检索日期：2024年12月20日。

④ "Vilnius Summit Communiqué"，北约网站，2023年7月11日，https://www.nato.int/cps/pt/natohq/official_texts_217320.htm，检索日期：2024年12月20日。

尼亚领土上的存在。①

2023年，为增强盟国的战斗能力和互联互通性，北约在罗马尼亚和黑海地区举行了密集的军事演习。2月，驻扎罗马尼亚的北约美国和法国部队在俄乌冲突一周年之际在罗马尼亚举行了军事演习。3月，名为"海盾2023"的系列演习在黑海地区举行，此次海上和空中演习有来自北约12个成员国和伙伴国家共3400名军事人员参加。5月，"军刀卫士2023"在罗马尼亚举行，共有9支北约伙伴部队参与。6月，名为"达契亚打击"的军事演习在多瑙河黑海入海口地区举行。位于布加勒斯特的北约东南部多国师总部组织了这次活动，来自保加利亚、法国、意大利、罗马尼亚和美国的部队参加了演习。此外，北约在罗马尼亚的军备力量也在增强。2023年1月，北约在布加勒斯特部署机载预警和控制系统侦察机，以密切监视俄罗斯的军事活动。11月，罗马尼亚开设F-16战斗机飞行员国际培训中心。罗马尼亚国防部表示这将有利于增强北约盟国之间的互联互通性，并更好地应对东欧和黑海地区复杂的挑战。②

五　继续深化与美国的战略伙伴关系

2014年乌克兰危机首现之后，巩固并深化罗美战略伙伴关系成为罗马

---

① "Parlament-Președintele Iohannis a transmis informări despre misiunile din teatrele de operaţii şi acţiuni NATO în România"，罗马尼亚新闻社网站，2023年3月7日，https://agerpres.ro/viata-parlamentara/2023/03/07/parlament---presedintele-iohannis-a-transmis-informari-despre-misiunile-din-teatrele-de-operatii-si---1071564，检索日期：2024年12月20日；"Klaus Iohannis, de Ziua Armatei：Militarii români, alături de aliaţii prezenţi pe teritoriul ţării noastre, cărora le mulţumesc şi cu acest prilej, sunt elemente-cheie în menţinerea posturii de descurajare şi apărare a NATO în regiunea Mării Negre"，罗马尼亚新闻网，2023年10月25日，https://www.news.ro/politic-intern/klaus-iohannis-ziua-armatei-militarii-romani-alaturi-aliatii-prezenti-teritoriul-tarii-carora-le-multumesc-acest-prilej-elemente-cheie-mentinerea-posturii-descurajare-aparare-nato-regiunea-marii-1922404025412023101021359492，检索日期：2024年12月20日。
② "Romania Inaugurates an F-16 Jet Pilot Training Center for NATO Allies and Neighboring Ukraine"，美联社新闻网，2023年11月13日，https://apnews.com/article/romania-nato-ukraine-f16-russia-training-914515e10846720036e9a9c709df2a85，检索日期：2024年1月31日。

尼亚外交政策的重要议题之一。罗马尼亚2020年国家防务战略全文共有23处提到美国，对罗美关系的强调无以复加。① 该防务战略开篇就论及罗美战略伙伴关系，积极评价了近年来两国关系的提升，并且清楚地表明这种双边关系对罗马尼亚安全战略的意义与价值。它指出："战略伙伴关系的深化和扩大使这种关系成为欧洲-大西洋立场的战略支柱以及保障罗马尼亚国家安全的目标和手段的参照基准。"② 罗马尼亚的《执政纲领（2020~2024）》指出了罗美两国关系未来发展的重点方向，罗马尼亚将进一步致力于发展两国在政治和军事层面的合作，包括增强美国在罗马尼亚的军事存在；重视能源安全合作，包括民用核电的发展；继续密切关注在5G通信网络等网络安全领域的合作。③ 此外，罗马尼亚强调要加强两国经济层面的合作，增加美国对罗马尼亚基础建设等方面的投资，落实"三海倡议"下推动的优先互联项目，重点是战略性区域互联项目。

2023年罗美两国保持高级官员的日常性战略对话，此外，罗马尼亚总统约翰尼斯与美国总统拜登在多个重要外交场合会面，就黑海地区安全等问题展开对话，并且高度评价两国的战略伙伴关系。在庆祝两国建交143年的纪念活动上，美国驻罗马尼亚大使凯瑟琳·安·卡瓦勒克表示，两国关系比以往任何时候都更加牢固，罗马尼亚是北约可靠的成员，确保了联盟东南翼的安全。④

---

① "Strategia Națională de Apărare a Țării pentru Perioada 2020-2024"，罗马尼亚总统网站，https：//www.presidency.ro/files/userfiles/Documente/Strategia_Nationala_de_Aparare_a_Tarii_2020_2024.pdf，检索日期：2024年12月20日。
② "Strategia Națională de Apărare a Țării pentru Perioada 2020-2024"，罗马尼亚总统网站，https：//www.presidency.ro/files/userfiles/Documente/Strategia_Nationala_de_Aparare_a_Tarii_2020_2024.pdf，p.8，检索日期：2024年12月20日。
③ "Program de Guvern 2020-2024"，罗马尼亚政府网站，https：//gov.ro/fisiere/pagini_fisiere/Program_de_guvernare_2020_2024.pdf，pp.255-256，检索日期：2024年12月20日。
④ " 'România este un membru de încredere al NATO'. Casa Regală și Ambasada SUA au celebrat 143 de ani de relații româno-americane"，罗马尼亚Observatornews新闻网，2023年10月20日，https：//observatornews.ro/eveniment/romania-este-un-membru-de-incredere-al-nato-casa-regala-si-ambasada-sua-au-celebrat-143-de-ani-de-relatii-romanoamericane-546047.html，检索日期：2024年1月31日。

2023年，美国国会通过《黑海安全战略》，首次将黑海安全问题写入法律，罗马尼亚官员在其中做出了巨大努力。罗马尼亚经济部长在脸书上指出，这是罗马尼亚两年多来一直在努力的项目，试图说服尽可能多的美国议员投票支持。①

军事方面，罗美两国继续加强在这一领域的密切合作。罗马尼亚为实现北约要求的国防投入占国内生产总值2%的要求，一直以来与美国维持密切的军事合作。2022年2月之后，约翰尼斯总统表示，罗马尼亚的国防预算将提升到国内生产总值的2.5%。为此，罗马尼亚从美国购买更多军事装备。2023年5月，罗马尼亚议会通过了国防部购买54辆艾布拉姆斯坦克的议案。10月，议会又通过了国防部关于购买32架F-35战斗机的议案，预算高达65亿美元。罗马尼亚也在各种场合呼吁美国加大在罗马尼亚的军事投入力度。在北约框架下，罗马尼亚也一直全力支持盟友美国的领导地位，美国高度赞扬罗马尼亚在北约内的表现，称其为北约成员国的典范。②

经济投资方面，据统计，2023年罗马尼亚共有960家美国公司运行，这些公司雇用了大约11万名员工。③ 美国已经成为罗马尼亚第五大外国直接投资国。2023年11月，22家美国公司组成的代表团访问罗马尼亚。12月，罗马尼亚总理乔拉库访问美国，除会见美国国务卿布林肯外，还与美国国防部长、能源部长举行会晤。乔拉库还表示，推动联合经济项目、增加美国在罗马尼亚的投资，并巩固政治与安全支持是此行的重要目标。访问期

---

① "Congresul SUA a adoptat strategia de securitate la Marea Neagră", Europalibera, 2023年12月15日，https：//romania. europalibera. org/a/congresul-sua-a-adoptat-strategia-de-securitate-la-marea-neagra/32731991. html，检索日期：2024年1月31日。
② "Ambasadoarea SUA în România, Kathleen Kavalec, în vizită la forţele armate Aliate：România constituie un model pentru alte state membre NATO în ceea ce priveşte bugetul alocat pentru apărare", G4媒体网，2023年3月1日，https：//www. g4media. ro/ambasadoarea-sua-in-romania-kathleen-kavalec-in-vizita-la-fortele-armate-aliate-din-romania-omania-constituie-un-model-pentru-alte-state-membre-nato-in-ceea-ce-priveste-bugetul-alocat-pentru-aparar. html，检索日期：2024年12月20日。
③ "US Companies Employ Nearly 110,000 in Romania, Ambassador Says", Romani Insider, 2023年3月24日，https：//www. romania-insider. com/us-companies-employees-romania-ambassador，检索日期：2024年1月31日。

间，乔拉库还会见了谷歌公司的管理层，就罗马尼亚 IT 基础设施数据中心和云服务的投资项目展开讨论。这显示出罗马尼亚十分重视拓展同美国在军事领域之外的合作，并继续为深化两国战略伙伴关系做出努力。罗马尼亚2023年并购市场的数据也反映，市场中最活跃的投资者来自美国，占交易量的9.5%。①

六 积极拓展外交空间

2023年，罗马尼亚根据其外交战略，除继续践行与欧盟、北约和美国的三大支柱关系之外，还积极拓展外交空间，主要表现为在地区事务中发挥更大作用，加强与周边国家合作，与亚非拉国家建立更为密切的关系。

罗马尼亚近年来越来越多地希望在地区事务中发挥更大的作用，在2023年积极参加本地区多边合作组织的活动，以期推动并加强本地区的安全与合作。2023年2月，由波兰、罗马尼亚和斯洛伐克三国共同举办的"布加勒斯特9国模式"特别峰会在华沙召开，主要讨论了加强北约东翼安全、即将召开的北约维尔纽斯峰会以及继续支持乌克兰等安全议题。美国总统拜登和北约秘书长斯托尔滕贝格也受邀参加了会议。在波兰和罗马尼亚的推动下，"布加勒斯特9国模式"加强了北约东翼成员国的联系与合作，并加强了黑海地区在北约议题中的地位。4月，罗马尼亚在克里米亚平台②的支持下在布加勒斯特召开了首次黑海安全会议。此次会议主要由罗马尼亚和乌克兰外交部组织，共有20多个国家和国际组织的高级官员参会。9月，"三海倡议"峰会在布加勒斯特召开。在此次峰会上，希腊成为该倡议的新成员国，乌克兰和摩尔多瓦在罗马尼亚的支持下成为合作伙伴国。会后签署

---

① 《罗2023年并购市场交易额超70亿美元》，中华人民共和国驻罗马尼亚大使馆经济商务处网站，2024年1月26日，http://ro.mofcom.gov.cn/article/jmxw/202401/20240103469240.shtml，检索日期：2024年1月31日。
② 克里米亚平台（Crimea Platform）是由乌克兰总统泽连斯基于2021年8月发起的国际多边协调机制，目的是寻求国际社会支持归还克里米亚。

的共同声明表示成员国要进一步发展跨国交通设施、能源和数字化领域的合作。① 在峰会期间，罗马尼亚还组织了新一届"三海倡议"商业论坛，为成员国加强经济合作联系提供平台。

2023年，罗马尼亚积极推动加强与周边国家关系。2023年3月，约翰尼斯总统访问保加利亚，两国签署了建立战略伙伴关系的宣言，将双边关系提升到新高度。10月，约翰尼斯总统访问匈牙利，这是14年来罗马尼亚总统首次访问匈牙利。两国首脑在会见时重点讨论了关于少数民族权益的问题。

2023年，约翰尼斯总统展开了全球范围的出访活动，对南美洲、亚洲和非洲很多此前同罗马尼亚联系并不紧密的国家开展正式访问。4月，约翰尼斯到访巴西、智利和阿根廷，这是23年来罗马尼亚总统首次访问这些国家。11月，约翰尼斯访问了肯尼亚、坦桑尼亚、佛得角和塞内加尔等非洲国家。有专家认为，罗马尼亚总统此行与欧盟的全球门户战略相关，目前欧盟正在努力"收复非洲国家失地"。② 如果说约翰尼斯对南美洲和非洲的访问只是重启对话，他与南美洲、非洲国家并没有签订实质性的宣言与协议，那么约翰尼斯在亚洲的访问则更具有战略意义。3月，约翰尼斯正式访问日本，并将两国关系提高至战略伙伴关系级别。随后，约翰尼斯访问了新加坡和阿联酋，均是近20年来罗马尼亚总统的首次访问。

---

① "Joint Declaration of the Eighth Summit of the Three Seas Initiative"，罗马尼亚总统网站，2023年9月6日，https：//www.presidency.ro/en/media/press-releases/joint-declaration-of-the-eighth-summit-of-the-three-seas-initiative-bucharest-6-7-september-2023，检索日期：2024年12月20日。

② "Ce face Klaus Iohannis în Africa"，Europalibera，2023年11月14日，https：//romania.europalibera.org/a/kalus-iohannis-turneu-de-zece-zile-in-africa-semnificatii/32683191.html，检索日期：2024年1月31日。

B.10
2023年克罗地亚经济形势及展望

〔克罗地亚〕左立明*

摘　要： 2023年1月1日，克罗地亚加入申根区，成为其第27个成员国，并成为欧元区的第20个成员国，巩固了其作为欧盟正式成员的地位，这是一个具有重要意义的里程碑。虽然取得这一期待已久的成就给克罗地亚带来了诸多经济、社会、政治和安全方面的好处，但也给克罗地亚社会带来了一些挑战。克罗地亚在2023年面临一些显著的经济挑战，这些挑战源于克罗地亚加入申根区和欧元区，以及克罗地亚国情的独特性，其中具体的挑战包括通货膨胀水平高企、房地产价格飙升、人口明显减少以及劳动力结构发生变化等。

关键词： 克罗地亚　经济　欧盟　欧元区

2023年1月1日，克罗地亚取得了历史性成就，同时成为申根区的第27个成员国和欧元区的第20个成员国，从而巩固了其作为欧盟成员国的地位。这一里程碑标志着克罗地亚融入欧盟的漫长历程终告圆满。加入申根区后，克罗地亚取消了与欧盟邻国之间的边境管制，实际上使其东南部边境成为欧盟的边界。与此同时，克罗地亚加入欧元区意味着采用欧元作为其货币，使其货币、金融和贸易政策进一步与欧盟保持一致。

---

* 〔克罗地亚〕左立明（Zvonimir Stopić），博士，首都师范大学国别区域研究院讲师，主要研究方向为中国-巴尔干关系、冷战史。本报告由首都师范大学国别区域研究院博士研究生王艺儒翻译。

克罗地亚加入欧盟的道路既漫长又与众不同。① 首先，与欧盟其他批次的扩大不同，克罗地亚是2013年7月1日入盟的唯一国家，在此之前，只有希腊如此。② 其次，克罗地亚加入欧盟历程的特点是，它是迄今为止第一个也是唯一一个完成了基于《稳定与联系协议》③ 这一对区域合作以及政治和经济透明度要求更高的"新"入盟评估进程的国家。克罗地亚也是近10年来最后一个加入欧盟的国家。④ 最后，克罗地亚加入申根区和欧元区也是在特殊情况下发生的，在疫后经济形势不明朗和俄乌冲突愈演愈烈的情况下，欧盟正面临能源危机、财政负担加重、供应链断裂和紧迫的安全问题等一系列挑战。

虽然克罗地亚的经济与欧盟经济有着千丝万缕的联系，但克罗地亚在2023年面临的许多挑战不仅源于其欧盟成员国身份，还源于全球经济趋势对克罗地亚的特殊影响以及该国独特的国情。克罗地亚2023年面临的最为突出的社会经济挑战包括通货膨胀水平高企、房地产价格飙升、人口明显减少以及劳动力结构发生变化等。

---

① 有关克罗地亚加入欧盟之路的更多详情，请参见"Hrvatska i europsko ujedinjenje", in Damir Grubiša, *Povijest europskog ujedinjenja*, Zagreb：Srednja Europa，2023，pp. 571-608。
② 例如，2007年1月，保加利亚与罗马尼亚一起被接纳为欧盟成员国；2004年5月，在欧盟历史上最大规模的扩大中，塞浦路斯、捷克、爱沙尼亚、匈牙利、拉脱维亚、立陶宛、马耳他、波兰、斯洛伐克和斯洛文尼亚成为欧盟成员国。请参见André De Munter，"The Enlargement of the Union"，欧洲议会官网，https：//www.europarl.europa.eu/factsheets/en/sheet/167/the-enlargement-of-the-union，检索日期：2024年2月3日。
③ 克罗地亚于2001年10月与欧盟签署《稳定与联系协议》。其他将跟随克罗地亚走上这条道路的国家包括阿尔巴尼亚、波黑、黑山、北马其顿和塞尔维亚，即构成欧盟目前所谓"西巴尔干"政治区域类别的国家，即不包括克罗地亚的前南斯拉夫国家以及阿尔巴尼亚。北马其顿先于克罗地亚签署《稳定与联系协议》，但仍未完成这一进程。有关《稳定与联系协议》的更多信息，请参见"Stabilisation and Association Agreement"，欧盟委员会官网，https：//neighbourhood - enlargement.ec.europa.eu/enlargement - policy/glossary/stabilisation - and-association-agreement_en，检索日期：2024年2月5日。克罗地亚案例概览请参见"Negotiation Process"，克罗地亚政府外交和欧洲事务部官网，https：//mvep.gov.hr/services - for - citizens/access - to - information/croatia - and - the - european - union - 245129/negotiation-process/245134#：~：text = Croatia%20was%20the%20second%20country%20to%20sign%20a，agreement%20entered%20into%20force%20on%201%20February%202005，检索日期：2024年2月5日。
④ 在此期间，英国退出欧盟，因此克罗地亚从欧盟的第28个成员国变为第27个成员国。

一 2023年克罗地亚宏观经济形势

（一）宏观经济数据总体向好，信用评级提升

根据克罗地亚中央银行的数据，2023年克罗地亚的国内生产总值增长率为4.4%①，超过了先前预计的0.8%（2023年1月）和1.3%（2023年3月）②。尽管由于外部需求疲软，这一年的货物出口有所下降，但在强劲的服务出口，尤其是旅游业的推动下，整体贸易对该国的经济增长做出了积极贡献。欧盟委员会的数据显示，国内需求在支持克罗地亚经济活动方面发挥了核心作用，私人消费的拉动受益于工资增长趋势和强劲的消费信心。③ 与欧盟委员会的评估一致，经济合作与发展组织（OECD）也将强劲的服务出口和不断增长的实际收入视为2023年克罗地亚经济增长的主要驱动力。④

就公共债务而言，克罗地亚在2023年的表现优于欧元区。截至当年第二季度末，欧元区的公共债务占欧元区国内生产总值的90.3%，而欧盟的公共债务占欧盟国内生产总值的83.1%。在克罗地亚，截至6月底，政府综合债务

---

① "Godišnje izvješće 23"，克罗地亚中央银行网站，2024年5月21日，https：//www.hnb.hr/c/document_library/get_file?uuid=a29703c8-da3f-5e7a-c537-3c06d1688c9a&groupId=20182&p_auth=ULi2lCeR，检索日期：2024年8月11日。

② "Croatia's Economic Growth Remains Subdued but Heading Toward Gradual Recovery"，世界银行网站，2023年4月6日，https：//www.worldbank.org/en/news/press-release/2023/04/06/croatia-s-economic-growth-remains-subdued-but-heading-toward-gradual-recovery#:~:text=Croatia%E2%80%99s%20GDP%20growth%20in%202023%20is%20expected%20to，2023%2C%20substantially%20better%20than%20the%20previously%20anticipated%200.1%25，检索日期：2024年2月8日。

③ "Economic Forecast for Croatia"，欧盟委员会官网，https：//economy-finance.ec.europa.eu/economic-surveillance-eu-economies/croatia/economic-forecast-croatia_en#:~:text=Last%20update%20（15%2F02%2F2024）&text=Croatia%27s%20GDP%20growth%20is%20estimated，was%20supported%20by%20domestic%20demand，检索日期：2024年2月8日。

④ "Croatia-Economic Outlook"，*OECD Economic Outlook*，Vol. 2023，Issue 2，2023，pp. 39-41，https：//issuu.com/oecd.publishing/docs/croatia-oecd-economic-outlook-november-2023?fr=xKAE9_zU1NQ，检索日期：2024年2月9日。

总额为479亿欧元，相当于国内生产总值的66.5%，与2023年3月的484.1亿欧元、国内生产总值的69.1%相比有所下降。① 值得注意的是，克罗地亚的公共债务仍远低于欧盟平均水平，预计2025年将进一步下降。随着公共收入的预期增长，预计2025年克罗地亚的预算平衡将略有改善，这可使该国的公共债务进一步减少，到2025年可能降至国内生产总值的60%以下。②

2021~2023年，克罗地亚的经济增长率在欧盟国家中位居第二，仅次于爱尔兰。在此期间，2023年10月克罗地亚的平均净薪飙升至1178欧元，与2016年10月的平均净薪749欧元相比，增加429欧元，大幅增长了约57%。工资中位数上升至1014欧元，增加383欧元，显著增长61%。2024年初，这一趋势仍在继续，最低工资从700欧元攀升至840欧元，与2016年的414欧元相比大幅飙升约103%。③

这些积极趋势使克罗地亚的信用评级得到提升。世界领先的评级机构之一穆迪在2023年11月10日发布的报告中重申克罗地亚的信用评级为"Baa2"，并将展望从稳定上调至积极，这是迄今为止该机构给予克罗地亚的最高评级和展望。穆迪给予克罗地亚良好评级的主要因素包括克罗地亚公共债务相对于国内生产总值的比例下降，以及2021年以来克罗地亚国内生产总值的显著强劲增长。④

---

① "Evo kako hrvatski javni dug stoji u odnosu na druge članice EU-a"，N1电视台网站，2023年10月23日，https://n1info.hr/biznis/evo-kako-hrvatski-javni-dug-stoji-u-odnosu-na-druge-clanice-eu-a/，检索日期：2024年2月9日。

② "Croatia-Economic Outlook"，*OECD Economic Outlook*，Vol. 2023，Issue 2，2023，pp. 39-41，https://issuu.com/oecd.publishing/docs/croatia-oecd-economic-outlook-november-2023?fr=xKAE9_zU1NQ，检索日期：2024年2月9日。

③ "Hrvatska ima drugi najbrži rast BDP-a u EU, rast prosječne plaće nadmašio je i Vladina obećanja s početka mandat"，克罗地亚政府网站，2023年12月21日，https://vlada.gov.hr/vijesti/hrvatska-ima-drugi-najbrzi-rast-bdp-a-u-eu-rast-prosjecne-place-nadmasio-je-i-vladina-obecanja-s-pocetka-mandata/40634，检索日期：2024年2月10日。

④ "Moody's Confirms the Baa2 Credit Rating with a Positive Outlook"，克罗地亚政府经济和可持续发展部官网，2023年10月10日，https://investcroatia.gov.hr/en/moodys-confirms-the-baa2-credit-rating-with-a-positive-outlook/#:~:text=In%20the%20latest%20report%20from%2010%20November%202023%2C%20rating%20outlook%20for%20Croatia%20by%20Moody%E2%80%99s%20so%20far，检索日期：2024年2月11日。

（二）国际贸易总额萎缩，逆差略有缩小

根据克罗地亚政府提供的数据，该国约有15%的公司从事出口业务。然而，这些公司在经济中发挥着重要作用：它们雇用了51%的员工，贡献了62%的投资，创造了约66%的销售总收入，并分配了约73%的总投资资金用于发展。此外，它们的利润率高达76%。克罗地亚的主要外贸伙伴是欧盟成员国，其中德国、意大利、斯洛文尼亚以及匈牙利位居前列。①

2022年，克罗地亚商品出口总额达到241.6亿欧元，与2021年相比增加了57.6亿欧元，增幅约达31%。与此同时，2022年进口总额为418.6亿欧元，比2021年增加了约135.4亿欧元，增幅约为48%。因此，2022年的外贸逆差约为177亿欧元，增加约77.8亿欧元，比2021年大幅增长了约78.4%。出口占进口的比例从2022年的58%增加到2023年的65%。制造业对进出口增长的拉动作用突出，占出口总额的78%；制造业出口增长22%，进口增长33%。与此同时，电力、天然气、蒸汽和空调的供应大幅促进了出口增长，而采矿和采石业则推动了进口扩大，该行业当年进口额与2021年相比飙升了约191%。矿物燃料和润滑油行业成为重要行业，出口额约为47.8亿欧元，约占克罗地亚出口总额的20%；进口额约为107.5亿欧元，约占进口总额的26%。②

根据克罗地亚国家统计局的数据，克罗地亚2023年的出口总额为229亿欧元，进口总额为395亿欧元。这导致了166亿欧元的贸易赤字，出口占进口的比率为58%。③西欧经济增长放缓对2023年克罗地亚的全球贸易产生了显著影响，导致其出口和进口总额双双减少。与2022年相比，克罗地亚的商品出口总额下降了约5.2%，进口总额也下降了约6%。比较2022年和2023年的数

---

① "O hrvatskom izvozu"，克罗地亚出口网站，https://izvoz.gov.hr/o-hrvatskom-izvozu/9，检索日期：2024年2月12日。

② "Robna razmjena republike hrvatske s inozemstvom u 2022"，克罗地亚国家统计局网站，2023年5月29日，https://podaci.dzs.hr/2023/hr/58311，检索日期：2024年2月15日。

③ "Robna razmjena republike hrvatske s inozemstvom-privremeni podaci od siječnja do prosinca 2023. i za siječanj 2024"，克罗地亚国家统计局网站，2024年3月8日，https://podaci.dzs.hr/2023/hr/58309，检索日期：2024年4月17日。

据，克罗地亚的外贸逆差减少了约11亿欧元，尽管情况有所改善，克罗地亚2023年的贸易赤字规模仍然不小，虽然相比2022年的177亿欧元略有减少。①

克罗地亚的大部分贸易是与欧盟进行的，其商品出口总额的2/3以上和进口总额的3/4以上来自欧盟贸易。然而，与2022年相比，2023年克罗地亚对欧盟其他成员国的出口下降了6.5%，从欧盟其他成员国的进口增长了2.4%。此外，与2022年相比，2023年克罗地亚对欧洲自由贸易联盟成员国②的出口略有增长，但进口增长显著。克罗地亚对欧洲自由贸易联盟成员国的货物出口额约为4亿欧元，与2022年相比增长了0.5%，从这些国家进口的商品约为2.4亿欧元，与2022年相比增长了9.3%。③

尤其是在克罗地亚加入申根区和欧元区之后，克罗地亚与《中欧自由贸易协定》成员国④的贸易数据尤为引人关注。根据克罗地亚国家统计局的数据，2023年，克罗地亚与这些国家保持贸易顺差，对这些国家的出口总额超过了43亿欧元，而进口总额则明显较低，总额略低于25亿欧元。然而，克罗地亚对这些国家的进口总额和出口总额持续下降，这是自克罗地亚加入欧盟以来的趋势。具体而言，与2022年相比，2023年克罗地亚对这些国家的出口总额下降了4.9%，而进口总额则大幅下降了17.4%。值得注意的是，克罗地亚与波黑、塞尔维亚这两个与其有着大量贸易往来的邻国之间的贸易额2023年下降得尤为明显。⑤

克罗地亚在2023年和其他国家的贸易动态也各不相同。与2022年相比，克罗地亚对英国的出口额增长了4.8%，对其进口额增长了12%，出口总额为

---

① "Robna razmjena republike hrvatske s inozemstvom-privremeni podaci od siječnja do prosinca 2023. i za siječanj 2024"，克罗地亚国家统计局网站，2024年3月8日，https：//podaci.dzs.hr/2023/hr/58309，检索日期：2024年4月17日。
② 欧洲自由贸易联盟成员国包括冰岛、列支敦士登、挪威和瑞士。
③ "Robna razmjena republike hrvatske s inozemstvom-privremeni podaci od siječnja do prosinca 2023. i za siječanj 2024"，克罗地亚国家统计局网站，2024年3月8日，https：//podaci.dzs.hr/2023/hr/58309，检索日期：2024年4月17日。
④ CEFTA的成员国包括塞尔维亚、北马其顿、波黑、黑山、阿尔巴尼亚和摩尔多瓦。
⑤ "Robna razmjena republike hrvatske s inozemstvom-privremeni podaci od siječnja do prosinca 2023. i za siječanj 2024"，克罗地亚国家统计局网站，2024年3月8日，https：//podaci.dzs.hr/2023/hr/58309，检索日期：2024年4月17日。

2.5亿欧元，进口总额为1.3亿欧元。同样，克罗地亚对乌克兰的出口额增长了17.6%，达到9000万欧元，而对其进口额则激增24.9%，达到9430万欧元。相反，对俄罗斯的出口额显著增长了28.3%，达到2.3亿欧元，但进口额大幅下降了87.6%，达到5800万欧元。克罗地亚与中国的贸易出现下降，对中国的出口额下降7.8%，为7870万欧元，而对中国的进口额下降6.6%，为12.7亿欧元。对美国的出口额增长了5.7%，达到5.9亿欧元，而进口额则下降了66.5%，为10.7亿欧元。[①]

二 克罗地亚经济中的挑战

（一）通货膨胀率高于欧元区平均水平

在过去几年中，通货膨胀对欧元区和欧盟都构成了重大挑战。疫情过后经济的加速复苏、俄乌冲突导致的能源价格暴涨以及全球供应链障碍导致欧盟国家2022年底和2023年初通货膨胀率（以下简称"通胀率"）飙升。此外，有令人信服的证据表明，欧盟内部进口价格和国内利润的增长也在很大程度上推高了通货膨胀，[②] 然而随着时间的推移，通胀率出现了明显的下降趋势。

2023年，虽然能源和加工食品价格的下降带来居民消费价格指数（CPI）增长放缓，但服务业，尤其是与旅游业相关的服务业导致的通胀，在很大程度上被归因于外国需求的拉动。[③] 在欧元区，2022年12月通胀率为

---

① "Robna razmjena republike hrvatske s inozemstvom-privremeni podaci od siječnja do prosinca 2023. i za siječanj 2024"，克罗地亚国家统计局网站，2024年3月8日，https://podaci.dzs.hr/2023/hr/58309，检索日期：2024年4月17日。

② Niels-Jakob Hansen, Frederik Toscani, and Zhou Jing, "Euro Area Inflation After the Pandemic and Energy Shock: Import Prices, Profits and Wages", International Monetary Fund Working Paper 23/131, 2023年6月23日，https：//www.imf.org/en/Publications/WP/Issues/2023/06/23/Euro-Area-Inflation-after-the-Pandemic-and-Energy-Shock-Import-Prices-Profits-and-Wages-534837？cid=bl-com-WPIEA2023131，检索日期：2024年2月16日。

③ "Economic Forecast for Croatia"，欧盟委员会官网，https：//economy-finance.ec.europa.eu/economic-surveillance-eu-economies/croatia/economic-forecast-croatia_en#:~:text=Last%20update%20（15%2F02%2F2024）&text=Croatia%27s%20GDP%20growth%20is%20estimated，was%20supported%20by%20domestic%20demand，检索日期：2024年2月16日。

9.2%；2023年7月通胀率降至5.3%，8月进一步降至5.2%，9月继续降至4.3%，10月降至2.9%，11月降至2.4%，12月略微回升至2.9%。与此同时，欧盟的通胀率总体略有上升，从2022年12月的10.4%开始，降至2023年7月的6.1%、8月的5.9%、9月的4.9%、10月的3.6%、11月的3.1%，最后在12月达到3.4%。①

克罗地亚反映了这一总体趋势，但与欧元区或欧盟相比，该国的通胀率更高。根据克罗地亚国家统计局的数据，克罗地亚2022年12月的通胀率为13.1%，之后逐渐下降，2023年7月为7.3%，8月为7.8%，9月为6.7%，10月为5.8%，11月为4.7%，12月为4.5%。2023年克罗地亚食品、饮料和烟草业以及服务业的年通胀率均为6.3%，工业非食品产品（不包括能源）的通胀率为3.9%，但能源业通胀率下降了0.6%，年通胀率约为8%。②根据欧盟统计局的数据，2023年通胀率高于克罗地亚的国家包括捷克、匈牙利、波兰、罗马尼亚和斯洛伐克。③

克罗地亚2021年和2022年的通货膨胀趋势基本和欧盟以及欧元区同步，但随着该国2023年初在货币上从库纳过渡到欧元，商品和服务价格出现突然的明显上涨。这是欧盟通货膨胀达到高峰的结果，也与采用欧元为官方货币的变化有关。

与2007年的斯洛文尼亚和2009年的斯洛伐克类似，克罗地亚在采用欧元后出现的较高的通胀率可能会持续一段时间，预计将持续到2024年。在这一调整阶段，克罗地亚国内的价格需要逐渐同欧元区的平均价格水平保持一致。考虑到欧盟的高通货膨胀水平以及能源和食品价格的高企，评估采用欧元对克罗地亚通胀率的影响程度有一定的难度。然而，从实际数据来看，

---

① "December 2023: Annual Inflation up to 2.9% in the Euro Area"，欧盟统计局网站，2024年1月17日，https://ec.europa.eu/eurostat/documents/2995521/18343103/2-17012024-AP-EN.pdf/9d885442-f323-cdde-e149-17ed99a63a6f?version=1.0&t=1705424298086，检索日期：2024年2月17日。

② "Godišnji indeksi potrošačkih cijena od prosinca 2021. do prosinca 2023, stope promjene"，克罗地亚国家统计局网站，2024年1月5日，https://podaci.dzs.hr/2023/hr/59093，检索日期：2024年2月15日。

③ "December 2023: Annual Inflation up to 2.9% in the Euro Area"，欧盟统计局网站，2024年1月17日，https://ec.europa.eu/eurostat/documents/2995521/18343103/2-17012024-AP-EN.pdf/9d885442-f323-cdde-e149-17ed99a63a6f?version=1.0&t=1705424298086，检索日期：2024年2月17日。

尽管更严重的通货膨胀发生在2022年，与2022年相比，克罗地亚2023年的商品和服务价格仍略有上涨。到2023年底，克罗地亚的食品价格略高于欧盟和欧元区平均水平，这严重影响了克罗地亚普通家庭的生活水平，因其支出的40%以上用于食品和能源。①

（二）房地产价格飙升

2022年和2023年克罗地亚的另一个突出问题是房地产价格和住房租金的显著飙升。克罗地亚的房地产价格在2007年之前一直稳步上升，造成这一趋势的因素包括国内生产总值的增长、失业率的下降、名义工资的上升以及2000~2007年住房贷款利率的下降。然而，在欧债危机的背景下，2008年至2015年，克罗地亚经济进入了长达6年的衰退期，国内生产总值长期下降，失业率大幅上升，住房贷款利率不断攀升，导致房地产价格下降。从2015年开始，随着克罗地亚经济开始复苏，房地产价格逐渐开始上升，最终在2019年超过了2007~2008年的水平。这种上升趋势在此后几年一直持续，房地产价格继续稳步攀升，但2023年底2024年初仍未达到顶峰。②

除了前面提到的因素外，其他一些因素也在很大程度上促进了2015年

---

① Ivana Biondić, "Kretanje inflacije u Hrvatskoj"，克罗地亚发展和国际关系研究所（IRMO），37/2023, https：//irmo. hr/wp-content/uploads/2023/11/IRMO-aktualno-37. pdf, 检索日期：2024年2月18日。

② 有关2022年和2023年的准确数据，参见"Indeksi cijena stambenih objekata za prvo tromjesečje 2022"，克罗地亚国家统计局网站，2022年7月11日，https：//podaci. dzs. hr/2022/hr/29204；"Indeksi cijena stambenih objekata za drugo tromjesečje 2022"，克罗地亚国家统计局网站，2022年10月7日，https：//podaci. dzs. hr/2022/hr/29206；"Indeksi cijena stambenih objekata za treće tromjesečje 2022"，克罗地亚国家统计局网站，2023年1月10日，https：//podaci. dzs. hr/2022/hr/29208；"Indeksi cijena stambenih objekata za četvrto tromjesečje 2022"，克罗地亚国家统计局网站，2023年4月4日，https：//podaci. dzs. hr/2022/hr/29210；"Indeksi cijena stambenih objekata za prvo tromjesečje 2023"，克罗地亚国家统计局网站，2023年7月5日，https：//podaci. dzs. hr/2023/hr/58327；"Indeksi cijena stambenih objekata za drugo tromjesečje 2023"，克罗地亚国家统计局网站，2023年10月3日，https：//podaci. dzs. hr/2023/hr/58329；"Indeksi cijena stambenih objekata za treće tromjesečje 2023"，克罗地亚国家统计局网站，2024年1月10日，https：//podaci. dzs. hr/2023/hr/58331，检索日期均：2024年2月17日。也可参见Viktor Viljevac，"Cijene nekretnina-kako smo došli do ovako visokih razina？"，Ekonomska Baza, 2023年4月10日，https：//ekonomskabaza. hr/makro/1424/，检索日期：2024年2月18日。

以后克罗地亚房地产价格的上涨。首先，欧洲中央银行从2008年到2022年实施的扩张性货币政策在降低利率方面发挥了至关重要的作用，该政策导致了银行发放贷款利率（包括住房贷款利率）的降低。克罗地亚2015年和2016年走出衰退也是因为受到欧洲央行货币政策的影响。此外，克罗地亚政府通过房地产交易和中介管理署（Agencija za pravni promet i posredovanje nekretninama，APN）对住房贷款进行补贴的政策也进一步助长了房价的上涨。这一政策使房地产卖方处于有利地位，因为买方竞相提高出价，有可能导致房地产交易和中介机构的补贴全额落入卖方口袋，而不是惠及买方。此外，国外资金的流入也对房地产价格的上涨产生了重大影响。一方面，特别是在克罗地亚即将加入申根区和欧元区之际，来自国外，尤其是欧盟其他国家的买家因其较强的经济实力而推动价格上涨，使本地买家望尘莫及。另一方面，在外国游客的推动下，克罗地亚近年来在旅游旺季获利颇丰，这令从事旅游业的本地居民资产增加，使他们能够以更高的价格购买房产。①

欧盟统计局的数据显示，欧元区和欧盟在2022年第一季度都经历了房地产价格上涨的高峰，此后，其房产价格年增长率一直呈下降趋势，在2023年第二季度（欧元区为-1.5%，欧盟为-0.9%）和2023年第三季度（欧元区为-2.1%，欧盟为-1.0%）转为负增长。②与欧盟和欧元区的趋势相反，截至2023年底，克罗地亚的房产价格仍处于上升空间。2023年第三季度，克罗地亚成为房产价格涨幅最高的欧盟成员国，达10.9%。它超过了波兰（9.3%）和保加利亚（9.2%）。③

---

① Viktor Viljevac,"Cijene nekretnina-kako smo došli do ovako visokih razina?", Ekonomska Baza, 2023年4月10日, https://ekonomskabaza.hr/makro/1424/, 检索日期：2024年2月18日。
② "Housing Price Statistics-House Price Indeks",欧盟统计局网站, 2024年1月12日, https://ec.europa.eu/eurostat/statistics-explained/index.php?title=Housing_price_statistics_-_house_price_index#Annual_and_quarterly_growth_rates, 检索日期：2024年2月18日。
③ 2023年，在有数据可查的其他欧盟成员国中，有13个国家的房地产价格出现年度增长，而同期有10个国家的房地产价格出现下降，降幅前3的国家是卢森堡（-13.6%）、德国（-10.2%）和芬兰（-7.0%），参见"Housing Price Statistics-House Price Index",欧盟统计局网站, 2024年1月12日, https://ec.europa.eu/eurostat/statistics-explained/index.php?title=Housing_price_statistics_-_house_price_index#Annual_and_quarterly_growth_rates, 检索日期：2024年2月18日。

克罗地亚最大的在线分类信息平台"Njuškalo"进行的一项调查也表明，2023年，克罗地亚房价持续上升。2023年，克罗地亚公寓的每平方米均价比2022年飙升了21%，达到3223欧元，而独栋房屋的每平方米均价更是飙升了40%，达到2606欧元。在克罗地亚首都和最大城市萨格勒布，公寓的每平方米均价为2987欧元；在克罗地亚第二大城市和著名的海滨旅游胜地斯普利特（Split），这一数字徘徊在4000欧元；在克罗地亚第三大城市里耶卡（Rijeka），这一数字达到2661欧元。此外，在克罗地亚第四大城市、斯拉沃尼亚（Slavonija）地区的工业和文化中心奥西耶克（Osijek），公寓的每平方米均价为1733欧元。[1]

房价的大幅增长极大地影响了克罗地亚人的生活水平。数据显示，从2015年到2022年，萨格勒布的房价飙升了近80%，而工资增长率却明显较低，仅为34%。因此，很大一部分年轻人不得不与父母同住或租房居住，而房租也随之上涨。[2]

（三）长期人口下降、劳动力短缺和劳动力输入

根据克罗地亚国家统计局2022年9月底公布的2021年人口普查的最终结果，克罗地亚人口为387.1833万人，其中，186.5129万人为男性，占48.17%，200.6704万人为女性，占51.83%。此前的2011年人口普查的结果显示，克罗地亚共有428.4889万名居民，因此，10年间，克罗地亚人口

---

[1] "Cijene nekretnina u 2023. otišle u nebo, prednjače tri županije", SEEbiz新闻网, 2024年1月25日, https://www.seebiz.eu/nekretnine/cijene-nekretnina-u-2023-otisle-u-nebo-prednjace-tri-zupanije/300283/。也可参见"Cijene nekretnina u EU padaju, a kod nas i dalje rastu: Najskuplji stanovi na obali, cijene i do 10.000 eura po kvadratu", 欧洲动态网, 2024年1月11日, https://euractiv.hr/gospodarstvo/a6045/Hrvatska-je-i-u-trecem-tromjesecju-2023.-imala-najveci-rast-cijena-nekretnina-u-EU-i-eurozoni.html；"Cijene nekretnina još rastu, ali se nazire kraj", Index.hr新闻网, 2024年1月11日, https://www.index.hr/vijesti/clanak/cijene-nekretnina-jos-rastu-ali-se-nazire-kraj/2528311.aspx，检索日期均：2024年2月20日。

[2] Viktor Viljevac, "Cijene nekretnina-kako smo došli do ovako visokih razina?", Ekonomska Baza, 2023年4月10日, https://ekonomskabaza.hr/makro/1424/，检索日期：2024年2月18日。

减少了9.64%。但是克罗地亚人口减少并非最近的趋势，因为自1991年脱离南斯拉夫独立以来，克罗地亚的人口一直在稳步减少。独立之初，克罗地亚人口达到峰值的478.4265万人。与1991年相比，到2001年，人口减少了34.6805万人（7.25%），到2011年，又减少了15.2571万人（3.2%）。因此，与1991年相比，克罗地亚到2021年减少了91.2432万名居民，达19.07%。克罗地亚2021年的人口甚至低于1953年，当时人口为393.6022万人。① 此外，欧盟统计局的数据显示，克罗地亚的人口在2021年后继续减少，2022年初为386.2305万人，到2023年初进一步减少至385.4381万人。②

欧盟统计局的数据显示，克罗地亚是2001~2020年人口降幅最大的欧盟国家，此间人口减少了19.6万人，达4.8%。③ 克罗地亚人口的急剧减少可归结于几个因素。其中包括1991~1995年因战争造成的持续低出生率，这种情况一直持续至今。此外，持续的人口自然负增长和人口老龄化也是造成人口下降的原因，在很多其他欧盟国家也有这种情况。④ 此外，克罗

---

① "Objavljeni konačni rezultati Popisa 2021"，克罗地亚国家统计局网站，2022年9月22日，https：//dzs.gov.hr/vijesti/objavljeni-konacni-rezultati-popisa-2021/1270，检索日期：2024年2月25日。

② "Demografski slom：U Hrvatskoj će na kraju ovoga stoljeća živjeti samo 2,8 milijuna stanovnika"，欧洲动态网，2023年4月4日，https：//euractiv.hr/gospodarstvo/a1450/Projekcije-Eurostata-pokazuju-da-ce-Hrvatska-nastaviti-gubiti-stanovnistvo.html，检索日期：2024年2月20日。

③ 意大利是此期间人口绝对数量减少最多的国家，人口减少了61.1万，占总人口的1%。从2001年到2020年，欧盟总人口从4.29亿增加到4.47亿，增长了约4%。在成员国中，有17个国家的人口出现增长，其中卢森堡（43%）、马耳他（31%）、爱尔兰（30%）和塞浦路斯（27%）的人口增长最为显著。相反，有10个国家的人口在此期间有所下降，其中立陶宛（-20%）和拉脱维亚（-19%）的相对降幅最大。然而，这一增长轨迹在2020年出现了转折。在随后的两年中，欧盟人口减少了58.5万人。在此期间，有17个国家的人口出现增长，其中法国在绝对数量上领先（55.2万人，0.8%）和卢森堡在相对数量上领先（3.1%，1.9万人）。参见"Demography 2023 Edition"，欧盟统计局网站，2024年1月17日，https：//ec.europa.eu/eurostat/documents/2995521/18343103/2-17012024-AP-EN.pdf/9d885442-f323-cdde-e149-17ed99a63a6f?version=1.0&t=1705424298086，检索日期：2024年2月21日。

④ "Croatia-Political, Social and Economic Background and Trends"，欧盟委员会官网，2023年11月27日，https：//eurydice.eacea.ec.europa.eu/national-education-systems/croatia/population-demographic-situation-languages-and-religions，检索日期：2024年2月23日。

地亚此间发生了劳动适龄人口的大量移民，尤其是在2013年该国加入欧盟之后，这还与克罗地亚2008~2015年的经济衰退期相重叠。由于许多人没有正式注销居住地登记或报告其搬迁情况，有关移民的官方统计数据并不充分，但德国或爱尔兰等其他国家的数据表明，有大量克罗地亚人口外流。① 缺乏就业机会、个人发展前景有限以及对国家机构信心不足被认为是克罗地亚人移民潮的主要驱动因素。据估计，自2013年以来，多达30万人离开了克罗地亚，其中一个明显的趋势是全家永久搬迁。②

人口外流导致奥西耶克、西萨克和波热加等城市以及众多小城镇和村庄出现人口的急剧下降，而克罗地亚各经济部门都面临劳动力严重短缺的问题。③ 尽管近年来移民率出现了一些下降迹象，但欧盟统计局和各国统

---

① 根据克罗地亚国家统计局的数据，2011~2021年，有14.0643万名克罗地亚人从克罗地亚迁往德国。然而，德国的统计数据显示这一数字达到36.6075万人，显然比克国统计的数量多得多。同样，关于爱尔兰的数据也存在明显差异。虽然克罗地亚国家统计局的记录显示有9941名克罗地亚人移居爱尔兰，但爱尔兰方面登记克罗地亚移民数为2.8万人。可参见 "Popis stanovništva je nerealan, podaci se razlikuju i do frapantnih 180 posto!"，克罗地亚《晨报》网，2023年4月24日，https://www.jutarnji.hr/vijesti/hrvatska/popis-stanovnistva-je-nerealan-podaci-se-razlikuju-i-do-frapantnih-180-posto-ovih-280-000-hrvata-vec-je-iselilo-15328935，检索日期：2024年2月25日。

② 2013年之后，根据克罗地亚就业服务局的数据，该国的失业率在峰值时期曾达到34.5112万人，此后一直稳步下降，从2015年到2018年，每年减少约4万人。然而，直到2017年，克罗地亚才开始出现缓慢的就业增长，但失业率的下降总体上更多是由于克罗地亚人的向外移民（由于法律程序，这些人尚未被从统计数据中剔除），而不是实际就业人数的下降。可参见"Registrirana nezaposlenost（2004-2024.）"，克罗地亚就业服务局网站，2024年2月12日，https://statistika.hzz.hr/Statistika.aspx?tipIzvjestaja=1；"Izlasci iz evidencije（2004-2024）"，克罗地亚就业服务局网站，2024年2月12日，https://statistika.hzz.hr/Statistika.aspx?tipIzvjestaja=3，检索日期均：2024年2月25日。也可参见 Hrvoje Butković, Višnja Samardžija, Ivana Rukavina, "Strani radnici u Hrvatskoj: Izazovi i mogućnosti za gospodarski i društveni razvoj"，Zagreb: Institut za razvoj i međunarodne odnose（IRMO），pp. 17-18, 25.

③ 尽管克罗地亚所有县的总人口都出现了下降，但2021年人口普查的最终结果显示，人口减少最显著的地区分别是武科瓦尔-斯里耶姆县（20.28%）、西萨克-莫斯拉维纳县（19.04%）、波热加-斯拉沃尼亚县（17.88%）、布罗德-波萨维纳县（17.85%）和维罗维蒂察-波德拉维纳县（17.05%）。可参见"Objavljeni konačni rezultati Popisa 2021"，克罗地亚国家统计局网站，2022年9月22日，https://dzs.gov.hr/vijesti/objavljeni-konacni-rezultati-popisa-2021/1270，检索日期：2024年2月25日。

计部门的数据表明，这一趋势依然存在。2018～2022 年，欧盟 27 个国家当中，有 19 个国家居住在欧盟其他成员国的欧盟公民人数有所增加，在另外 8 个国家中有所减少。克罗地亚 2018～2022 年居住在国外的公民人数相对增幅最大，有 15% 的公民居住在另一个欧盟国家。① 尽管这一趋势在 2019～2021 年出现了短暂的放缓，但移民潮在 2022～2023 年再次出现，成千上万的劳动适龄人口离开克罗地亚。②

由于人口和劳动力持续大幅下降，克罗地亚近年来越来越依赖于引进外国劳动力。根据克罗地亚就业服务局（Hrvatski zavod za zapošljavanje，HZZ）的数据，该局为外国工人申请居留和工作许可给出的同意意见的数量从 2021 年的 48455 份增加到 2022 年的 109241 份，2023 年进一步增加到 160445 份。③ 另据负责签发居留和工作许可的克罗地亚内务部的报告，2021 年该部门共签发了 81995 份居留和工作许可，2022 年签发了 124121 份，2023 年签发了 172499 份。④ 大多数外国工人受雇于建筑、旅游、餐饮、造船和工业部门。⑤ 就国籍而言，克罗地亚内务部 2023 年的数据显示，来自

---

① "Demography 2023 Edition"，欧盟统计局网站，2024 年 1 月 17 日，https：//ec.europa.eu/eurostat/documents/2995521/18343103/2-17012024-AP-EN.pdf/9d885442-f323-cdde-e149-17ed99a63a6f? version=1.0&t=1705424298086，检索日期：2024 年 2 月 21 日。

② "Nakon kratkog zatišja, Hrvatska se opet suočava s problemom koji je dugo muči：'Trend se vratio na razinu 2019'"，克罗地亚《晨报》网，2023 年 8 月 15 日，https：//www.jutarnji.hr/vijesti/hrvatska/nakon-kratkog-zatisja-hrvatska-se-opet-suocava-s-problemom-koji-je-dugo-muci-trend-se-vratio-na-razinu-2019-15365140，检索日期：2024 年 2 月 26 日。

③ "Statistika usluga Test tržišta rada i Radne dozvole：2021, 2022. i 2023"，克罗地亚就业服务局网站，https：//www.hzz.hr/statistika/statistika-usluga-test-trzista-rada-i-radne-dozvole/，检索日期：2024 年 2 月 26 日。

④ "Mjesečne statistike izdanih dozvola za boravka i rad（1. siječanj-31. prosinac 2023）"，克罗地亚内务部网站，https：//mup.gov.hr/UserDocsImages/statistika/2024/1/Mjesecne%20statistike%20prosinac%202023.pdf，检索日期：2024 年 2 月 26 日。也可参见"Hrvatskoj u ovom trenutku nedostaje gotovo 200 tisuća stranih radnika"，克罗地亚 Lidermedia 新闻网，2023 年 11 月 10 日，https：//lidermedia.hr/biznis-i-politika/hrvatskoj-u-ovom-trenutku-nedostaje-gotovo-200-tisuca-stranih-radnika-154037，检索日期：2024 年 2 月 26 日。

⑤ 除了克罗地亚就业服务局和内务部的数据，这一点也得到了研究的证实，参见 Hrvoje Butković, Višnja Samardžija, Ivana Rukavina, "Strani radnici u Hrvatskoj：Izazovi i mogućnosti za gospodarski i društveni razvoj"，Zagreb：Institut za razvoj i međunarodne odnose（IRMO），2022，pp.10-11。

波黑（38236人）、塞尔维亚（24028人）和尼泊尔（23439人）的工人人数最多。紧随其后的是来自印度（15627人）、北马其顿（13412人）、菲律宾（10999人）、孟加拉国（8749人）、土耳其（5067人）和阿尔巴尼亚（4244人）的工人。①

三 克罗地亚未来经济形势展望

克罗地亚经济在2023年取得了一些积极成果，但也遇到了一些挑战。尽管该国国内生产总值出乎意料的高增长预示着未来几年产出增长的韧性，但预测显示，2024年和2025年克罗地亚经济将分别小幅增长约2.6%和2.7%。② 此外，根据克罗地亚国家银行的估计，克罗地亚经历连续几年的高通胀率之后，物价水平将有所下降。③ 展望未来，根据欧盟委员会的预测，克罗地亚的经济前景似乎一片光明，公共债务将继续减少，家庭消费、就业和实际工资预期将有所增长，尽管这取决于政府的大力支持。虽然投资和公共支出的增长预计会有所放缓，但预计将持续。不过，克罗地亚服务出口增长预计将放缓，而货物出口预计将随着外部需求逐步恢复。不过，由于进口增长较快，净出口可能只会对国内生产总值的增长做出微弱的贡献。④ 最后，克罗地亚可能会继续等待房价的峰值，并将继续应对人口减少和对外

---

① "Mjesečne statistike izdanih dozvola za boravka i rad（1. siječanj -31. prosinac 2023）"，克罗地亚内务部网站，https：//mup. gov. hr/UserDocsImages/statistika/2024/1/Mjesecne% 20statistike%20prosinac%202023. pdf，检索日期：2024年2月26日。
② "Croatia-Economic Outlook"，*OECD Economic Outlook*，Vol. 2023，Issue 2，2023，pp. 39 – 41，https：//issuu. com/oecd. publishing/docs/croatia - oecd - economic - outlook - november - 2023? fr = xKAE9_zU1NQ，检索日期：2024年2月26日。
③ "HNB：Godišnja bi se inflacija do kraja 2024. mogla spustiti ispod tri posto"，克罗地亚Lidermedia新闻网，2024年2月3日，https：//lidermedia. hr/biznis - i - politika/hnb - godisnja - bi - se - inflacija-do-kraja-2024-mogla-spustiti-ispod-tri-posto-155151，检索日期：2024年2月26日。
④ "Economic Forecast for Croatia"，欧盟委员会官网，https：//economy - finance. ec. europa. eu/economic-surveillance-eu-economies/croatia/economic-forecast-croatia_en#：~：text=Last%20update%20（15%2F02%2F2024）&text=Croatia%27s%20GDP%20growth%20is%20estimated，was%20supported%20by%20domestic%20demand，检索日期：2024年2月27日。

国劳动力需求增加的问题,因此有必要制定新的长期移民战略和前瞻性移民政策,并辅以可操作的实施计划。①

---

① Hrvoje Butković, Višnja Samardžija, and Ivana Rukavina, "Strani radnici u Hrvatskoj: Izazovi i moguć-nosti za gospodarski i društveni razvoj", Zagreb: Institut za razvoj i međunarodne odnose (IRMO), 2022, pp. 158-160.

B.11
2023年塞尔维亚政治经济形势：困境及应对

马媛也*

摘　要： 2023年，塞尔维亚政府面临诸多考验。科索沃地区局势紧张，5月底科索沃北部塞族市镇因地方选举和阿尔巴尼亚族市长上任，塞族居民和阿族居民矛盾升级到失控边缘；9月，科索沃北部地区塞族居民和阿族警察发生冲突，造成4人死亡。2023年5月，塞尔维亚连续发生两起大规模枪击事件，导致18人死亡，引发大型群众抗议活动。塞尔维亚总统武契奇通过辞去塞尔维亚执政党主席职务、修改相关法律、提前组织议会选举等一系列举措艰难稳定国内形势。此外，塞尔维亚政府2023年还通过大力发展经济、积极推动加入欧盟的进程以及继续实行平衡外交战略等，试图为国家带来新的发展机遇。

关键词： 塞尔维亚　科索沃　欧盟　塞尔维亚-中国关系

2023年，塞尔维亚政局动荡不安，科索沃①问题、入盟问题、政治极化等问题依旧是塞尔维亚政府亟待解决的难题，而政府一直致力于捍卫领土完整、促进经济增长、维护宪法秩序、推动欧洲一体化以及区域合作和经济发展，取得了一定的成效。塞尔维亚对外继续采取平衡外交战略，与中国之间的合作持续深入。

---

* 马媛也，北京第二外国语学院讲师，主要研究方向为国别区域研究。
① 科索沃是原南联盟塞尔维亚共和国的自治省，该地区92%的人口属于阿尔巴尼亚族，塞尔维亚族人口仅占6%，该地区在1999年6月科索沃战争结束后由联合国托管。2008年2月，科索沃单方面宣布独立，塞尔维亚始终坚持对科索沃地区的主权。

一　国内形势复杂

（一）科索沃冲突升级

自2022年以来，科索沃紧张局势发生多次升级。2022年11月，科索沃临时当局要求该地区由塞尔维亚政府签发的汽车牌照限期全部更换为带有"科索沃共和国"标识的牌照，此举引发当地塞族民众的不满，数百人上街抗议。供职于科索沃司法、警察机关的600余名塞族公职人员通过辞职表达他们的抗议。自此之后，科索沃的紧张局势持续升级，引发自科索沃临时当局于2008年单方面宣布"独立"以来当地的塞族居民与普里什蒂纳当局最为激烈的一次对抗。

尽管欧盟和美国试图从中斡旋，塞尔维亚和科索沃地区双方也重新展开对话，但未能达成共识，仅在2023年初口头达成了欧盟提出的实现双边"关系正常化"的一份新协议。根据该协议，塞尔维亚不得阻挠科索沃加入国际组织，而双方也必须落实此前在欧盟斡旋下达成的所有协议，因此，科索沃临时当局必须着手建立塞族的自治体——塞族城市联盟。由于双方对其在该协议下的义务都有所抗拒，科索沃问题的解决仍然遥遥无期。

2023年5月2日，塞尔维亚和科索沃地区双方首席谈判代表及欧盟代表在布鲁塞尔举行三边会谈。会上通过了双边"关系正常化"道路协议执行附件中提到的《失踪人口宣言》，双方承诺在确定1998年至2000年失踪人口的埋葬地点和监测挖掘情况方面密切合作，以确保充分履行在处理失踪人口问题方面的相应义务，并确保获得可靠和准确的信息。① 备受关注的塞族城市联盟问题未在此次会谈中取得实质性进展。塞尔维亚政府方面的塞族城市联盟指导小组成员达尼耶拉·武伊契奇在会上提交了2018年就已完成

---

① "Brisel：usvojena deklaracija o nestalima"，塞尔维亚《政治报》网站，2023年5月2日，https：//www.politika.rs/sr/clanak/550615/Brisel-usvojena-deklaracija-o-nestalima，检索日期：2024年1月23日。

的塞族城市联盟章程草案，但塞科双方对该草案所持的态度大相径庭。科索沃临时当局坚决排斥这份草案，其"总理"阿尔宾·库尔蒂（Albin Kurti）认为该草案试图在科索沃建立又一个波黑塞族共和国①。欧盟代表对双方未能就章程草案达成一致表示遗憾，指出该草案是双方"关系正常化"协议的重要组成部分。虽然双方分歧巨大，但此次会谈仍被认为是双方就该问题迈出了"重要的象征性一步"。欧盟方面表示未来将继续利用这个新的协议框架来推动这一进程。②

2023年5月25日，在科索沃北部的塞族城镇，遭到塞族抵制的临时地方选举后当选的阿族市长在科索沃警察护送下强行进入市政府大楼，科索沃警察进入塞族人居住的科索沃北部兹韦钱市，使用震爆弹、催泪瓦斯驱赶聚集在市政府大楼前的当地塞族居民，阿族与塞族双方矛盾再次激化，冲突升级到失控边缘。③ 塞尔维亚总统阿莱克桑达尔·武契奇当日签署命令，将塞尔维亚军队的战备状态提升至最高等级，并命令军队向科索沃方向紧急进发。5月29日，兹韦钱市政府大楼前，塞族抗议者与阿族特警和北约驻科索沃部队发生冲突，导致多人受伤。以美、英、法、德、意五国为首的国际社会要求科索沃方保持克制，避免局势升级。④ 直到5月31日，当地塞族居民每天上班前继续在市政府大楼前集会，抗议北约驻科索沃部队进入北部城市，抗议塞族人不能正常进入市政府大楼工作。⑤

---

① 波黑塞族共和国是波黑两个政治实体之一，目前波黑除外交、国防、情报和安全等职权在国家层面，大量职权归属各实体，因此波黑的实体具有高度的自治权。
② 李建军：《欧盟在布鲁塞尔牵头组织新一轮塞科关系正常化会谈》，首都师范大学文明区划研究中心微信公众号，2023年5月3日，https://mp.weixin.qq.com/s/XES-Y2tRCIB6ScgThR4Zbw，检索日期：2024年1月23日。
③ "Drecun: Kurti namerava da okupira sever Kosmeta"，塞尔维亚《政治报》网站，2023年5月25日，https://www.politika.rs/sr/clanak/554522/Drecun-Kurti-namerava-da-okupira-sever-Kosmeta，检索日期：2024年1月23日。
④ "U Zvečanu povređeno nekoliko desetina Srba, mladićteže ranjen iz ,, kalašnjikova'"，塞尔维亚《政治报》网站，2023年5月29日，https://www.politika.rs/sr/clanak/555320/U-Zvecanu-povredeno-nekoliko-desetina-Srba-mladic-teze-ranjen-iz-kalasnjikova，检索日期：2024年1月23日。
⑤ "Albanski gradonačelnici Zubinog Potoka i Zvečana sutra neće ići u zgrade opština"，塞尔维亚《政治报》网站，2023年5月30日，https://www.politika.rs/sr/clanak/555361/Albanski-gradonacelnici-Zubinog-Potoka-i-Zvecana-sutra-nece-ici-u-zgrade-opstina，检索日期：2024年1月23日。

2023年9月24日凌晨，科索沃北方发生塞族人袭击阿族警察的事件，造成科索沃警察和塞族袭击者多人伤亡。塞尔维亚总统武契奇当晚发表讲话称，塞尔维亚不会承认一个独立的科索沃，向国际社会发出呼吁，要求成立塞族城市联盟，在科索沃北部派驻塞尔维亚警察，并表示这是让当地不再发生冲突的唯一途径。他同时呼吁塞族人保持和平与克制，相信塞尔维亚政府。① 9月26日，武契奇与美、英、法、德、意五国大使及欧盟驻塞代表团团长举行重要会谈。武契奇重申了塞尔维亚对科索沃最新事件的立场，并要求欧盟驻科索沃部队而不是科索沃警察来处理科索沃北部的安全问题。② 9月29日，北约方面宣布已批准向科索沃地区增兵。英国国防部发表声明称，英国已将一个营的部队的指挥权移交至北约，以便在需要时提供支援。科索沃临时当局随后对此表示欢迎。同日，美国白宫警告称，塞尔维亚正在靠近科索沃地带进行大规模军事集结，包括机械化步兵部队以及先进的火炮和坦克等。③ 10月1日，北约方面表示，英国正在调派大约200名军人，加入已经在科索沃活动的400人的英国分遣队，至此，有3700名北约军人以维和部队的身份驻扎在科索沃境内。④ 10月2日，欧盟发言人表示期待能与塞尔维亚在此次事件中全面和无条件地合作，以对此次"恐怖袭击"事件进行充分的调查。同时，他强调欧盟与科索沃警察之间的合作很好，必须停止在科索沃周边集结塞尔维亚部队，表示欧盟目前的首要任务是缓和局势。⑤

---

① "Vučićobavestio Bocan-Harčenka o situaciji na KiM"，塞尔维亚国家广电台网站，2023年9月25日，https：//rts.rs/lat/vesti/politika/5278087/vucic-obavestio-bocan-harcenka-o-situaciji-na-kim.html，检索日期：2024年1月18日。
② "U Srbiji sutra Dan žalosti zbog tragičnih događaja na KiM"，塞尔维亚《政治报》网站，2023年9月26日，https：//www.politika.rs/scc/clanak/573778/U-Srbiji-sutra-Dan-zalosti-zbog-tragicnih-dogadaja-na-KiM，检索日期：2024年1月18日。
③ 《紧张局势升级：北约增兵科索沃，美国称塞尔维亚进行军事集结》，澎湃新闻，2023年9月30日，https：//www.thepaper.cn/newsDetail_forward_24802254.，检索日期：2024年1月18日。
④ 《北约发言人：北约向科索沃增派数百名英军，将派出更多增援》，澎湃新闻，2023年10月2日，https：//www.thepaper.cn/newsDetail_forward_24817450.，检索日期：2024年1月18日。
⑤ "Stano：EU očekuje punu i bezuslovnu saradnju Beograda u vezi sa događajima u Banjskoj"，塞尔维亚国家广电台网站，2023年10月2日，https：//rts.rs/lat/vesti/politika/5282686/stano-banjska-kosovo-radoicic.html，检索日期：2024年1月18日。

2023年10月5~6日，第三届欧洲政治共同体领导人会议在西班牙城市格拉纳达召开。塞尔维亚总统武契奇在会议上讨论了科索沃局势，与法国、英国、西班牙等多个欧洲国家领导人进行交谈，解释塞尔维亚的立场，期望得到支持。武契奇总统再次表达了致力于维护和平，希望通过对话谈判和妥协解决科索沃问题的立场。同时，他表明塞尔维亚对科索沃地区的军事威胁并不存在，希望科索沃临时当局尊重《联合国宪章》和联合国决议，维护塞尔维亚国家的领土完整。① 由于科索沃方面坚持要求塞尔维亚承认其独立地位，科索沃局势在未来一段时间内仍将波澜不断。

（二）枪击案引发抗议活动

2023年5月3日，一名13岁学生在贝尔格莱德的一所小学校园内开枪，造成8名学生和1名保安死亡、6名学生和1名教师受伤的惨案。5月4日晚，塞尔维亚中部城市姆拉代诺瓦茨（Mladenovac）再次发生枪击事件，致8人死亡、13人受伤。连续发生的枪击事件引发塞尔维亚大规模抗议游行，首都贝尔格莱德和诺维萨德（Novi Sad）的数万名民众举行"静默游行"，向政府要求控枪，并且取缔充满暴力的电视台真人秀节目。由反对党召集的抗议活动旨在向政府施压，要求教育部长、内政部长以及安全情报局局长辞职，还要求国民议会召开紧急会议，追究政府责任，重组内阁，评估国家安全形势，并确保此类事件不再发生。② 塞尔维亚总统武契奇表示，枪击事件是恐怖行为和对国家的袭击，政府将对武器弹药法进行紧急修正，严格收紧持有枪支条件，新的控枪措施包括不再颁发新的持枪许可、加大对非法持枪行为的处罚力度、大范围收缴民间武器、对持枪人员进行心理测试等。武契奇表示，塞尔维亚未来6个月将增设1200名警力，加强学校安全

---

① "Stano：EU očekuje punu i bezuslovnu saradnju Beograda u vezi sa događajima u Banjskoj"，塞尔维亚国家广电台，2023年10月5日，https://rts.rs/lat/vesti/politika/5285056/evropska-politicka-zajednica-kim-granada-aleksandar-vucic.html，检索日期：2024年1月18日。
② 《创新拓展警务联巡全维度深耕海外权益保护——中国塞尔维亚开展首次警务联合巡逻》，《现代世界警察》2019年第11期，第44~51页。

保障，降低校园暴力发生的概率。为克服此次危机，武契奇辞去塞尔维亚执政党、议会第一大党塞尔维亚前进党主席职务，并宣布将于2023年内提前举行议会选举，教育部长布兰科·鲁日奇（Branko Ružić）辞职，政府紧急修改武器弹药法。

塞尔维亚枪支问题主要源于20世纪90年代战争，当时政府的枪支管控措施较为松懈，导致民间私藏大量武器，塞尔维亚人均拥枪数量居欧洲第一、世界第三，仅少于美国和也门，平均每百人拥枪39支。① 虽然塞尔维亚在2015年曾实行过枪支收紧政策，强制要求个人登记私人持有的武器，但政策执行力度不足，未能达到预期效果，也为此次枪击案埋下隐患。虽然政府对此次枪击案反应迅速，但此次事件给国家稳定带来了不小的挑战。

此次枪击案引发的抗议还促使塞尔维亚反对派组成"塞尔维亚反对暴力"联盟，试图在当年的议会选举中挑战前进党的执政地位。

（三）提前议会选举后再现群众抗议

2023年11月1日，武契奇总统签署了一项关于解散塞尔维亚议会并在12月17日提前举行议会选举的政令。12月17日，塞尔维亚举行国民议会选举与地方选举。选举日当晚，武契奇总统就宣布执政联盟在当天举行的国民议会选举中获胜，赢得独立组阁所需要的超半数议会席位。然而，在选举结束后，各反对党纷纷表示抗议，组织多次公民抗议活动，认为存在选举舞弊，要求废除选举结果。在贝尔格莱德市议会选举中，"塞尔维亚反对暴力"联盟在选举中惜败于前进党，抗议者提出选举存在大量违规行为，要求公开选民名单和废除该市议会的选举结果。② 自选举结果公布以来，以"塞尔维亚反对暴力"联盟及其支持者为主的抗议者每晚都在首都举行示

---

① 《创新拓展警务联巡全维度深耕海外权益保护——中国塞尔维亚开展首次警务联合巡逻》，《现代世界警察》2019年第11期，第44~51页。
② "Protest građana na poziv liste 'Srbija protiv nasilja', traže poništavanje beogradskih izbora"，塞尔维亚国家广电台，2023年12月18日，https：//www.rts.rs/lat/vesti/izbori-2023/5330627/protest-gradjana-na-poziv-liste-srbija-protiv-nasilja-traze-ponistavanje-beogradskih-izbora.html，检索日期：2024年1月16日。

威，12月24日的抗议集会演变为暴力打砸，塞尔维亚总统武契奇24日晚在全国讲话中将事件定性为"由外国势力策划的未遂'颜色革命'"，并呼吁民众保持冷静。① 但抗议游行并未因此结束。

2023年12月25日，塞尔维亚政府内务部呼吁所有在贝尔格莱德参与抗议活动的人员，以及组织抗议活动的"塞尔维亚反对暴力"联盟遵守塞尔维亚法律，不要扰乱公共秩序与和平，也不要企图暴力进入贝尔格莱德市议会大楼和其他受保护的建筑物。内务部在其管辖范围内采取了一切措施和行动，以维护公共秩序和所有公民的和平与安全，以及塞尔维亚共和国的财产，并警告称，暴力闯入受保护设施者将承担刑事责任，并将依法受到起诉。② 作为对所谓选举舞弊问题的回应，12月28日，塞尔维亚政府国家行政和地方自治部宣布，统一选民名单已公开，可供公民查阅，以确保选民名单的最大透明度。

二 多领域开拓发展良机

（一）大力发展经济

在强劲的经济增长和投资驱动下，塞尔维亚政府近年来实现公共支出合理化，并且减少了债务。2023年10月，国际评级机构标准普尔宣布维持塞尔维亚的"BB+级"评级，展望为"稳定"。③ 塞尔维亚财政部表示，该评级结果得益于塞可控的公共债务水平和有效的货币政策。12月，国际信用

---

① 《未遂"颜色革命"？塞尔维亚怎么了》，央视网，2023年12月17日，https：//news.cctv.com/2023/12/27/ARTIV2LlyPzxKhi8nXNtBDFh231227.shtml，检索日期：2024年1月20日。
② "Pripadnici MUP-a sačuvali javni red i mir i bezbednost građana"，塞尔维亚政府网站，2023年12月25日，https：//www.srbija.gov.rs/vest/756669/pripadnici-mup-a-sacuvali-javni-red-i-mir-i-bezbednost-gradjana.php，检索日期：2024年1月16日。
③ 《国际评级机构标普维持塞尔维亚BB+信用评级》，中华人民共和国驻塞尔维亚共和国大使馆经济商务处，2023年10月9日，http：//rs.mofcom.gov.cn/jmxw/art/2023/art_6a902ef5e695460092e5e0b8052e0b65.html，检索日期：2024年12月22日。

评级机构惠誉表示，塞尔维亚是新冠疫情过后经济表现最佳的欧洲国家之一。① 2023 年 1~11 月塞财政赤字为 4 亿欧元，表现优于原预算计划中的 8.4 亿欧元财政赤字。②

塞尔维亚外国直接投资流入占 GDP 的 5%~7%。截至 2023 年 11 月底，塞吸引外国直接投资 42 亿欧元，对提升本国企业的产能，提高就业率和竞争力具有积极意义。③ 这些投资中，很大一部分来自欧盟，特别是汽车和食品行业，这也是塞尔维亚一直积极推进入盟进程的重要原因之一。④

2008~2023 年，塞尔维亚进行了成功的经济改革计划，在发展传统农业和轻工业的基础上，加大信息和通信技术的发展力度。2023 年 12 月 28 日，塞尔维亚经济部长斯洛博丹·茨韦特科维奇（Slobodan Cvetković）表示，新冠疫情推动了塞尔维亚的数字化进程，塞尔维亚是地区科学、数字化和创新领域的绝对领导者。塞尔维亚工商会数字化转型中心当时已成功为中小企业实施了 800 个数字化转型解决方案和 30 个人工智能解决方案，涵盖了 23 个不同行业，覆盖了 92 个城市，服务了约 4500 家企业。⑤

此外，能源部门也是该国一个快速发展的经济部门。截至 2023 年，低效能、高污染的褐煤仍占塞尔维亚能源消费的 70%，塞政府希望通过鼓励使用绿色能源，并对占据垄断地位且长期亏损的能源公司进行改革来助力能

---

① 《惠誉称塞尔维亚是疫情后经济表现最好的欧洲国家之一》，中华人民共和国驻塞尔维亚共和国大使馆经济商务处网站，2023 年 12 月 5 日，http：//rs. mofcom. gov. cn/jmxw/art/2023/art_b08e106b90954b8387ffbe67d05c963e. html，检索日期：2024 年 12 月 22 日。
② 《塞尔维亚 2023 年 11 月财政赤字 3.5 亿欧元》，中华人民共和国驻塞尔维亚共和国大使馆经济商务处网站，2024 年 1 月 5 日，http：//rs. mofcom. gov. cn/scdy/art/2024/art_1945522636284b7880fc5a374a35fadf. html，检索日期：2024 年 12 月 22 日。
③ 《塞央行积极评价塞 2023 年经济金融表现》，中华人民共和国驻塞尔维亚共和国大使馆经济商务处网站，2023 年 12 月 30 日，http：//rs. mofcom. gov. cn/article/jmxw/202312/20231203463993. shtml，检索日期：2024 年 1 月 20 日。
④ 《惠誉称塞尔维亚是疫情后经济表现最好的欧洲国家之一》，中华人民共和国驻塞尔维亚共和国大使馆经济商务处网站，2023 年 12 月 15 日，http：//rs. mofcom. gov. cn/article/jmxw/202312/20231203461544. shtml，检索日期：2024 年 1 月 25 日。
⑤ 《塞尔维亚经济部长称塞是数字化进程的地区领导者》，中华人民共和国驻塞尔维亚共和国大使馆经济商务处网站，2023 年 12 月 29 日，http：//rs. mofcom. gov. cn/article/jmxw/202312/20231203463991. shtml，检索日期：2024 年 1 月 25 日。

源业发展。据塞尔维亚南通社报道，2023年4月8日，塞尔维亚政府通过了"关于将塞尔维亚国家电力公司变更为股份制企业的决议"。① 塞尔维亚的另一个经济增长点是政府对道路和其他基础设施的大力投资。

宏观经济形势方面，与2022年同期相比，2023年第四季度的国内生产总值的实际增长率为3.8%。经季节性调整后的数据显示，2023年第四季度国内生产总值较上一季度增长0.9%。按季度计算得出的2023年国内生产总值的实际增长率为2.5%。根据年度计算结果，国内生产总值的年增长率于2024年10月1日在2023年国内生产总值公告中公布。与2022年同期相比，2023年第四季度，农业、林业和渔业部门的总增加值实际增长显著，增长率为7.7%，批发和零售贸易与机动车维修、运输和仓储以及住宿和餐饮服务业的增长率为3.4%，建筑业的增长率为7.4%。②

塞央行报告指出，2023年塞尔维亚各经济金融指标表现良好，第纳尔汇率保持稳定，外汇储备达到创纪录的245亿美元，黄金储备增加超过1吨，总量接近40吨。通胀率持续降低，主要得益于塞尔维亚货币条件收紧和输入性通胀放缓。③

（二）积极推进入盟进程

自2014年开启入盟进程以来，塞尔维亚一直将成为欧盟正式成员国作为重要的外交政治目标，并在各个领域做出努力。2023年2月，欧委会告知塞尔维亚已满足开启第1章节（货物自由流通）谈判的所有标准。塞经济部长表示，第1章节是最重要且立法上要求最高的章节。塞尔维亚与欧盟国家的货

---

① 《塞政府通过变更国有电力公司为股份制企业的决议》，中华人民共和国驻塞尔维亚共和国大使馆经济商务处网站，2023年4月10日，http://rs.mofcom.gov.cn/jmxw/art/2023/art_c5536600e4bf42189fcde7ed6a06ed0d.html，检索日期：2024年12月22日。

② 《塞2023年GDP实际增长率为2.5%》，中华人民共和国驻塞尔维亚共和国大使馆经济商务处网站，2023年3月1日，http://rs.mofcom.gov.cn/jmxw/art/2024/art_2373204271544c5fbfbf6ceae0f7903d.html，检索日期：2024年12月22日。

③ 《塞央行积极评价塞2023年经济金融表现》，中华人民共和国驻塞尔维亚共和国大使馆经济商务处网站，2023年12月30日，http://rs.mofcom.gov.cn/jmxw/art/2023/art_d4f6827a1c1d42da9915ce2dfdc5e3b4.html，检索日期：2024年12月22日。

物贸易规模最大，开启此章节的谈判对塞民众和国家来说意义重大。① 欧盟委员会发布的 2023 年候选国入盟评估报告指出，塞尔维亚在司法系统改革、反腐败斗争、打击有组织犯罪、睦邻友好和区域合作以及经济发展等领域取得了一定进展。但此报告同时指出，塞尔维亚也存在较多问题，例如政治极化现象较为突出、未完成加入世界贸易组织的任务、未能与科索沃临时当局实现"关系正常化"等。② 作为对塞尔维亚入盟战略目标的支持，欧洲投资银行于 2023 年为塞尔维亚提供 1.75 亿欧元的赠款，用于建设贝尔格莱德到尼什（Niš）路段的高速铁路，以促进当地经济增长。这是总额 6 亿欧元赠款中的第一笔款项。③

（三）继续实行平衡外交战略

为维护国家利益和国家安全，并促进国家经济发展，塞尔维亚明确将欧洲一体化和区域合作及经济发展作为外交政策的优先事项，但也努力平衡与"四大支柱"的关系，同时积极发展与其他国家和地区的友好关系与经济合作。

2023 年 9 月，塞尔维亚加入欧盟单一市场促进计划④，通过此计划，塞尔维亚中小企业将有机会提高竞争力，实现业务国际化，并通过各类支持手段，特别是通过继续在本国开展欧洲企业网络⑤的工作，更好地准备应对单一市场的挑战。

---

① 《塞媒报道欧盟委员会认为塞已满足开启入盟谈判第 1 章节的标准》，中华人民共和国驻塞尔维亚共和国大使馆经济商务处网站，2023 年 2 月 9 日，http://rs.mofcom.gov.cn/article/jmxw/202302/20230203383624.shtml，检索日期：2024 年 1 月 25 日。
② 《欧盟委员会关于塞尔维亚的报告》，中国-中东欧研究院微信公众号，2024 年 1 月 5 日，https://mp.weixin.qq.com/s/bul4_iDKRy_fFCbf-ovPLA，检索日期：2024 年 1 月 25 日。
③ 《欧洲投资银行为贝尔格莱德—尼什高速铁路提供 1.75 亿欧元赠款》，中华人民共和国驻塞尔维亚共和国大使馆经济商务处网站，2023 年 3 月 31 日，http://rs.mofcom.gov.cn/jmxw/art/2023/art_0ddaa987516f4c2ab2cbbb959000388f.html，检索日期：2024 年 12 月 22 日。
④ 欧盟单一市场促进计划是欧盟推出的一项金融计划。按照该计划，欧盟将在 2021 年至 2027 年提供 42 亿欧元的专项预算，以支持和加强包括金融服务在内的单一市场的治理与发展。
⑤ 欧洲企业网络（Enterprise Europe Network）是一个中小企业商业支持组织网络，由欧盟通过欧盟中小企业竞争力计划 COSME 创立和资助。

塞尔维亚和美国的合作也在深化。2023年3月，美国思科公司塞尔维亚研发中心开业，塞尔维亚总理布尔纳比奇出席活动，她表示，美国是塞尔维亚在信息与通信技术领域的头号合作伙伴，借助该中心，塞尔维亚对美国的服务出口将变得更加顺畅。① 2023年，塞尔维亚还与美国生物科技公司Ginkgo Bioworks签署谅解备忘录，计划启动生物经济工程创业加速器项目，另外，塞尔维亚还与美国国际开发署签署谅解备忘录，双方计划就提高塞尔维亚的能源效率开展合作。

俄罗斯是塞尔维亚重要的能源伙伴，两国在历史、宗教和文化层面上也有着紧密联系。2023年1月27日，塞尔维亚政府矿业和能源部长杜布拉夫卡·杰多维奇与俄罗斯驻塞尔维亚大使、俄罗斯外交部负责该地区事务的高级官员亚历山大·博灿-哈尔琴科就两国在能源领域的双边关系与合作进行了会谈，杰多维奇部长表示，"巴尔干溪"天然气管道②建设有助于保障塞尔维亚的能源安全与稳定，此外，塞俄共同建设的第一座燃气蒸汽发电厂潘切沃热电厂已投入运营，为塞尔维亚稳定供应天然气。9月，俄罗斯公布在俄外汇市场交易的友好国家名单，其中包括塞尔维亚。12月，塞尔维亚总统武契奇表示，塞尔维亚将继续奉行独立自主的外交政策，在推进入盟进程的同时，将继续与中国和俄罗斯保持传统友谊和友好关系。③

（四）高度重视与中国的关系

塞尔维亚是中国在欧洲的"铁杆朋友"，是中国在中东欧地区的首个全面战略伙伴，不但是首批支持中国"一带一路"倡议并积极参与其

---

① 《塞尔维亚总理称赞塞美信息技术领域合作》，中华人民共和国驻塞尔维亚共和国大使馆经济商务处网站，2023年4月3日 http://rs.mofcom.gov.cn/article/jmxw/202304/20230403403143.shtml，检索日期：2024年1月25日。
② "巴尔干溪"天然气管道是一条将俄罗斯天然气从土耳其输送到保加利亚、塞尔维亚和匈牙利的管道。它是"土耳其溪"的延伸。
③ 《武契奇最新表态，提到中俄》，环球网，2023年12月31日，https://mp.weixin.qq.com/s/fB7tUkQ5MPuN77-rfflG0A，检索日期：2024年1月26日。

中的国家，而且是中东欧地区首个对中国实施免签政策的国家。近年来，中塞双方在文化交流、医疗卫生、基础设施建设、能源、环保与旅游等领域的合作不断取得新突破。2023年两国友好合作关系更是达到新的高度。

在双边政治关系方面，2023年10月16日，塞尔维亚总统武契奇率领包括外交部长、国防部长、内务部长、财政部长、贸易部长、文化部长和农业部长在内的政府代表团抵达北京参加第三届"一带一路"国际合作高峰论坛。10月17日下午，中国国家主席习近平在人民大会堂会见了武契奇总统。习近平主席在会谈中指出，中塞两国在基础设施建设、产能等领域合作成果丰硕，务实合作的深度和广度不断拓展，质量和效益持续提升。习近平主席强调，中方坚定支持塞尔维亚维护国家主权和领土完整，愿同塞方继续加强战略对接，将中塞传统友好转化为更多务实合作成果。双方要共同建设好、运营好匈塞铁路，发挥好河钢斯梅戴雷沃钢厂等项目的经济社会效益，扎实推进基础设施建设等重点领域合作，同时积极发掘数字经济、科技创新等合作新增长点。双方要全面加强文化、教育、旅游、体育等领域合作，让中塞"铁杆友谊"在新时代焕发出新的光彩。塞尔维亚总统武契奇表示，塞中关系经受住了各种考验，塞方坚定奉行对华友好政策，在所有涉华问题上都同中国站在一起，坚定奉行一个中国政策。他对塞中"铁杆友谊"感到自豪。中国始终尊重并平等对待塞尔维亚，在塞尔维亚面临困难时，及时给予宝贵支持。中国的帮助和合作使塞尔维亚经济保持了良好发展，给人民带来巨大福祉。他很高兴此访期间双方将签署自由贸易协定等合作文件，这将为两国合作开辟新前景。塞方全力支持习近平主席提出的全球发展倡议、全球安全倡议、全球文明倡议，将继续积极参与共建"一带一路"，深化各领域友好合作。① 两国元首共同见证签署《中华人民共和国政府和塞尔维亚共和国政府自由贸易协定》等

---

① 《习近平会见塞尔维亚总统武契奇》，中国政府网，2023年10月17日，https://www.gov.cn/yaowen/liebiao/202310/content_6909762.htm，检索日期：2024年1月20日。

多项双边合作文件。① 该协定是中国与中东欧国家签订的第一个自由贸易协定，通过此协定，中塞双方将实现高水平相互开放，为两国企业创造更加便利、稳定、优惠的营商环境，为推动高质量共建"一带一路"和深化中塞全面战略伙伴关系带来新机遇。

在经贸务实合作方面，2023年4月25日，塞尔维亚副总理兼财政部长西尼沙·马利（Siniša Mali）与中国出口信用保险公司（以下简称"中国信保"）总经理盛和泰签署合作谅解备忘录，确定塞方2023年获得中国信保承保额度的项目，包括贝尔格莱德地铁、国家体育馆和"清洁塞尔维亚"污水处理项目等。截至2023年，中国信保在塞支持了贝尔格莱德新区供热管道、洛兹尼察—瓦列沃—拉扎雷瓦茨国道（伊维拉克—拉伊科瓦茨段）、"清洁塞尔维亚"污水处理项目一期、贝尔格莱德中央污水处理系统和新萨瓦河大桥等项目，对中塞双方在基础设施建设方面的友好合作提供支持。②

2023年6月15日，"中国-塞尔维亚企业贸易对接会暨签约仪式"在塞尔维亚首都贝尔格莱德举行。中塞两国企业在贸易对接会上签署多项贸易协议，合同总额超过5.1亿美元。2022年，中塞双边贸易额达到35.5亿美元，同比增长10.1%。此次贸易对接会旨在将优质塞尔维亚商品引入中国市场，涉及农副产品、矿产、化工、木材等领域，为中塞经贸关系发展带来新的机遇。

在2023年11月举办的第六届中国国际进口博览会（以下简称"进博会"）上，塞尔维亚担任主宾国，塞尔维亚总理布尔纳比奇以及多位塞尔

---

① 在此次论坛期间，中塞双方还签署了《中华人民共和国政府和塞尔维亚共和国政府关于防止盗窃、盗掘和非法进出境文化财产的协定》《中华人民共和国应急管理部与塞尔维亚共和国内务部在自然灾害防治和应急管理领域的合作谅解备忘录》《中华人民共和国应急管理部与塞尔维亚共和国劳动、就业、退伍军人和社会事务部开展安全生产领域合作的谅解备忘录》，中国人民银行与塞尔维亚国家银行签署了人民币清算安排的合作备忘录，中国出口信用保险公司与塞尔维亚财政部签署了合作谅解备忘录。

② 《塞尔维亚财政部与中国信保签署合作谅解备忘录》，中华人民共和国驻塞尔维亚共和国大使馆经济商务处网站，2023年4月26日，http://rs.mofcom.gov.cn/article/jmxw/202304/20230403407105.shtml，检索日期：2024年1月27日。

维亚部长和企业代表一同参会，希望能够通过进博会拓宽两国经贸合作领域，吸引更多的外资。11月6日下午，中国国家主席习近平在人民大会堂会见塞总理布尔纳比奇。习近平主席强调，中塞双方要共同努力建设好、运营好两国合作大项目，推动《中华人民共和国政府和塞尔维亚共和国政府自由贸易协定》早日生效，深化友谊与合作。

2023年4月1日，由中国企业承建的塞尔维亚E763高速公路新贝尔格莱德—苏尔钦段举行通车仪式。新贝尔格莱德—苏尔钦高速公路是E763高速公路的起始段，该段通车后，E763高速公路通车总里程已达140公里。此段公路的通车对人民日常出行、缓解交通压力、提升贝尔格莱德空气质量具有重要意义。年内，由中国机械设备工程股份有限公司在塞尔维亚承建的科斯托拉茨电站二期项目已进入点火并网前的关键阶段，这项两国共建"一带一路"能源领域务实合作的重点项目对保障塞尔维亚能源供应和改善民生具有积极意义。[①] 由中国路桥实施的"清洁塞尔维亚"污水处理项目第二批城市合同附件当年签署，时任中国驻塞尔维亚大使陈波出席签约仪式并表示，"清洁塞尔维亚"致力于提升塞尔维亚人民的生活水平和改善塞尔维亚水环境系统，期待越来越多的塞尔维亚公民感受到两国合作的积极成果。[②]

中塞其他领域的合作也如火如荼。2023年9月28日，中塞2023年警务联合巡逻启动仪式在塞尔维亚首都贝尔格莱德市中心的米哈伊洛大公街举行。此次警务联合巡逻不仅是两国在执法领域的一次深入合作，更能为访塞中国游客提供更多便利，促进中塞旅游产业合作。[③] 在2023年第44届贝尔

[①] 《驻塞尔维亚大使李明考察科斯托拉茨电站二期项目》，中华人民共和国驻塞尔维亚共和国大使馆经济商务处官网，2023年11月28日，http://rs.china-embassy.gov.cn/sgxx/sghd/202312/t20231201_11193194.htm，检索日期：2024年1月23日。

[②] "POTPISANI UGOVORI ZA DRUGU FAZA PROJEKTA„ČISTA SRBIJA"，清洁塞尔维亚官方网站，2023年5月12日，https://cistasrbija.rs/potpisivanjem-aneksa-ugovora-pocinje-druga-faza-projekta-cista-srbija/，检索日期：2024年12月22日。

[③] 《中塞启动2023年警务联合巡逻》，中华人民共和国驻塞尔维亚共和国大使馆官网，2023年9月28日，http://rs.china-embassy.gov.cn/sgxx/sghd/202309/t20230928_11153369.htm，检索日期：2024年1月23日。

格莱德国际旅游博览会上,中国担任主宾国,有20余家中国企业参加此届博览会。塞尔维亚总统武契奇出席开幕式,并在开幕式上高度评价中塞两国务实合作所取得的各项成果,欢迎更多中国游客前往塞尔维亚旅游,塞尔维亚将会热情款待中国游客。①

---

① 《塞尔维亚总统欢迎中国游客赴塞旅游》,新华网,2023年2月23日,http://www.xinhuanet.com/2023-02/23/c_1129390294.htm,检索日期:2024年1月11日。

B.12
《欧盟提案》的提出和影响

郑以然*

摘　要： 2023年，欧盟正式公布《关于科索沃与塞尔维亚关系正常化道路协议的欧盟提案》，希望在《布鲁塞尔协议》签署10周年之际解决科索沃问题。提案的出台与推进经历了重重波折。从对该提案的各方反应来看，欧盟、美国和俄罗斯持续就科索沃问题展开博弈：在俄乌冲突的背景下，欧美希望借此削弱俄罗斯的影响，稳固欧洲局势，在西巴尔干地区建立外交政策一致性，彰显在该地区的影响力。

关键词： 欧盟　塞尔维亚　科索沃

如果说巴尔干是"火药桶"，科索沃就是它的一根引信。对于塞尔维亚人而言，科索沃是塞尔维亚领土不可分割的一部分，这个历史上塞尔维亚王国和帝国的政治、文化和宗教中心被视为是塞尔维亚的"民族摇篮"。时过境迁，今天的科索沃地区大部分居民是信仰伊斯兰教的阿尔巴尼亚族人，2008年科索沃单方面宣布"独立"，对此塞尔维亚坚决抵制。[①] 此后，在欧盟的主导和美国的积极参与下，塞尔维亚和科索沃地区就其关系的"正常化"举行了多次谈判，但关于科索沃的历史矛盾仍长期悬置，危机重重。

---

* 郑以然，博士，首都师范大学国别区域研究院副研究员，主要研究方向为巴尔干研究、文化研究。

① 塞阿两个民族对科索沃的争夺在19世纪与奥斯曼帝国的斗争中就已出现。南斯拉夫社会主义联邦共和国时期，科索沃作为塞尔维亚的一个自治省成为南斯拉夫的一部分，当时阿族人口已经占当地人口的多数。南斯拉夫解体后，科索沃发表"独立宣言"，宣布成立"科索沃共和国"，但塞尔维亚始终未予承认。1998年2月科索沃战争爆发，1999年北约轰炸南联盟。科索沃战争结束后，根据1999年7月的联合国第1244号决议，科索沃由联合国托管。科索沃2008年2月单方面宣布"独立"后得到了美国和大多数欧盟国家的承认。中国和俄罗斯至今并不承认科索沃独立。

2023年，在2013年《布鲁塞尔协议》①签署10周年之际，欧盟正式公布《关于科索沃与塞尔维亚关系正常化道路协议的欧盟提案》（以下简称《欧盟提案》），做出解决科索沃问题的新尝试。但提案的出台与推进经历了重重波折，也与几次危机与冲突紧密交织，通往塞科关系正常化的路径仍不明朗。

一 俄乌冲突之下的巴尔干争夺战

《欧盟提案》尽管最先由法国与德国提出，但始终代表欧盟的利益。首先，解决科索沃地区的历史争议问题，推进塞科关系"正常化"，能最大限度地消除欧洲的不稳定因素，保证欧洲秩序稳定。其次，这是欧盟自身扩张和塞尔维亚与科索沃地区加入欧盟的前提条件。塞尔维亚2012年成为欧盟候选国，也已经和欧盟开启了入盟谈判，科索沃临时当局2022年12月15日正式提交了入盟申请，塞科关系"正常化"是它们加入欧盟的前提之一。

事实上，科索沃问题从来不仅是塞尔维亚与科索沃地区之间的问题，其背后是欧盟与美国、俄罗斯等大国力量的博弈与相互制衡。在俄乌冲突的背景下，这种较量升级。在美国的支持下，欧盟再次在科索沃问题上展现作为的一个主要目的就是削弱俄罗斯在巴尔干的现有和潜在影响。俄乌冲突爆发以来，欧盟担心这场冲突可能会重塑东南欧的地缘政治平衡，因此欧盟官员重申，加强欧盟与西巴尔干国家的接触对于维护欧洲安全比以往任何时候都更加重要。正是俄乌冲突使欧盟的扩张成为欧盟议程的首要任务，欧盟方面

---

① 2013年4月19日，塞科双方在两轮共十九次谈判后，签订了《关于"关系正常化"规则的首份协议》，即《布鲁塞尔协议》。但双方对协议的解读存在根本分歧：科索沃临时当局宣称该协议表明塞尔维亚已经承认了科索沃的主权、领土完整，而塞尔维亚则强调塞尔维亚永远不会承认科索沃为一个国家。《布鲁塞尔协议》的核心内容是建立塞族城市联盟：科索沃北部四个塞族占主体的城市高度自治，当地的警察部队可以被纳入科索沃的司法与警察体系，薪金由科索沃政府支付；警察指挥官必须由塞尔维亚人担任；法院也必须由塞族人占多数。欧盟将协助双方落实协议，双方互不阻止对方加入欧盟。此后的2015年，塞尔维亚政府和科索沃临时当局在布鲁塞尔又签署了关于在科索沃建立塞族城市联盟的协议，但科索沃临时当局多年来并未如约执行该协议，也未能建立塞族城市联盟。

一再向西巴尔干国家承诺，它们在欧盟内拥有未来。但近年来，这些国家的入盟进程停滞不前，需要更大的推力。

平息科索沃的潜在危机，不仅可以熄灭这个欧洲"火药桶"，长远来看也能加强欧盟和北约的力量。而欧盟在解决科索沃问题的新进程中扮演主要角色，也反映出其对于进一步实现战略自主的诉求。俄乌冲突暴露出的欧洲军事实力的不足以及美国的巨大作用使欧洲的官员和观察家得出结论："现在终于到了必须确保欧洲能够并成为自主战略参与者的时候了。"① 欧盟希望通过向西巴尔干扩盟限制俄罗斯在巴尔干的影响，也增加与美国抗衡的砝码。

有观点认为，解决科索沃问题，实现西巴尔干地区的永久和平，也是欧洲对所面临的严重能源危机的解决之道。2023 年初，"欧洲正在经历一个漫长、寒冷、污染严重的冬天"②，需要寻找替代能源，科索沃的褐煤储量占全世界的 20% 和欧洲的 1/3，其煤炭资源对欧洲的重要性上升。③

二 艰难达成的"口头协议"

2022 年夏末，欧盟外交与安全政策高级代表何塞普·博雷利·丰特列

---

① 2022 年 8 月《外交政策》（*Foreign Policy*）发表文章《朔尔茨和马克龙对欧洲抱有危险的野心》，其中提到，在科索沃等过去 30 年欧洲范围内发生交战的地方，"美国的作用是决定性的"。由于欧盟外交政策的一致性原则，欧盟很难做出重大战争决策——因此尽管存在种种缺陷，仍不得不由北约和美国为自己提供保护。参见"Scholz and Macron Have a Perilous Ambition for Europe", *Foreign Policy*, 2022 年 9 月 8 日, https://foreignpolicy.com/2022/09/08/european-strategic-autonomy-eu-security-macron-scholz-ukraine-defense-nato/，检索日期：2024 年 2 月 28 日。

② 这句话出自现驻布鲁塞尔的前科索沃外交官拉比诺特·霍查（Labinot Hoxha）。参见"In Northern Kosovo, Tensions Threaten to Boil Over", *Foreign Policy*, 2022 年 10 月 31 日, https://foreignpolicy.com/2022/10/31/serbia-kosovo-mitrovica-license-plates-threaten-tensions-boil-over/，检索日期：2024 年 1 月 28 日。

③ 有观点认为能源危机可能会给拥有煤炭的科索沃带来机遇。曾经庞大的奥比利奇发电厂以米特罗维察周围煤矿的煤炭为燃料，为阿尔巴尼亚、保加利亚、希腊和现在的北马其顿提供电力。参见"In Northern Kosovo, Tensions Threaten to Boil Over", *Foreign Policy*, 2022 年 10 月 31 日, https://foreignpolicy.com/2022/10/31/serbia-kosovo-mitrovica-license-plates-threaten-tensions-boil-over/，检索日期：2024 年 1 月 28 日。

斯和欧盟贝尔格莱德-普里什蒂纳对话和西巴尔干事务特别代表米罗斯拉夫·莱恰克拟定了意在推动塞科关系"正常化"的新方案，全称为《法国、德国和美国支持下的欧盟提案》。提案被提前透露给了塞尔维亚政府和科索沃临时当局。塞尔维亚总统阿莱克桑达尔·武契奇2022年8月向全国发表电视讲话时对该提案表示明确反对，称其违反了塞尔维亚宪法。[1] 但科索沃的阿族势力对提案表示支持。9月4日，法国总统马克龙和德国总理朔尔茨联合致信塞尔维亚总统武契奇，表明法德两国对塞科关系"正常化"进程的高度密切关注。

然而，在该提案提出的当口和欧盟早期在利益攸关方之间的穿梭外交过程中，科索沃局势始终处于动荡状态。2022年11月，科索沃北部车牌危机升级，[2] 武契奇宣布塞尔维亚军队进入"战备状态"。这场危机的爆发与升级显示了提案面临的重重阻力：塞尔维亚一如既往坚守底线，拒绝以任何形式官方承认科索沃"独立"，同时以"总理"阿尔宾·库尔蒂为首的科索沃临时当局由于欧美对其的单方面施压也显示了不合作的态度。欧盟警告，如果塞科双方不接受提案将有严重的后果，包括欧盟将停止和它们的入盟谈判等。

2023年1月21日，由德国、法国、意大利和美国代表组成的西方代表团去贝尔格莱德和普里什蒂纳，提出了有10个条款的新版提案。2月27日，在欧盟的调解下，塞尔维亚总统武契奇和科索沃临时当局"总理"库

---

[1] "LEAK：Franco-German Plan to Resolve the Kosovo-Serbia Dispute"，欧洲动态网，2022年11月9日，https://www.euractiv.com/section/enlargement/news/leak-franco-german-plan-to-resolve-the-kosovo-serbia-dispute/，检索日期：2024年2月28日。

[2] 2021年9月，科索沃和塞尔维亚之间的车辆牌照协议到期，科索沃单方决定不再颁发KS（科索沃）牌照，所有使用KS牌照的人必须换领RKS（"科索沃共和国"）牌照，同时塞尔维亚政府颁发的其他车牌亦不能在科索沃地区使用，这在科索沃北部塞族社区引发强烈不满。欧盟和美国从中斡旋，希望科索沃延期10~12个月执行有关法律，但科索沃不听从西方建议，虽然将决定的生效日推迟了数月，但只是分阶段逐步执行。科索沃北部塞族社区则要求科索沃取消新车牌令，以塞族警察和市政府官员辞职的方式表示强烈抗议。2023年12月底，塞尔维亚对车牌问题表现出新的态度，塞尔维亚政府科索沃和梅托希亚事务办公室主任佩塔尔·佩特科维奇（Petar Petković）宣布，自2024年1月1日开始，带有科索沃车牌的车辆被允许进入塞尔维亚，同时仍然明确表示，这不等于对科索沃的承认和对联合国1244号决议的背离。舆论认为塞尔维亚改变立场可能与2023年12月塞尔维亚议会选举之后发生质疑选举结果的骚乱后，欧盟对塞尔维亚政府的施压有关。

尔蒂在布鲁塞尔进行了会晤，作为在新和解进程中的第一轮谈判，会议没有签署任何书面文件，但《欧盟提案》①首次被公之于众。3月18日，塞尔维亚与科索沃临时当局代表在北马其顿奥赫里德举行了第二轮谈判，双方就《塞尔维亚和科索沃关系正常化道路协议执行附件》达成一致。因此，完整的协议包括《欧盟提案》和附件两部分。塞科双方被认为口头达成了这些协议。

提案申明"缔约双方意识到维护和平的责任，致力于促进富有成效的欧洲区域合作与安全，并克服过去的遗留问题，从历史事实出发，不质疑各方在地位争议等根本性问题上的不同看法，意识到边界不可侵犯、尊重领土完整和主权以及保护少数民族是和平的基本条件，本着为双方合作创造条件以造福于人民的愿望"就11条事项达成一致。

第1条为"在权利平等的基础上发展正常的睦邻友好关系"，包括双方将相互承认对方的相关文件和国家标志，包括护照、文凭、车牌和海关印章。

第2~4条要求双方主权平等，尊重彼此国家独立、自治和领土完整，双方应完全以和平方式解决彼此间的所有争端，不得使用威胁或武力。均不得在国际领域代表对方或代表对方行事。第4条和第5条尤其强调了"塞尔维亚不会反对科索沃加入任何国际组织"；"双方中的任何一方都不应阻止，也不应鼓励第三方阻止另一方根据自身优势在加入欧盟的道路上取得进展"。

第7条则提出确保科索沃塞族群体享有适当程度的自治并能在特定领域提供服务，包括塞尔维亚提供财政支持的可能性以及塞族群体与科索沃政府之间的直接沟通渠道。双方正式确定塞尔维亚东正教在科索沃的地位，并根据现有的欧洲模式，为塞尔维亚宗教和文化遗址提供强有

---

① "EU Proposal-Agreement on the Path to Normalisation Between Kosovo and Serbia"，欧盟EEAS官网，2023年2月27日，https://www.eeas.europa.eu/eeas/belgrade-pristina-dialogue-eu-proposal-agreement-path-normalisation-between-kosovo-and-serbia_en，检索日期：2024年2月28日。

力的保护。

在这份提案中，不阻止对方加入国际机构是科索沃的关键要求，而在科索沃地区建立塞族城市联盟则是塞尔维亚的诉求。这一提案也直接提及了欧盟的扩张进程，要求协议双方遵守欧盟条约中的基本价值观。

协议附件强调协议和附件将成为协议双方各自加入欧盟进程的组成部分，双方对欧盟需要承担新义务。根据附件，科索沃临时当局应立即开启和科索沃塞族代表的谈判，确保科索沃的塞族社区达到适当的自我管理水平。附件尤其强调了欧盟的主导地位，明确与实施协议相关的一切讨论都将在欧盟牵头的对话中进行。附件告知塞科双方任何不履行协议与附件的行为都可能对其加入欧盟进程和从欧盟获得财政援助产生直接的负面影响。

三 妥协困境下持续动荡的科索沃局势

《欧盟提案》提出后，其推进和落实在事实上陷入僵局，不仅如此，科索沃的紧张局势甚至还有所升级。塞科双方在应该从何开始执行协议上南辕北辙，这表明推进科索沃问题最终解决的困难性。

《欧盟提案》公布之后各方的反应预示着有关协议的落实绝不可能一帆风顺。提案公布后，塞尔维亚国内出现反对浪潮，数千人在贝尔格莱德集会反对签署协议，"科索沃是塞尔维亚的心脏""承认科索沃等于卖国"等言论频频出现。武契奇用"决不投降"来表达自己的态度，重申永远不会承认科索沃或允许其加入联合国，表示双方尚未就所有问题达成一致。在2023年3月18日的奥赫里德会议之前武契奇再度表示，自己尚未签署实施文件，也不会在奥赫里德会议上签署任何协议。① 塞尔维亚政府仍然认为应当先实现科索沃北部的塞族自治。2023年4月24日，科索沃临时当局以

---

① "Kosovo, Serbia Agree on Steps to Implement EU Normalisation Plan"，卡塔尔半岛电视台网站，2023年3月19日，https://www.aljazeera.com/news/2023/3/19/kosovo-serbia-agree-on-how-to-implement-eu-normalisation-plan，检索日期：2024年3月7日。

"独立国家"身份加入欧洲委员会的审批程序正式开启，塞尔维亚在该组织中的代表反对科索沃临时当局加入，虽然未能阻挠其入会进程，但也再次表明了其对科索沃地位的立场。

科索沃临时当局"总理"库尔蒂则坚持自己反对建立塞族城市联盟的一贯立场，认为这有损科索沃"主权和安全"，他对欧美的斡旋也表现出不妥协的态度，尽管这种强硬姿态使他在科索沃遭到反对党的质疑，反对党认为其破坏了科索沃与美国和欧盟的关系。① 科索沃临时当局坚持必须先在政治上得到塞尔维亚的正式承认，以此为落实协议其他部分的前提。

2023年5月2日，塞科双方的第三次谈判在布鲁塞尔举行，武契奇、库尔蒂、丰特列斯、莱恰克出席，谈判通过了附件中提到的《失踪人口宣言》，塞科双方承诺提供充分资料协助对方找到在1998年1月1日至2000年12月31日失踪的人员。但是，塞科之间的这种合作的势头并没有延续。

2023年5月，贝尔格莱德枪击事件震动全国并引发大规模游行与抗议，② 武契奇向媒体表示，自塞尔维亚政府拒绝"将科索沃拱手让给他们"后，西方就一直给塞尔维亚"制造麻烦"，而自己绝不屈服。在5月底武契奇号召举行的贝尔格莱德20万人大集会之前，科索沃北部城市兹韦钱再度发生冲突，塞族示威者试图阻止新当选的阿族市长进入市政府大楼就职，③ 与护送阿族市长进入市政府大楼的阿族警察发生冲突，多人受伤。武契奇同日下令塞尔维尔军队进入全面战斗警戒状态，并向科索沃方向移动。

此后，《欧盟提案》的落实更为困难。2023年6月21日，在希腊塞

---

① 《联合国科索沃临时行政当局特派团秘书长的报告》，联合国官网，2023年4月5日，https://documents.un.org/doc/undoc/gen/n23/088/30/pdf/n2308830.pdf，检索日期：2024年12月20日。

② 2023年5月3日，1名七年级学生枪杀了1名保安和8名儿童，6名学生和1位老师受伤，次日1名21岁男子持枪在2个村庄随机扫射，导致8人死亡和14人受伤。

③ 2023年4月底，科索沃北部的塞族市镇举行了市长选举，该镇此前的塞族公职人员因车牌问题辞职，由于塞族人对选举的抵制，最终投票率仅为3.47%，4名阿族候选人当选。

萨洛尼基（Thessaloniki）的欧盟-西巴尔干国家峰会20周年纪念活动上，欧盟计划举行的新一轮塞科对话未能进行。① 尽管双方代表均出席了9月11日在北马其顿斯科普里举行的"布尔多-布里俄尼进程"②峰会，共同参与发表《斯科普里宣言》③，然而就在几天之后的9月14日进行的双边谈判再次失败。10月21日，5名西方外交官④先后访问普里什蒂纳和贝尔格莱德，10月底，欧委会主席冯德莱恩访问西巴尔干，重申必须执行提案及其附件，然而欧盟方面并没有产生任何新的有执行力的决议。⑤

在2023年秋天于布鲁塞尔举行的高级别会议上，塞尔维亚领导人与科索沃临时当局负责人甚至拒绝会见，而是分别与丰特列斯交谈。9月19日，丰特列斯发表声明，表达他和欧盟对塞科双方未能履行协议的承诺的关切。他承认双方谈判没有进展，最重要的和实质性问题的解决尚未开始。"这是非常令人遗憾的，它充分说明双方缺乏对关系正常化的真正承诺。"⑥

---

① 塞尔维亚总统武契奇没有出席，科索沃临时当局"总理"库尔蒂晚一天前来，最终对话未能举行。
② "布尔多-布里俄尼进程"（Brdo-Brijuni Process）是西巴尔干地区的年度多边活动。2013年由斯洛文尼亚总统博鲁特·帕霍尔（Porut Pahor）和克罗地亚总统伊沃·约西波维奇（Ivo Josipović）发起，在斯洛文尼亚的布尔多城堡召开首次正式会议。该进程的主要焦点是扩大欧盟与西巴尔干国家的关系。其成员包括斯洛文尼亚和克罗地亚（欧盟成员国）以及来自西巴尔干地区欧盟成员国候选者和潜在候选者（包括塞尔维亚、黑山、阿尔巴尼亚、北马其顿、波黑、科索沃地区）。
③ 《斯科普里宣言》称欧盟和西巴尔干国家应尽快但不迟于2030年做好扩大准备，强调鉴于俄乌冲突及其在该地区的风险外溢，西巴尔干各国有必要加入欧盟。塞尔维亚总统武契奇和科索沃"总统"维约萨·奥斯马尼（Vjosa Osmani）出席。
④ 西方外交官包括莱恰克、美国副助理国务卿兼美国西巴尔干问题特使加布里埃尔·埃斯科巴尔（Gabriel Escobar）、法国总统外交和安全政策顾问伊曼纽尔·波恩（Emmanuel Bonne）、德国总理外交和安全政策顾问延斯·普莱特纳（Jens Ploetner）以及意大利总理的外交顾问弗朗切斯科·塔洛（Francesco Talo）。
⑤ "Von der Leyen Vows to Bring Western Balkan and EU Economies 'Closer' as Four-day Visit Starts"，欧洲新闻台网站，2023年10月30日，https://www.euronews.com/my-europe/2023/10/30/von-der-leyen-vows-to-bring-western-balkan-and-eu-economies-closer-as-four-day-visit-start，检索日期：2024年3月7日。
⑥ "EU Takes Kosovo and Serbia to Task for Lack of Implementation of Normalisation"，《布鲁塞尔时报》网站，2023年9月20日，https://www.brusselstimes.com/700040/eu-takes-kosovo-and-serbia-to-task-for-lack-of-implementation-of-normalisation，检索日期：2024年3月7日。

从西方在科索沃问题上的最新斡旋策略来看，给科索沃临时当局施压让其尽快建立塞族城市联盟是西方的主要做法。为此，科索沃临时当局令事态升级的一系列挑衅行为受到了来自西方的迅速而强烈的谴责。此间，已经和科索沃临时当局建立正式"外交关系"的德国和法国两国的在科大使也积极发声，劝导科索沃临时当局在塞科关系问题上开展合作。法国大使表示希望科索沃临时当局启动关于塞族城市联盟的谈判，鼓励科索沃临时当局提出方案，将之交由各方谈论。针对舆论出现的提案可能根本无法实现的悲观态度，德国大使表示，如果科索沃临时当局不能加入欧盟，那么年轻一代的塞族人和阿族人都将离开科索沃，因此科索沃临时当局必须推进这一提案。① 在对科索沃临时当局挥舞"大棒"的同时，欧盟方面也通过投喂其"胡萝卜"的方式试图争取其合作。2023 年 4 月 18 日，欧洲议会通过了对科索沃的签证豁免政策，允许持科索沃护照的公民在 180 天内在欧盟免签停留 90 天。

四　推进《欧盟提案》落实的动力和阻力

（一）西方欲使塞尔维亚摆脱俄罗斯的影响

《欧盟提案》的提出目的之一是"软硬兼施"，拉拢塞尔维亚。塞尔维亚自 2022 年 2 月俄乌冲突爆发以来一直未加入欧盟对俄罗斯的制裁，也是迄今为止唯一拒绝实施反俄制裁的欧盟候选国。因此，欧盟试图借其科索沃问题的提案迫使塞尔维亚"站队"，与俄罗斯保持距离，因为如果塞尔维亚不落实协议，该国的入盟进程就将中止，从欧盟获得的各种好处也将被取消。② 而

---

① "Ambasadori Francuske i Nemačke：Biće posledica ukoliko sve obaveze iz sporazuma ne budu ispoštovane"，科索沃北部 Kossev 新闻网，2023 年 3 月 31 日，https：//kossev.info/ambasadori-francuske-i-nemacke-bice-posledica-ukoliko-sve-obaveze-iz-sporazuma-ne-budu-ispostovane/，检索日期：2024 年 3 月 7 日。

② "Ekskluzive-Dokumenti i Fundit：Nëse nuk nënshkruhet Marrëveshja Bazë do ketë bllokim të procesit integrues, ngrirje të mbështetjes, kthim prapa në raportet me Perëndimin"，Albanian Post，2023 年 1 月 30 日，https：//albanianpost.com/ekskluzive-dokumenti-i-fundit-nese-nuk-nenshkruhet-marreveshja-baze-do-kete-bllokim-te-procesit-integrues-ngrirje-te-mbeshtetjes-kthim-prapa-ne-raportet-me-perendimin/，检索日期：2024 年 2 月 28 日。

塞尔维亚一旦加入欧盟，就必须在外交与安全政策上与布鲁塞尔的政策保持一致，包括对俄罗斯实施制裁，但与俄断绝关系对塞尔维亚的利益也将造成损害。

爱德华·约瑟夫[①]2023年3月22日在《外交政策》上撰文，称塞科达成了"历史性协议"，这是巴尔干地区二十多年来最重要的谈判，但他也看到了协议距离最终落实还存在很多不确定性，其最终达成"需要美国和欧洲的干预"。"只要美国和欧洲多一点努力和想象力，就可……使巴尔干地区免受俄罗斯等国的影响。"[②]

（二）西方欲维护其在西巴尔干的声誉

《欧盟提案》能否成功推行，对于欧盟和美国在西巴尔干的声誉也有重要意义。美国在该提案推进过程中逐步增强其影响力，虽然最初并非提出者，但后来也积极加入与塞科双方的斡旋谈判，且高调施压科索沃临时当局建立塞族城市联盟。美方之所以一反常态对科方更侧重"威逼"而非"利诱"，是因为在西方舆论看来，协议一旦失败，将严重损害欧盟和整个西方世界的信誉，因此如果斡旋一再失败，或者科索沃临时当局继续像之前那样我行我素地无视在布鲁塞尔达成的协议，那无疑是向全世界表明西方世界没有影响力。

在约瑟夫看来，科索沃问题暴露了欧盟解决其"后院"安全问题的无能。要成功推动塞科新协议的落实，约瑟夫认为布鲁塞尔必须拿出非凡的勇气和开展果断的行动，不能含糊其辞，消除外界对该协议及其所有条款的约束力的疑虑，而华盛顿则必须兑现其"更积极的参与"的承诺。他指出，这份协议"最大的漏洞"是尚有5个欧盟国家不承认科索沃临时当局，而

[①] 爱德华·约瑟夫（Edward P. Joseph）是约翰·霍普金斯大学高级国际研究学院教授，冲突管理专家。他在巴尔干地区服役了十几年，其中包括在美国陆军服役，并担任欧安组织驻科索沃代表团副团长。

[②] "Kosovo Has a Deal—If the West Can Save ", *Foreign Policy*, 2023年3月22日, https://foreignpolicy.com/2023/03/22/kosovo-serbia-deal-europe-united-states-ohrid/, 检索日期, 2024年4月18日。

如果科索沃临时当局加入欧盟和北约的进程继续拖延，可能会重新陷入危机。①

（三）科索沃问题存在潜在"外溢效应"

在西巴尔干地区，在科索沃问题之外的一个潜在的冲突风险点是波黑塞族共和国，该波黑实体的现任总统米洛拉德·多迪克近年来在言论和政治行动上都表现出不断加剧的分裂倾向，而科索沃的"独立"问题被他拿来和塞族共和国的"独立"问题挂钩。关于科索沃问题，多迪克在2023年初表示，塞族人，无论居住在哪里，都必须团结起来、共同进退，如果要拒绝《欧盟提案》，那么从政府到反对派乃至整个社会都必须一起拒绝，如果接受它，则全体塞族人也都应该共同认可这样做。② 当年6月，多迪克再次抛出他一贯的观点：为什么有人认为科索沃有可能独立，但塞族共和国应该继续作为波黑的一部分呢？③

---

① "Kosovo Has a Deal—If the West Can Save ", *Foreign Policy*, 2023年3月22日, https://foreignpolicy.com/2023/03/22/kosovo-serbia-deal-europe-united-states-ohrid/, 检索日期：2024年4月18日。

② "Dodik on European Proposal for Kosovo: Serbs Must Be United on This Issue", N1电视台网站, 2023年1月29日, https://n1info.ba/english/news/dodik-on-european-proposal-for-kosovo-serbs-must-make-this-decision-together/, 检索日期：2024年3月7日。

③ "Dodik: Why Does Anyone Think That It Is Possible for Kosovo to Be Independent And That Republika Srpska Should Remain a Part of Bosnia and Herzegovina", 科索沃在线新闻网, 2023年6月17日, https://www.kosovo-online.com/en/news/politics/dodik-why-does-anyone-think-it-possible-kosovo-be-independent-and-republika-srpska, 检索日期：2024年3月7日。

B.13
2023年波黑政治形势：
"危""机"之间

陈慧稚*

摘　要： 波黑国家财产分配问题近年来成为塞族和波族之间政治斗争的一大焦点，关系到波黑国家和实体关系的根本问题。2023年，在高级代表就此问题在波黑国家层面施加法律的可能性之下，波黑塞族共和国议会立法拒绝在该实体落实波黑宪法法院的判决和高级代表的决定，首次把对波黑宪法法院和高级代表权威的藐视写进该实体的法律。高级代表随即颁布了波黑刑法修正案，首次规定不遵守高级代表决定或阻碍其落实的或者拒绝落实波黑宪法法院判决的波黑官员将面临牢狱之灾和禁止担任官职的惩罚。在波黑政治危局之下，美欧继续通过"胡萝卜加大棒"的组合拳试图使波黑三族共同朝着加入欧盟的方向努力，在对波黑各方的制裁和激励方面都不断加大力度。其中，欧盟2023年建议和波黑开启入盟谈判。

关键词： 波黑　欧盟　美国　高级代表

　　1995年波黑战争结束以来，波黑的政治、经济和社会发展一直步履蹒跚。2023年，波黑陷入了一场较大的政治危机，作为波黑实体之一的塞族共和国的议会立法拒绝在该实体落实波黑宪法法院的判决和国际社会

---

* 陈慧稚，首都师范大学国别区域研究院特聘研究员，主要研究方向为波黑和巴尔干研究。

驻波黑高级代表（下称"高级代表"）的决定，对波黑宪法秩序和《代顿和平协议》发出了明确挑战。然而，波黑塞族共和国的高层政治人物认为自己是在捍卫《代顿和平协议》，因为根据该协议附件4的波黑宪法，波黑战后第一届波黑宪法法院9名法官在5年任期结束后，波黑议会可就其中3名外籍法官的去留另行立法决定，但在波族的反对之下始终未能实现有关立法，而现任高级代表克里斯蒂安·施密特未经联合国安理会批准的任命方式①也被认为有违该协议。

这场危机实际上是《代顿和平协议》之下波黑政治生态的延续，选举制度造成的波黑三个主体民族（波族、塞族和克族）分裂的政治阵营使得各民族有充分动力追求本民族而非三个民族共同利益的最大化。但这三个民族并不是没有共同利益，加入欧盟就是他们最大的共同诉求所在。2023年，波黑人仍保持着较高的入盟意愿。②但是，受制于代顿政治体系下长期形成的政治叙事，波黑三个民族仍然难以在共同改革问题上达成妥协。以美国和欧盟为代表的西方势力自波黑战争结束以来长期以"胡萝卜加大棒"的方式干预当地局势，但无法从根本上改善波黑在"危""机"之间徘徊的政治生态。

---

① 2021年5月27日，波黑和平实施委员会的领导委员会（Steering Board）在俄罗斯不同意的情况下，正式提名施密特为新任高级代表。施密特是第一个没有获得该委员会全体成员同意而被任命的高级代表。俄罗斯认为波黑形势已经有所改善，高级代表的工作不再必要，建议2022年7月1日关闭高级代表办公室，并于2021年7月在联合国安理会发起了对这一建议的投票，但未获通过。1995年12月在伦敦举行的波黑和平实施会议上成立的和平实施委员会由43个成员国和包括高级代表在内的12个国际组织和其他成员组成，还有一定数量的观察员国。其领导委员会成员包括加拿大、法国、德国、意大利、日本、俄罗斯、英国、美国、欧盟轮值主席国、欧盟委员会和由土耳其代表的伊斯兰合作组织，作用是为高级代表提供"政策指导"。

② 波黑欧洲一体化局（Direkcija za evropske integracije，DEI）2023年7月例行公布年度波黑加入欧盟民意调查的结果，73.3%的受访者表示，如果次日举行波黑入盟公投，自己将投下赞成票。"Istraživanje: Za ulazak BiH u EU 73, 3 posto anketiranih"，卡塔尔半岛电视台巴尔干分台网站，2023年7月13日，https://balkans.aljazeera.net/news/balkan/2023/7/13/istrazi vanje-za-ulazak-bih-u-eu-733-posto-anketiranih，检索日期：2024年1月17日。

一 "国家财产"问题阴影下的波黑政治纷争

长期以来,波黑塞族共和国方面认为波黑宪法没有明确赋予波黑国家的权力①都应为波黑各实体所有,现任波黑塞族共和国总统米洛拉德·多迪克领导的独立社会民主人士联盟自2006年在塞族共和国主政以来,否定此前高级代表动用"波恩权力"②并迫使塞族共和国议会通过的将实体职权转移到波黑国家的多部法律。在这方面,波黑塞族和波族近几年最大的争议点在于波黑国家财产③分配问题。

(一)塞族共和国立法连遭打压,采取极端抗争手段

十余年来,波黑宪法法院已在多份判决中判定波黑国家财产属波黑国家事权,但波黑塞族共和国不依不饶,2022年2月再次通过《用于公共行政的不动产法》,其中规定该波黑实体的公共行政主体对用于公务的不动产④拥有所有权。2022年9月,波黑宪法法院判决塞族共和国的这部法律有违

---

① 波黑宪法明确赋予波黑国家的职权包括外交,外贸,关税,财政(波黑央行),为波黑国家机构运转和波黑承担国际义务提供资金,移民、难民和外国人庇护,国际和实体间的刑事执法(包括与国际刑警组织合作),实体间共同的和跨国的通信设施、交通以及领空管理,但也规定波黑国家机构可以承担其他职权,包括:两个实体都同意转移给国家的职权,《代顿和平协议》附件中涉及的通过仲裁解决实体间的争议问题,人权保护,帮助难民和流离失所者返乡并确保其权利以及文化遗产保护,对维护波黑领土主权完整、政治独立和国际法律人格有必要的职权。波黑可以为此在国家层面增设政府机构。
② 和平实施委员会1997年在德国波恩召开的会议上进一步明确了高级代表可在何种事项上使用《代顿和平协议》赋予其在解释协议民事内容方面的最终权威。根据此授权,高级代表可在波黑各政党无法达成共识时采取临时措施,包括颁布法律。
③ 根据波黑宪法法院的意见,波黑国家财产是指波黑按照国际协议从南斯拉夫继承的以及波黑社会主义共和国拥有处置权的动产和不动产,但应仅包括楼房等,不涉及自然资源等体现波黑国家属性、主权和领土完整的公共物品。参见波黑宪法法院U-10/22号案件判决书,https://www.ustavnisud.ba/uploads/odluke/U-10-22-1342532.pdf,检索日期:2024年1月23日。
④ 该法律所指的不动产是塞族共和国各级政府自《代顿和平协议》签署以来用于公共行政的不动产。参见波黑宪法法院U-10/22号案件判决书,https://www.ustavnisud.ba/uploads/odluke/U-10-22-1342532.pdf,检索日期:2024年1月23日。

波黑宪法，并再次否定波黑实体具有在未获国家授权的前提下立法处置"国家财产"的权力。然而，塞族共和国当年12月再次通过了一部名称相同的法律，仅对于其所指称的不动产的范围做了进一步界定，明确其不包括1991年12月31日之前波黑社会主义共和国政府登记在册拥有处置权的不动产。

由于时任高级代表帕蒂·阿什当（Paddy Ashdown）2005年使用"波恩权力"颁布了临时禁止处置波黑国家财产的法律，① 现任高级代表施密特2022年4月和2023年2月两次叫停塞族共和国出台的有关法律，然而塞族共和国仍然从2023年3月开始实施这部法律。② 多迪克当时扬言，如果高级代表颁布有关波黑国家财产问题的法律，那么塞族将当即决定从波黑中分裂出去。③ 他在2023年底再次强调，国家财产问题是塞族共和国的"红线"，塞族共和国不会接受波黑国家层面的国家财产法，如果被施加这部法律，那么塞族共和国将"走上独立之路"。④

2023年4月，高级代表办公室组建了一个专家组，开始研究波黑国

---

① 2004年9月，和平实施委员会呼吁波黑永久性解决国家财产问题。当年12月，波黑部长会议决定在国家层面设立国家财产委员会，以制定波黑国家、各实体以及布尔奇科特区国家财产的认定和分配标准以及管理方式，并起草有关国家财产问题的法律，但该委员会直到2016年10月最后一次开会都无法达成共识，波黑部长会议2018年再次尝试组建委员会的努力也以失败告终。

② 由于波黑对国家财产没有国家层面的法律规制，多年来已经有相当数量的国家财产被下一级政府处置变现，主要位于塞族共和国。据2009年普查的统计，波黑将近1/3的国家财产属于国防财产，即南斯拉夫时期南斯拉夫人民军所有的财产，而塞族共和国政府据悉已经将该实体范围内2/3的这类国家财产变卖。参见"RS je već rasprodala dvije trećine imovine bivše JNA: Kod koga je novac javnih dobara svih građana?"，波黑klix新闻网，2023年3月22日，https://www.klix.ba/vijesti/bih/rs-je-vec-rasprodala-dvije-trecine-imovine-bivse-jna-kod-koga-je-novac-javnih-dobara-svih-gradjana/230320047，检索日期：2024年1月23日。

③ "Dodik sa partnerima najavio: Ako Schmidt riješi državnu imovinu, tu noć donosimo odluku o secesiji"，波黑klix新闻网，2023年3月16日，https://www.klix.ba/vijesti/bih/dodik-sa-partnerima-najavio-ako-schmidt-rijesi-drzavnu-imovinu-tu-noc-donosimo-odluku-o-secesiji/230316172，检索日期：2024年1月23日。

④ "Dodik najavio 'planove' za narednu godinu: Zbog imovine idemo u nezavisnost"，波黑klix新闻网，2023年12月27日，https://www.klix.ba/vijesti/bih/dodik-najavio-planove-za-narednu-godinu-zbog-imovine-idemo-u-nezavisnost/231227078，检索日期：2024年1月23日。

家财产问题，有颁布相关法律的倾向，对波黑宪法法院和高级代表早就心怀不满的塞族共和国执政精英决定先下手为强。当月，塞族共和国议会通过决议，要求波黑宪法法院当时唯一的塞族法官兹拉特科·克内热维奇（Zlatko Knežević）辞职。2024年初，克内热维奇已进入提前退休状态，波黑宪法法院已经没有任何来自塞族共和国的法官。2023年6月，塞族共和国议会通过《不实施波黑宪法法院判决法》，要求在波黑议会未通过所谓《宪法法院法》之前，在塞族共和国全境不落实波黑宪法法院的判决，被责成落实判决的个人也受到该法保护。同月，该实体议会还通过了《塞族共和国法律法规公告法》修正案，删除了塞族共和国政府公报应发布高级代表在其职权范围内颁布的法律法规这一条。这是塞族共和国首次把对波黑宪法法院和高级代表权威的藐视写进该实体的法律，① 令波黑局势骤然紧张起来。

2021年下半年，时任高级代表瓦伦廷·因兹科颁布的将否认种族屠杀罪入刑的波黑刑法修正案激起塞族的强烈不满，波黑也曾出现过类似的紧张局面。当年12月，该实体议会宣布将在未来6个月内出台有关成立该实体独立的司法、国防和安全以及间接税征管机构法案的决议，但是到了2022年，关于国家财产问题的争议取而代之，成为塞族和波族在国家和实体职权分配方面的主要争议。国家财产问题关系到波黑实体和国家关系的根本问题，但相对于恢复波黑塞族共和国军队建制②和安全部门这样的超敏感政治动作来说，火药味减少了一些。

---

① 高级代表瓦伦汀·因兹科（Valentin Inzko）在2021年7月离任前颁布了一项波黑刑法修正案，否认南斯拉夫国际刑事法庭等有关国际法庭所宣判的种族屠杀罪、反人类罪和战争罪的行为首次在波黑入刑。这一决定被普遍认为是针对波黑塞族对斯雷布雷尼察大屠杀的否认。塞族共和国朝野政党随即在该实体议会上通过决议，声明其不承认高级代表的合法性，不接受来自高级代表的任何决定，但并没有对此进行立法。

② 波黑战争结束后初期，波黑两个实体——波黑联邦和塞族共和国曾拥有各自的军队。出于加入欧盟以及同北约开展合作的诉求，波黑各族主要政党2001年提出开展国防改革，2003年波黑通过国防法并成立国防部，统一的波黑军队的组建在2006~2007年完成。

（二）立法争议损害发展预期，加剧政治斗争

令波黑国家财产问题更趋复杂化的是关于波黑森林河湖以及农田等自然资源所有权的问题。波黑宪法法院最初在 2012 年的一份判决[①]中将国家财产定义为："一方面包括政府所持有的服务于行政活动的动产和不动产；另一方面可以包括'公共利益'……依据其属性，其优先服务于一个国家的所有人民。"在 2020 年关于塞族共和国《农业用地法》合宪性的一份判决[②]中，波黑宪法法院重申了关于国家财产的以上定义，且指出农业用地为国家所有这一点在南斯拉夫时期有法律依据，因此今日波黑国家依法也应是农业用地的所有者。由此，塞族共和国《农业用地法》当中关于塞族共和国境内登记为全民所有财产的农业用地属于塞族共和国财产的条款被判违宪。

这一问题影响到塞族共和国对水资源等重要自然资源的开发利用。塞族共和国计划和塞尔维亚政府共同在波黑和塞尔维亚的界河德里纳河上修建"白瀑"（Buk Bijela）水电站，2016 年即向塞族共和国电力公司（Elektroprivreda RS）提供了项目所在地的租让许可，但波黑议会的一些波族议员以德里纳河属波黑国家财产，不容波黑实体单方面处置为由，将塞族共和国的有关决定控告至波黑宪法法院。波黑宪法法院在 2021 年 7 月的判决[③]中要求波黑国家层面的租让许可问题委员会对有关争议进行仲裁，但由于塞族方面的阻挠，该委员会已经"瘫痪"多年，该判决迟迟未能落实。[④] 2023 年 1 月，波黑宪法法院

[①] 波黑宪法法院判决 U-1/11，2012 年 7 月 13 日，https://www.ustavnisud.ba/uploads/odluke/_bs/U-1-11-508705.pdf，检索日期：2024 年 1 月 23 日。

[②] 波黑宪法法院判决 U-8/19，2020 年 2 月 6 日，https://www.ustavnisud.ba/uploads/odluke/_bs/U-8-19-1212620.pdf，检索日期：2024 年 1 月 23 日。

[③] 波黑宪法法院判决 U-16/20，2021 年 7 月 16 日，https://www.ustavnisud.ba/uploads/odluke/_bs/U-16-20-1281484.pdf，检索日期：2024 年 1 月 23 日。

[④] "Ustavni sud o snovima RS-a da bude država: Radom Komisije za koncesije bavit će se i Tužilaštvo BiH"，波黑 klix 新闻网，2023 年 1 月 20 日，https://www.klix.ba/vijesti/bih/ustavni-sud-o-snovima-rs-a-da-bude-drzava-radom-komisije-za-koncesije-bavit-ce-se-i-tuzilastvo-bih/230120153，检索日期：2024 年 1 月 23 日。

要求波黑检察院解决有关争端，但波黑检察院在年内没有采取任何行动。

由于波黑国家财产问题顶层立法"难产"，目前更多的争议是基于个别经济发展项目的司法博弈，既存在于不同民族之间，也存在于各民族内部。2023年11月，波黑联邦政府对林业用地性质变更问题发布行政命令，为一家英国采矿企业使用瓦雷什（Vareš）部分林业用地开了绿灯。但是此举很快就受到了来自波黑联邦执政联盟内部的挑战，来自人民与正义党的波黑议会民族院轮值议长凯马尔·阿戴莫维奇（Kemal Ademović）向波黑宪法法院控告波黑联邦政府这项行政命令涉嫌非法处置波黑国家财产而违宪，得到有利的判决。

在目前的情况下，只有波黑国家财产委员会能就解禁某一波黑国家财产的使用做出决定，但是波黑国家和实体之间在改变包括林业用地在内的国家财产的性质方面的职权分配尚未有立法。因此，波黑宪法法院在判决中指出，波黑联邦政府的这项行政命令是在没有上位法的情况下越权做出的，无法确保作为波黑国家财产的波黑联邦林业用地受到保护。①

二 美欧加强制裁和激励干预波黑局势

波黑塞族共和国的离心倾向长期以来是美欧在波黑的干预重点。随着波黑塞族政治精英近年来以波黑国家财产等问题为抓手，持续推动波黑实体权力扩大化，2022年以来，西方显著加大了对波黑塞族政治人物的制裁力度，并开始通过收紧供给波黑塞族共和国的资金试图使其改弦易辙。波黑塞族背后的俄罗斯影响也是西方对其进行打击的重要原因。

（一）波黑塞族政治精英受到全方位制裁

2022年，美国和英国挥舞"大棒"，共计对波黑12人次实施了制裁；

---

① 波黑宪法法院判决U-3/24，2024年7月11日，https：//www.ustavnisud.ba/uploads/odluke/_bs/U-3-24-1434804.pdf，检索日期：2024年8月11日。

2023年，美国更是对包括政界和社会个人在内的波黑5批次14人次实施了制裁，制裁强度为历年罕见。其中，来自塞族共和国的政商界人士在所有受制裁人员中占据大多数，而且波黑塞族共和国总统多迪克的亲属也被载入"黑名单"。西方对波黑人员发动制裁的名义包括涉腐、通俄、违反波黑宪法秩序和《代顿和平协议》、阻碍波黑政治运行和参与有组织犯罪等。

波黑塞族共和国议会2023年6月通过蔑视波黑宪法法院的法律之后，美国次月即对波黑主席团塞族成员热莉卡·茨维亚诺维奇（Željka Cvijanović）、波黑塞族共和国人民议会议长内纳德·斯特万迪奇（Nenad Stevandić）、塞族共和国政府总理拉多万·维什科维奇（Radovan Višković）和司法部长米洛什·布凯伊洛维奇（Miloš Bukejlović）四人同时实施制裁。至于几年前就登上了美国制裁名单的多迪克，他的儿子和女儿以及两人义联的塞族共和国企业在2023年也都被美国制裁。因涉波黑国家财产问题，波黑塞族共和国地质和财产法律事务署署长德拉甘·斯坦科维奇（Dragan Stanković）也受到美国制裁。同年，美国还制裁了长期担任波黑塞族共和国驻莫斯科代表处负责人的杜什科·佩罗维奇（Duško Perović），理由是其安排多迪克会见俄罗斯官员，并为一俄罗斯富豪向波黑塞族共和国政府谋求商业利益。①

除了多迪克的亲信和亲属，和其中一些人有关的亲多迪克的波黑塞族共和国媒体ATV也受到美国制裁，尽管该波黑实体的公共电视台——塞族共和国广电台（RTRS）——目前仍被多迪克势力牢牢掌控。然而，美国的制裁甚至还直接影响了受制裁波黑个人的日常生活，波黑本地银行迫于美国压力，关闭了他们的银行账户，这意味着他们无法正常领取工资。

如果说对政治人物个人的制裁在更大程度上打击的是他们的声誉，那么对其政绩工程"断血"可能把他们置于更困难的境地。从2022年开始，欧盟和个别欧盟国家也开始采取这种方式惩罚波黑政客——主要是塞族政客。针对波黑塞族共和国欲从波黑国家夺回药品和医疗器械管理以及法官和检察

---

① "The U. S. Government Designates Individuals and Entities in the Western Balkans for Corruption and Malign Activities"，美国财政部网站，2023年11月16日，https：//home.treasury.gov/news/press-releases/jy1916，检索日期：2024年1月23日。

官任命这两方面职权的行为，① 2022年初，欧盟方面宣布暂时不向波黑提供用于塞族共和国境内两个基础设施建设项目的资金，这两个项目分别是沙马茨—多博伊—里耶契察（Šamac-Doboj-Rječica）铁路线修缮以及多博伊—武科萨弗列（Doboj-Vukosavlje）泛欧"5C走廊"高速公路路段，所涉资金大约为6亿欧元。当年9月，欧盟方面表示，只要波黑"结束政治危机"，欧盟将很容易改变这一决定。② 多迪克对此表示不满，认为当时欧盟同意发放这笔资金是因为波黑政治势力之间解决了其他一些问题，所以不应该因为新问题的出现又克扣这笔钱。③

几乎和欧盟对波黑塞族共和国"断供"同时发生的是，德国政府叫停了对该波黑实体四个经济项目提供资金。这四个项目是特雷比涅（Trebinje）水电站的三期、四期修缮工程，赫尔古德（Hrgud）风电场以及波斯尼亚格拉迪什卡（Bosanska Gradiška）的污水处理项目，涉及金额达1.5亿欧元。德国政府2022年4月宣布暂停为这些项目提供资金，2023年8月宣布将不再为其提供资金。

（二）推迟敏感改革，推动波黑入盟进程

但是，在国家财产事权争议以及波黑宪法法院和高级代表权威问题上，

---

① 波黑塞族共和国反对党2021年披露新冠疫情期间塞族共和国部分医疗机构采购工业氧气作为医用氧气，时任波黑国家药管局局长亚历山大·佐拉克（Aleksandar Zolak）正是来自塞族共和国反对党。尽管受到来自欧盟的警告，时任波黑塞族共和国总统的茨维亚诺维奇仍在当年12月签署了《塞族共和国药品和医疗器械法》，根据该法律，该实体将从波黑国家收回有关领域的职权。参与该法律起草工作的塞族共和国政府卫生部长阿伦·舍拉尼奇（Alen Šeranić）2022年还为此受到美国制裁。该法律于2022年6月生效，但当年12月，波黑宪法法院判决其违宪。此外，2022年2月，塞族共和国议会曾通过塞族共和国高级法官和检察官会议法草案，欲从波黑高级法官和检察官会议收回任命该实体范围内法官和检察官的职权，但该法尚未在该实体议会通过。

② "Poruka iz EU: Dok je kriza, nema novca. Odgovor iz RS: Deblokada ili koncesija"，N1电视台网站，2022年9月17日，https://n1info.ba/vijesti/poruka-iz-eu-dok-je-kriza-nema-novca-odgovor-iz-rs-deblokada-ili-koncesija/，检索日期：2024年1月24日。

③ "Čovići Konakovićizvlače Dodika iz kazne: Lobiraju kod EU da odblokira račune RS-u"，波黑klix新闻网，2023年6月1日，https://www.klix.ba/vijesti/bih/covic-i-konakovic-izvlace-dodika-iz-kazne-lobiraju-kod-eu-da-odblokira-racune-rs-u/230601155，检索日期：2024年1月24日。

西方也对塞族抛出"胡萝卜",试图通过推迟敏感改革和立法来争取塞族的合作。

在波黑国家财产问题上,美国在 2023 年 5 月表明的立场是,国家财产原则上为波黑国家所有,有关国家财产所有权和管理权的立法权限仅在波黑议会层面,有关法律可规定波黑下级政府对部分国家财产有所有权和管理权。① 但是,高级代表办公室组建的专家组本计划于当年夏末秋初就这一问题出具有关意见,但年内并无下文。上任之初曾以"三板斧"强力干预波黑政治的高级代表在波黑国家财产问题上显得格外谨慎,也反映出该问题的敏感性。

塞族共和国议会 2023 年 6 月接连通过藐视波黑宪法法院和高级代表的法律之后,高级代表 7 月 1 日即颁布了波黑刑法修正案,首次规定波黑任一级政府官员以任何方式不遵守高级代表决定或阻碍其落实的,或者拒绝落实波黑宪法法院判决的,将面临 6 个月到 5 年的有期徒刑,还将被剥夺官职和禁止在立法、司法和行政部门中任职。基于该刑法修正案,波黑检察院很快便对多迪克以及塞族共和国政府公报部门负责人米洛什·卢基奇(Miloš Lukić)提起公诉,波黑法院 9 月正式受理此案。但此后因为种种原因,对于多迪克和卢基奇的审判迟迟没有举行。根据以往经验,对于波黑这类位高权重的政治人物的审判只会激起其所来自民族的民族主义情绪,无助于缓和波黑紧张的政治关系。在惩罚多迪克的问题上,高级代表也延续了 10 多年来避免撤换波黑民选官员的倾向。

西方不愿在波黑正值紧要关头再次激起各方矛盾还表现在欧洲人权法院又一份"塞伊迪奇—芬齐案"式判决②的反响上。2022 年 8 月,波黑主席团

---

① "Ambasada SAD-a: Državna imovina pripada državi, lažne tvrdnje vlasti u RS-u",波黑 klix 新闻网,2023 年 5 月 15 日,https://www.klix.ba/vijesti/bih/ambasada-sad-a-drzavna-imovina-pripada-drzavi-lazne-tvrdnje-vlasti-u-rs-u/230515139,检索日期:2024 年 1 月 23 日。
② 波黑主席团和波黑议会民族院成员仅限波黑三个主体民族人士,因不能成为这两个波黑国家机构的成员,波黑罗姆人戴尔沃·塞伊迪奇(Dervo Sejdić)和犹太人亚科布·芬齐(Jakob Finci)2016 年向欧洲人权法院状告波黑违反《欧洲人权公约》,法院 2009 年做出对其有利的判决。此后多年,有多名并非来自三个主体民族的波黑公民因被选举权受歧视向欧洲人权法院状告自己的国家,都得到对己有利的判决。欧盟将落实"塞伊迪奇—芬齐案"判决结果作为波黑入盟的前提条件之一。

克族成员热利科·科姆希奇①（Željko Komšić）的一名顾问斯拉文·科瓦切维奇（Slaven Kovačević）向欧洲人权法院起诉波黑违反《欧洲人权公约》，因为受制于波黑选举制度中地域和民族相结合的有关安排，波黑联邦的塞族公民无法进入波黑议会民族院，而波黑联邦公民也无法竞选波黑主席团塞族成员。② 2023年8月，在法院没有官方公布判决书的情况下，所谓判决结果遭到泄露，科瓦切维奇表示得到了有利于自己的判决。然而，该法院在年内都没有公布判决书，还在波黑政府意见不一致的情况下接受了波黑方面的上诉。③ 高级代表施密特在当年11月提交给联合国秘书长的例行《代顿和平协议》落实报告④中表示，如果科瓦切维奇案的判决结果得到确认，波黑各政党在宪法改革、落实欧洲人权法院和波黑宪法法院的已有判决上将更加困难。

当然，2023年西方对波黑给出的最大的激励还是11月欧盟委员会在当年欧盟扩大政策通讯⑤中提出的建议欧盟开启和波黑的入盟谈判，前提是波黑需"在必要程度上遵守欧盟成员国标准"，尽管欧委会在同一份通讯中指出，2019年至今，欧盟向波黑提出的作为波黑开启入盟谈判前提条件的4

---

① 热利科·科姆希奇出身于社会民主党的民主阵线联盟领导人，是亲波族的克族政治人物。
② 波黑宪法和选举法规定，波黑议会民族院塞族议员全部选自塞族共和国，波族和克族议员全部选自波黑联邦；波黑主席团塞族成员从塞族共和国中选出，波族和克族成员从波黑联邦中选出。
③ "Evropski sud u Strazburu prihvatio razmatranje žalbe na presudu Kovačevićignorišući Helezovo pismo"，波黑klix新闻网，2023年12月15日，https：//www.klix.ba/vijesti/bih/evropski-sud-u-strazburu-prihvatio-razmatranje-zalbe-na-presudu-kovacevic-ignorisuci-helezovo-pismo/231215028，检索日期：2024年1月23日。波黑2022届部长会议主席（政府总理）博里亚娜·克里什托（Borjana Krišto）来自波黑克族民主共同体，该党是科姆希奇的政治对手。
④ "64th Report of the High Representative for Implementation of the Peace Agreement on BiH to the Secretary-General of the United Nations"，高级代表办公室，2023年11月2日，https：//www.ohr.int/64th-report-of-the-high-representative-for-implementation-of-the-peace-agreement-on-bih-to-the-secretary-general-of-the-united-nations/，检索日期：2024年1月23日。
⑤ "2023 Communication on EU Enlargement Policy"，欧盟委员会官网，2023年11月8日，https：//neighbourhood-enlargement.ec.europa.eu/system/files/2023-11/COM_2023_690%20Communication%20on%20EU%20Enlargement%20Policy_and_Annex.pdf，检索日期：2024年1月18日。

方面14项关键优先改革目标当中,波黑只完成了2项。

来自波族的妥协和合作是解决波黑很多内政矛盾的关键。执政期间和多迪克领导的塞族政治势力剑拔弩张的波族最大政党民主行动党在2022年波黑大选后失势,社会民主党、人民与正义党和"我们的党"波族三党取代其在波黑和波黑联邦执政,对塞族和克族展现更开放的合作姿态。此后,西方通过对波黑联邦前总理法迪尔·诺瓦利奇(Fadil Novalić)和波黑情报安全局前局长奥斯曼·梅赫梅达吉奇(Osman Mehmedagić)等民主行动党高层发起制裁,试图通过打击民主行动党的声誉帮助该三党巩固执政地位,同时也敦促三党积极解决与塞族和克族之间的分歧。

但是,正如塞族和克族在其政治目标上更加顾及本民族利益一样,任何波族的执政党都很难冒着被本民族选民抛弃的风险在涉及波黑分合的关键问题上向塞族和克族让步。毕竟,根据波黑的选举制度,即使它们这样做,也不可能争取到其他民族选民的投票。国家财产问题就是一例。2023年4月,在很多问题上政见不合的波族朝野主要政党领导人签署联合声明,重申支持波黑宪法法院涉及波黑国家财产问题的判决,指出只有波黑国家有权处置国家财产。①

三 波黑短期政治形势展望

首先,受制于代顿政治制度,波黑三个民族在协同立法和改革上必将继续呈现阶段性的意愿不足,甚至严重的政治动荡。2024年,波黑迎来地方选举,波黑三个民族的执政联盟均受到来自反对阵营不同程度的挑战,炒作民族主义话题再次成为攫取选票的利器,在国家财产、法院系统立法等敏感问题上的立法和改革继续被搁置。

---

① "Komšić, Bećirović, Izetbegović, Konakovići drugi konačno jedinstveni: Državna imovina je iznad svega",波黑klix新闻网,2023年4月19日,https://www.klix.ba/vijesti/bih/komsic-becirovic-izetbegovic-konakovic-i-drugi-konacno-jedinstveni-drzavna-imovina-je-iznad-svega/230419071,检索日期:2024年1月23日。

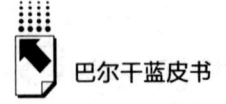

其次，科索沃地位的提升对波黑塞族共和国政治精英的政治操作将产生直接影响。多迪克不止一次把科索沃和波黑塞族共和国相提并论，① 如果科索沃在事实独立或加入国际组织的道路上有明显进展，波黑塞族或将加快离心进程。

最后，特朗普在2024年美国大选中胜出后，多迪克对美国政府支持塞族共和国独立寄予厚望。② 特朗普政府的波黑政策对于波黑政治形势将产生重要影响。尽管如此，从特朗普主掌白宫时的波黑政策来看，多迪克的分裂诉求并没有受到任何支持，多迪克本人还因此受到美国制裁。

---

① "Dodik: Separation of Kosovo from Serbia Inseparable from the Bosnian State Survival"，科索沃北部 Kossev 新闻网，2021年4月15日，https://kossev.info/dodik-separation-of-kosovo-from-serbia-inseparable-from-the-bosnian-state-survival/；"Dodik: Republika Srpska and Kosovo Want the Same Thing—Independence"，N1电视台网站，2019年11月4日，https://n1info.ba/english/news/a388467-dodik-republika-srpska-and-kosovo-want-the-same-thing-independence/，检索日期均：2024年8月11日。

② 多迪克2023年底曾说，如果特朗普再次当选美国总统，他就将宣布（塞族共和国）独立，参见"Bosnian Serb Dodik Says He'll 'Declare Independence' If Trump Retakes U.S. Presidency"，RFE/RL新闻网，2023年12月3日，https://www.rferl.org/a/bosnia-dodik-declare-independence-trump/32712061.html，检索日期：2024年8月11日。

附　录
巴尔干地区大事记（2023年1~12月）

1月1日　克罗地亚正式成为欧元区第20个成员国和申根区第27个成员国。

1月1日　在"开放巴尔干"倡议下，阿尔巴尼亚、塞尔维亚和北马其顿三国之间取消边境检查。

1月8日　波黑塞族共和国总统多迪克宣布授予俄罗斯总统普京最高荣誉勋章，以表彰他在双边合作中做出的贡献。

1月16日　阿尔巴尼亚和中国正式签署了《中华人民共和国政府和阿尔巴尼亚共和国部长会议关于互免持公务普通和普通护照人员签证的协定》，规定两国公民在对方国家停留不超过3个月，无须签证。该协定定于3月18日生效。

1月25日　新一届波黑国家政府宣誓就职。社会民主党、人民与正义党和"我们的党"成为来自波族阵营的执政党，波黑克族民主共同体和独立社会民主人士联盟继续领衔克族和塞族的执政党阵营。

2月16日　保加利亚总统拉德夫访问希腊，与希腊总理米佐塔基斯进行会晤，双方签署了油气方面的两份合作备忘录，保希欲新建输油管道，减少保加利亚对俄罗斯原油的依赖。

2月20日　中希文明互鉴中心成立仪式在雅典举行，中国国家主席习近平复信希腊学者祝贺中心成立。

2月20~21日　美国国务卿布林肯访问希腊，和希腊总理米佐塔基斯会谈，美国和希腊举行第四轮战略对话。

2月22日 由波兰、罗马尼亚和斯洛伐克三国共同举办的"布加勒斯特9国模式"特别峰会在华沙召开，讨论加强北约东翼安全、即将召开的北约维尔纽斯峰会以及继续支持乌克兰等安全议题。美国总统拜登和北约秘书长斯托尔滕贝格受邀与会。

2月22日 美国和斯洛文尼亚在华盛顿举行第三次战略对话。

2月27日 在欧盟调解下，塞尔维亚总统武契奇和科索沃临时当局"总理"库尔蒂在布鲁塞尔进行会晤，《关于科索沃与塞尔维亚关系正常化道路协议的欧盟提案》正式公布。

3月2日 塞尔维亚外交部长达契奇代表塞尔维亚参加了在阿塞拜疆首都巴库召开的不结盟运动联络小组峰会，重申塞尔维亚将继续致力于通过对话途径和平地解决科索沃问题。

3月6~9日 罗马尼亚总统约翰尼斯访问日本，罗日宣布建立战略伙伴关系，两国将在经济、科技创新、人员交流等方面深化双边合作。

3月15日 罗马尼亚总统约翰尼斯访问保加利亚，两国签署建立战略伙伴关系的宣言，双边关系提升到新高度。

3月18日 在欧盟的主持下，塞尔维亚和科索沃地区在北马其顿奥赫里德进行了第二轮关于科索沃问题的谈判，双方就《塞尔维亚和科索沃关系正常化道路协议执行附件》达成一致。

3月19日 黑山举行第一轮总统选举，"现在欧洲"党候选人米拉托维奇和时任总统久卡诺维奇进入第二轮总统选举。

3月29日 黑山同阿尔巴尼亚、北马其顿和科索沃地区联合发起了旨在深入推进欧洲一体化进程的"西巴尔干四方机制"，目标是使西巴尔干尚未加入欧盟的国家和地区完全遵守欧洲共同外交和安全政策。

3月31日 克罗地亚总理普连科维奇2022年2月以来第二次访问乌克兰，会见乌克兰总统、总理和最高拉达（议会）主席。

4月2日 黑山进行第二轮总统选举，"现在欧洲"党候选人米拉托维奇获得58.88%的选票当选新一届黑山总统，久卡诺维奇的政治力量再遭打击。

4月2日 保加利亚议会举行两年来的第5次议会选举，前总理鲍里索夫领导的公民党和亲欧洲的自由主义联盟得票数最高。

4月2日 阿尔巴尼亚总理拉马、北马其顿总理科瓦切夫斯基和塞尔维亚总统武契奇等"开放巴尔干"倡议三国领导人在意大利维罗纳举行倡议峰会，宣布在"开放巴尔干"框架内相互发放工作许可方面达成协议。

4月3日 西巴尔干未入盟国家外交部长集体在意大利首都罗马出席由意大利政府组织的高层会议，欧盟邻国政策和扩大事务专员瓦尔赫利和欧盟轮值主席国瑞典外交部长比尔斯特罗姆与会。

4月3日 位于海牙的科索沃特别法庭开始对萨奇、韦塞利、克拉斯尼奇和塞利米等前"科索沃解放军"领导人进行审判，他们被控在1998~1999年科索沃战争期间犯下反人类罪和战争罪。

4月7日 塞尔维亚和北马其顿政府代表在北马其顿首都斯科普里签署欧洲一体化合作备忘录。

4月13日 罗马尼亚在"克里米亚平台"的支持下在布加勒斯特召开首次黑海安全会议，共有20多个国家和国际组织的高级官员参会。

4月18日 欧洲议会通过对科索沃地区的签证豁免政策，允许持科索沃地区护照的公民180天内在欧盟免签停留90天。

4月20日 阿尔巴尼亚部长会议决定取消对俄罗斯公民的免签。

4月23日 科索沃北方四个塞族市镇举行市长补选，遭到当地塞族人抵制，结果阿尔巴尼亚族候选人以不足4%的投票率"当选"北部塞族城市市长。

4月24日 欧洲委员会部长委员会会议以33国赞成、7国反对、5国弃权、1国缺席的结果通过了科索沃地区的入会申请。

4月25日 保加利亚、罗马尼亚、匈牙利和斯洛伐克的天然气运营商与阿塞拜疆天然气行业巨头SOCAR签署供气备忘录。

5月2日 塞尔维亚和科索沃地区第三次关于科索沃问题的谈判在布鲁塞尔举行，会上通过《塞尔维亚和科索沃关系正常化道路协议执行附件》中提及的《失踪人口宣言》，双方承诺提供充分资料协助对方找到在1998

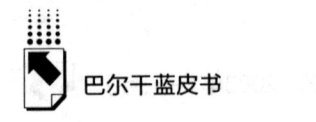

年1月1日至2000年12月31日期间失踪的人员。

5月12日 阿尔巴尼亚当局逮捕希马拉市市长候选人、希腊裔的弗雷迪·贝莱里，此事引发阿尔巴尼亚和希腊的外交争端。

5月14日 阿尔巴尼亚举行地方选举，总理拉马领导的社会党大获全胜。

5月21日 希腊举行第一轮议会选举。

5月22日至6月2日 包括阿尔巴尼亚、保加利亚、克罗地亚、黑山、北马其顿和斯洛文尼亚在内的多个巴尔干国家与驻欧洲美军一起参加"立即反应23"军事演习。

5月25日 塞尔维亚国家安全情报局局长武林出席第十一届莫斯科国际安全会议。

5月26日 在4月地方补选中"当选"的科索沃北方塞族市镇阿族市长在科索沃临时当局特警的护送下强行进入市政大楼就职，引发当地塞族民众同科警方和北约驻科索沃维和部队的冲突。当地塞族人此后连续多日举行抗议，北约宣布向科索沃增派维和兵力。

5月26日 司法协助倡议外交会议第18次大会在斯洛文尼亚首都卢布尔雅那举行，通过《卢布尔雅那-海牙司法互助公约》。该会议是斯洛文尼亚有史以来举办的最大规模的外交会议。

5月29日至6月9日 斯洛文尼亚军队第11次主办国际军事演习"亚得里亚海打击"，克罗地亚、阿尔巴尼亚、波黑、北马其顿、黑山、希腊和罗马尼亚等巴尔干国家和22个其他国家共同参与。

5月31日 前南斯拉夫和卢旺达国际刑事法庭余留机制上诉庭对涉前塞尔维亚情报部门高官斯塔尼希奇和西马托维奇案做出终审判决，两人因在波黑和克罗地亚战争中犯下的罪行被判处各15年有期徒刑。这是余留机制上诉庭宣判的最后一起前南国际刑事法庭关闭后移交的国际刑事案件，至此，前南刑庭涉1991年以来前南地区战争的所有积案都已结案。

6月6日 保加利亚议会正式批准新政府的提名，保加利亚总理职位历史上首次将由两派代表轮流出任。

6月11日 黑山进行提前议会选举，总统米拉托维奇所在的"现在欧洲"党在议会选举中赢得了最多的25.53%的选票。

6月14日 塞尔维亚逮捕三名据称企图进入塞尔维亚内地的科索沃阿族警察，科索沃局势再起波澜。

6月15日 乔拉库领导的罗马尼亚新政府在议会投票中获得压倒性支持。

6月15~27日 塞尔维亚与美国领衔的十几个北约国家在塞尔维亚布亚诺瓦茨举行"白金狼23"的联合军演。

6月16日 2023年普雷斯帕论坛在北马其顿斯特鲁加举行，巴尔干主要国家领导人出席。该论坛是为纪念2018年北马其顿和希腊达成的关于北马其顿国名更改的《普雷斯帕协议》而设立的。

6月21日 欧盟—西巴尔干首脑峰会20周年纪念活动在希腊塞萨洛尼基举行。

6月21日 波黑塞族共和国议会通过《塞族共和国法律法规公告法》修正案，删除塞族共和国政府公报应发布高级代表在其职权范围内颁布的法律法规这一条，首次把对高级代表权威的藐视写进该实体法律。

6月25日 希腊议会选举第二轮举行，希腊总理米佐塔基斯领导的保守派新民主党大获全胜，米佐塔基斯也确保了自己的第二个任期。

6月27日 波黑塞族共和国议会通过《不实施波黑宪法法院判决法》，要求在波黑议会未通过所谓《宪法法院法》之前，在塞族共和国全境不落实波黑宪法法院判决，被责成落实判决的个人也受到该法保护。

7月1日 国际社会驻波黑高级代表施密特颁布波黑刑法修正案，将不遵守高级代表决定或阻碍其落实的行为入刑，高级代表及其"波恩权力"首次被写入波黑国内法律。

7月6日 乌克兰总统泽连斯基访问保加利亚，乌保达成多项重要协议，保政府承诺参与乌克兰战后重建。

7月14日 斯洛文尼亚总理戈洛布上任后首次正式访问克罗地亚。

7月16日 第三次中克警务联巡启动仪式在克罗地亚首都萨格勒布举

行，中克两国时隔两年再次开展旅游季警务联巡，这也是新冠疫情以来中国警方首次赴海外执行联合巡逻任务。

8月18日 乌克兰总理什梅加尔访问罗马尼亚，与罗马尼亚总理乔拉库签署了关于乌克兰粮食通过罗马尼亚转运的协议。

8月21日 欧盟与乌克兰以及巴尔干国家和地区的领导人在雅典召开非正式会议，与会领导人签署一份重点支持西巴尔干、乌克兰和摩尔多瓦融入欧盟的联合声明。因为阿尔巴尼亚和希腊之间关于阿尔巴尼亚希腊裔政治人物被捕的争端，阿尔巴尼亚总理拉马缺席。

8月23日 塞尔维亚总理布尔纳比奇线上参加在乌克兰首都基辅举行的第三届"克里米亚平台"峰会，这是塞尔维亚首次参加该峰会。

8月28~29日 布莱德战略论坛在斯洛文尼亚布莱德举行，欧洲理事会主席米歇尔在论坛发言中提出，欧盟和西巴尔干地区必须到2030年做好扩盟准备。

9月6~7日 "三海倡议"峰会在罗马尼亚布加勒斯特举行，希腊成为该倡议的第13个成员国，乌克兰和摩尔多瓦共和国成为该组织的合作伙伴国。

9月11日 "布尔多—布里俄尼进程"区域首脑会议在北马其顿首都斯科普里举行，会议发表的宣言重申了西巴尔干地区国家对推进欧洲一体化进程的承诺。

9月14日 美国国防部向保加利亚捐赠的网络防御中心举行揭幕仪式。

9月24日 科索沃北部兹韦钱市巴尼斯卡村发生塞族武装人员与科索沃警察之间的武装冲突，3名塞族人在枪战中被击毙，1名阿族警察身亡、1人受伤。

9月25日 美国和保加利亚举行第二次高级别战略对话，两国发布联合声明。

9月28日 中国与塞尔维亚的2023年警务联合巡逻启动仪式在贝尔格莱德举行。

10月8日 希腊举行第一轮地方选举，新民主党大获全胜。

10月10日 乌克兰总统泽连斯基访问罗马尼亚，和罗马尼亚总统约翰尼斯就地区安全和双边关系进行会谈。

10月11日 罗马尼亚总统约翰尼斯访问匈牙利，罗马尼亚总统14年来首次访匈。

10月13日 保加利亚通过对经其领土供应的"土耳其溪"俄罗斯管道天然气征收过境税的法案。

10月15日 希腊举行第二轮地方选举，新民主党失去在雅典和塞萨洛尼基这两个重要城市对权力的绝对控制。

10月16日 西巴尔干柏林进程峰会在阿尔巴尼亚首都地拉那举行，西巴尔干地区政府领导人全部与会，这是该峰会首次在欧盟境外举办。

10月17~18日 塞尔维亚总统武契奇率高级代表团在中国北京参加第三届"一带一路"国际合作高峰论坛。武契奇和中国国家主席习近平进行会晤，中塞两国政府签署了共建"一带一路"、部门间产业与投资合作、经济发展政策领域交流合作共三份合作文件及《中华人民共和国政府和塞尔维亚共和国政府自由贸易协定》。

10月21日 为应对恐怖主义威胁和移民压力，斯洛文尼亚再次开始对该国与克罗地亚和匈牙利的边境实施临时管制。意大利同日开始对斯洛文尼亚实施临时边境管制。

10月29日 保加利亚地方选举第一轮举行，公民党拔得头筹。

10月29日至11月1日 欧盟委员会主席冯德莱恩访问北马其顿、科索沃地区、黑山、塞尔维亚和波黑，讨论欧盟与当地的合作以及介绍欧盟准备对西巴尔干地区推出的新增长计划。

10月31日 新一届黑山政府成立，亲俄势力进入执政联盟。

11月3日 希腊总理米佐塔基斯访问中国，和中国国家主席习近平进行会晤，表示希腊愿作为中国和欧盟之间的沟通桥梁，两国领导人共同表达了进一步深化合作的意愿。

11月5日 保加利亚地方选举第二轮举行，公民党为最大赢家，在四个最大城市中赢得两个，但在首都索非亚失利。

11月6日 阿尔巴尼亚和意大利达成合作协议，决定在阿尔巴尼亚建设两个收容场所，用于暂时收留由海路进入意大利的非法移民。

11月19~22日 北约秘书长斯托尔滕贝格访问波黑、科索沃地区、塞尔维亚和北马其顿，重申西巴尔干地区对于北约具有战略意义。

11月22日 保加利亚议会批准向乌克兰捐赠100辆装甲运兵车的协议。

11月22日 "中欧合作倡议"外交部长年会在摩尔多瓦首都基希讷乌举行，除希腊之外的所有巴尔干国家都是该组织成员。

12月4日 罗马尼亚总理乔拉库访问美国，会见美国国务卿布林肯，并与美国国防部长、能源部长举行会晤。

12月7日 希腊-土耳其高级别合作委员会第五次会议在雅典举行，希腊总理米佐塔基斯和土耳其总统埃尔多安出席，双方表达了在贸易、电力、体育、科技、旅游等众多领域的合作意愿，希方重申支持土耳其加入欧盟的立场。

12月7日 北马其顿电力公司下属的天然气部门开始采购保加利亚公司Graystone供应的天然气，以减少对俄罗斯天然气的依赖。

12月8日 保加利亚议会再次批准了向乌克兰提供额外军事援助的计划，将对乌克兰再提供一批防空导弹。

12月10日 供应阿塞拜疆天然气的塞保天然气管道系统启动仪式在塞尔维亚南部城市尼什举行，塞尔维亚总统武契奇、保加利亚总统拉德夫和阿塞拜疆总统阿利耶夫出席。

12月11日 中国人民银行宣布，已和塞尔维亚政府签署在塞尔维亚建立人民币清算安排的合作备忘录。

12月13日 欧盟-西巴尔干国家峰会在布鲁塞尔举行，会后发表的《布鲁塞尔宣言》重申欧盟对西巴尔干国家加入欧盟的"全面和明确的承诺"，并呼吁这些国家深化改革以"加快入盟进程"。

12月15日 欧洲理事会会议结论提出，只要波黑达到一定程度的成员国标准，就将开启同其入盟谈判，并重申欧盟推动西巴尔干入盟政策的决心。

12月17日 塞尔维亚举行议会和地方选举。议会选举中，前进党得票率为46.75%，主要反对党联盟"塞尔维亚反对暴力"得票率为23.66%。前进党在贝尔格莱德以更为微弱的优势胜过"塞尔维亚反对暴力"联盟。

12月20日 保加利亚议会通过宪法修正案，限制总统权力。

12月26日 塞尔维亚政府科索沃和梅托希亚事务办公室宣布，自2024年1月1日开始，带有科索沃车牌的车辆被允许进入塞尔维亚，同时仍然明确表示，这不等于对科索沃的承认和对联合国1244号决议的背离。

12月30日 欧盟理事会宣布，从2024年3月31日起取消罗马尼亚与保加利亚的空中和海上边境管制，同意两国部分加入申根区。届时，罗保两国的空中和海上边境将正式按照申根区国家边境管理方式进行管理。

Abstract

After the end of the Cold War, the Balkans has gradually gone from Balkanization to Europeanization, and EU membership has become a priority diplomacy goal for countries of the region which were not yet EU members. Meanwhile, due to the prominent geopolitical position of the region, outside stake holders such as Russia and the United States are also drawn to it. This results in a close correlation of domestic politics of Balkan countries and international relations, especially in those Balkan countries with internal ethnic disputes and/or border disputes with neighbors. In this regard, the impacts of the conflict between Russia and Ukraine on this region grew stronger and stronger in 2023.

Under the influence of the conflict between Russia and Ukraine, the EU continued to intensify its engagement with the Balkans in order to manage risks and enhance its leadership role in settling regional disputes and propelling reform. In a renewed effort to mediate in major regional disputes involving Kosovo and Bosnia and Herzegovina, the EU made a new proposal aiming at the "normalization of relations between Serbia and Kosovo" and continued to push Bosnia and Herzegovina forward on its EU integration process through the carrot-and-stick approach. Besides, the EU introduced the Growth Plan for the Western Balkans as its flagship initiative in 2023 and implemented its concept of a "phased and gradual" accession for Western Balkan countries. However, the efforts have yielded only limited results, with the situation in Kosovo still unstable and the domestic politics of Bosnia and Herzegovina bogged down in disputes. Western Balkan countries made no significant progress in EU accession in 2023.

Meanwhile, the United States has also directed more attention and investment into the region, notably by increasing its military assistance to Balkan countries,

Abstract

enhancing its alliance relations with those countries via NATO, cracking down on pro-Russian forces of the region and supporting the EU's regional policy. Since most Western Balkan countries followed the Russia policy of the EU and the United States after the outbreak of the conflict between Russia and Ukraine, the relations between Russia and Western Balkan countries have seen shifts. Although Western Balkans has since faded out in diplomatic priorities of Russia, the influences of Russia on the ground have sustained. In general, the structural pressure brought about by the antagonism of the EU, the United States and NATO against Russia increased the instability of the region.

In face with the accelerated transformation of the world in 2023, the relations between the Balkans and China have again shown great resilience, witnessed by the growing interdependence between the two sides in functional fields such as trade and investment, digital technology and green energy.

Apart from the geopolitical pattern of the region, this report also discusses the post-pandemic economic development of the region in 2023. The topical report on the economic situation of the region shows that Balkan countries experienced economic growth slowdown in 2023 after a strong economic recovery in the post-pandemic era, but their growth rates were generally higher than those of EU and the Euro Area, reflecting the growth potential of the Balkan region. However, Balkan countries are faced with both serious labor shortage and high unemployment rate. One of the special reports discusses the economic situation of Croatia, which became a new member of the euro area in 2023, and finds that while the new development has brought numerous economic, social, political, and security benefits to the country, it has also introduced certain challenges to its society.

Keywords: Balkans; European Union; United States; Russia; China

Contents

I   General Report

B.1   The Transformation of the Balkans: From Balkanization to Europeanization   *Zhu Xiaozhong* / 001

    Abstract: Located at the strategic focal point of the Eurasian continent, the Balkan Peninsula has long been an arena where clashes of civilizations, schisms of churches, confrontations of ethnicities and competitions of great powers or their groupings tend to take place. Since centuries of reign from an alien nation cut the peninsula off from major historical trends of Europe as well as the society and economy of the continent, Balkan countries were for a long time in history pre-industrial societies. Meanwhile, the agreements, conflicts and bargaining around the Balkans between great European powers consequently turned the peninsula into a "power keg" of Europe. After the ending of the Cold War, the Balkans, with a long history of so-called Balkanization, have been driving towards Europeanization. This is a key event in European history. Through this new process, the Balkans are expected to attain stabilization and socio-economic development with relieved historical burdens, while it also represents an important opportunity for Europe to finally achieve unification through peaceful means on the perspectives laid out by Immanuel Kant. Currently, various stake holders have set foot in the Balkans to seek their interest, gravitated to the region for its geopolitical significance. The dynamics in the relations between the stake holders have exerted additional influences to the political and economic development of Balkan countries.

Keywords: Balkans; Europe; Geopolitics

Ⅱ Topical Reports

B.2 Balkan Political Situation in 2023　　　　　　*Li Jianjun* / 028

Abstract: Since the outbreak of the Russia-Ukraine Conflict, its impact on the Balkans, which has a prominent geopolitical position, has been growing. In 2023, the domestic politics of Balkan countries was still closely linked with international politics. Concerned about the spillover effect of the potential conflict in Kosovo, the European Union continued to lead negotiations on the status of Kosovo between Belgrade and Pristina, but the talks failed to stabilize the situation on the ground with tensions growing in Kosovo which has long been a conflict hotspot in the region. In the meantime, the Republika Srpska of Bosnia and Herzegovina has intensified its struggle to achieve independence from the country. While Croatia has joined the Schengen area and eurozone, North Macedonia's accession process has stalled and Montenegro has lost focus on key reforms. While the political and economic pattern was being reshaped in Europe, the politics of Balkan countries was also undergoing new turbulences, with the emergence of the "Serbia Against Violence" movement, political shift in Montenegro, the new coalition government in Bulgaria, and the rise of the far-right in Romania in the spotlight.

Keywords: Balkans; Politics; Diplomacy; European Union

B.3 Balkan Economic Situation in 2023　　　　　　*Zhang Juan* / 054

Abstract: Balkan countries experienced economic growth slowdown in 2023 after a strong economic recovery in the post-pandemic era, while their growth rates were generally higher than those of EU and the Euro Area, reflecting the economic growth potential of the Balkan region. The digital transformation and green transition in Balkan countries accelerated their economic growth. The price of energy, food and service went down in 2023, easing the pressure of inflation in Balkan countries. Balkan countries faced both serious labor shortage and high unemployment rate. As Balkan countries are highly dependent on EU for their trade and investment, and they are important notes of EU industrial chain and value chain, they benefit from near-shoring and off-shoring. However, Balkan countries are also affected by the economic slowdown in EU. The EU member states in Balkan and Serbia were more attractive to foreign investment because of their advantage in labor cost and transportation.

Keywords: Balkans; European Union; Economy; Trade; Investment

B.4 Balkan Foreign Relations and Security Situation in 2023

Xu Hengyi / 081

Abstract: In 2023, the European integration process of non-EU Western Balkan countries was significantly influenced by geopolitical and internal/external factors, resulting in their slow progress towards EU membership. However, the governments of these countries still actively pursued European integration, seeking comprehensive economic, social, and political alignment with the EU. Meanwhile, the Balkan countries which are EU member states aimed to further deepen their integration with the EU, particularly in areas such as currency and freedom of movement. In addition to the EU, the Balkan countries also emphasized their relations with major global powers like the United States, Russia, and China, as well as important international organizations. In 2023, various regional cooperation mechanisms played positive roles in regional cooperation in the Balkans, although a mix of cooperation and conflict is likely to remain a norm. In terms of security and defense, NATO's activity in the Balkans has increased significantly. Overall, Balkan countries faced dual security challenges from both within and outside the region in 2023.

Keywords: Balkans; European Integration; NATO; European Security

Ⅲ The Relations of the Balkans with Major Powers

B.5 Evolution of EU's Western Balkans Policy in 2023

Yang Bowen / 097

Abstract: In 2023, the EU continued to increase investment in the Western Balkans since the outbreak of the Russia-Ukraine Conflict. Its regional policies include two major aspects: First, accelerating the EU accession process of regional countries in accordance with the "phased and gradual" model, including using Economic and Investment Plan to enhance the EU's attractiveness to the Western Balkans, using the new Growth Plan to specifically implement the "phased and gradual" accession concept, using the Common Regional Market to promote regional economic integration. Among them, the new Growth Plan for the Western Balkans was the EU's flagship initiative in the year of 2023. Second, the EU has strengthened the mediation efforts to resolve the regional disputes, mainly including the Kosovo issue and the internal dispute of Bosnia and Herzegovina, and strengthened political leadership by emphasizing the alignment with the Common Security and Defence Policy (CSDP) of the EU and stressing the value factor of accession process. Overall, the EU's Western Balkans policy in 2023 continued and strengthened the trend of "geopolitical turn" and enhanced the EU's economic attractiveness. However, the EU still faces major challenges in substantively advancing the EU accession process and resolving internal disputes in the region.

Keywords: European Union; Regional Policy; Western Balkans; European Integration; Geopolitics

B.6 The Latest Strategic Maneuvers of the United States
on the Balkans Under the Russia-Ukraine Conflict

Ju Weiwei, Jiang Hao / 120

Abstract: Since the outbreak of the Russia-Ukraine conflict, the United States has increased its attention and investment in the Balkans. The main reasons are as follows: First, the U.S. policy community is concerned that the Balkans are vulnerable to Russia's influence with the deterioration of Europe's geopolitical security environment. Second, the EU has neither met the Western Balkans' "accession expectations" as quickly as possible, nor has given a strong response to pro-Russian movements in the region. Finally, China's pragmatic cooperation with the Balkan countries has raised wariness of the United States. In response, the United States has strengthened its military assistance to the Balkan countries, reinforced its military alliance relations with the Balkan countries through NATO, cracked down on pro-Russian forces in the region, and promoted the EU's regional policy. The current strategic goals of the United States in the Balkans are: First, to continue to use its political and security influence to build the Balkans as a geopolitical frontline to contain Russia; second, to continue to support and promote the EU's regional policy, and to incorporate the Balkans into the Trans-Atlantic alliance system; third, to further strengthen its policies against China in the Balkans.

Keywords: Balkans; United States; NATO; Russia; China

B.7 Russia and the Western Balkans Under the Impact
of the Russia-Ukraine Conflict

Tu Bingyue / 135

Abstract: The current Russia-Ukraine Conflict and the ensuing sanctions against Russia have brought new variables in Russia's relations with the Western Balkans. Most of the Western Balkan countries followed the foreign policy of EU and the United

States, and their attitude towards Russia generally deteriorated. In this context, Russia adjusted its foreign policy concept and shifted to the East, the Western Balkans are gradually fading out of Russia's diplomatic priorities. Nevertheless, it is undeniable that Russia still maintains influence in this area. In terms of political exchanges, Russia has maintained traditional friendly relations with Serbia and the Republika Srpska; in economic and trade relations, Russia's natural gas exports are still dominant under the shadow of sanctions; and in terms of social migration, the Russia-Ukraine Conflict has led to a massive influx of Russian immigrants to Montenegro and Serbia. In order to resist the crowding out of Russian influence in the Western Balkans by Western powers, the use of the media to publicize its stance on regional hotspot issues has become an important way for Russia to show its presence.

Keywords: Russia; Western Balkans; Serbia; Republika Srpska

B.8 The Relations of the Balkan Countries and China in 2023: Estrangement and Dependence *Han Meng* / 155

Abstract: As a key sub-region for Jointly Building the Belt and Road and Cooperation between China and Central and Eastern European Countries, the Balkan countries have witnessed a gradual elevation in their standing within China's foreign relations, marked by a notable surge in bilateral cooperation across various domains in recent years. In the face of the accelerated shifts in the global landscape in 2023, the relationship between China and the Balkan countries still remains resilient, with a growing interdependence in functional fields such as trade and investment, digital technology, and green energy. However, it is undeniable that the cooperation between China and Central and Eastern European Countries has encountered setbacks due to the influence of intensified great power games and the spillover effects of the Russia-Ukraine Conflict. In such a situation, Balkan countries, which are positioned at the forefront of these geopolitical issues, have increasingly leaned towards the United States and the European Union under the combined influence of its own security concerns and the pursuit of economic interests. Consequently, the "two-sidedness" emerged in their stance towards cooperation with China. It can be said that the relations between China and the Balkan countries in 2023 are in a complex situation of intertwined alienation and dependence.

Keywords: Balkans; China-CEEC Cooperation; Jointly Building the Belt and Road

IV Special Studies of the Balkans

B.9 Romanian Foreign Relations in 2023: Enhancing Regional Influence with Backings of the European Union and the United States *Qu Yan* / 170

Abstract: After the outbreak of the Russia-Ukraine conflict in February 2022, Romania, the country located at the forefront of the conflicts, adopted an active foreign policy, seeking stronger security guarantees within the framework of the EU and NATO, and continued to deepen its strategic partnership with the United States. Romania participated actively in the activities of multilateral cooperation organizations and promoted to enhance the strategic status of the Black Sea region. In 2023, Romania's foreign policy was still based on the three pillars—its relations with the EU, NATO and the United States—and achieved remarkable results, especially in that the country realized partially its long-cherished wish to enter the Schengen area. In its neighborhood, Romania continued to play a key role in promoting Moldova's European integration process.

Keywords: Romania; Diplomacy; NATO; European Union

Contents

B.10 Croatian Economic Situation in 2023 and Outlooks

Zvonimir Topić / 186

Abstract: On January 1, 2023, Croatia achieved a significant milestone by joining the Schengen Area as its 27th member and becoming the 20th member of the euro area, thereby solidifying its status as a full member of the European Union. While achieving this long-awaited accomplishment has brought numerous economic, social, political, and security benefits to Croatia, it has also introduced certain challenges to Croatian society. Croatia faced a number of significant economic challenges in 2023, stemming from its accession to the Schengen Area and the Euro Area, as well as those inherent to Croatia's unique characteristics, including high inflation levels, surging real estate prices, a notable demographic decline and shifts in the workforce structure.

Keywords: Croatia; Economy; European Union; Euro Area

B.11 The Political and Economic Situation in 2023 in Serbia: Dilemmas and Options

Ma Yuanye / 202

Abstract: In 2023, the Serbian government was faced with many tests. The situation in Kosovo was tense, with conflicts between Serbian and Albanian residents in northern Kosovo escalating out of control at the end of May as a result of local elections and the arrival of Albanian mayors, and clashes between Serbian residents and Albanian police in northern Kosovo in September, resulting in the deaths of four people. Two consecutive mass shootings in Serbia in May resulted in 18 deaths and triggered mass protests. Serbian President Vučić has struggled to stabilize the domestic situation by taking a few steps, such as resigning from his position as the president of Serbia's ruling party, amending relevant laws and organizing early parliamentary elections. In addition, the Serbian government tried to bring new development opportunities to the country in 2023 by vigorously developing the economy, actively promoting the process of joining the European Union, and continuing to implement a balanced diplomatic strategy.

Keywords: Serbia; Kosovo; European Union; Serbia-China Relations

B.12 The Introduction and the Impact of the "EU Proposal"

Zheng Yiran / 217

Abstract: In 2023, the European Union proposed the EU Proposal Agreement on the Path to Normalization between Kosovo and Serbia with the hope of resolving the Kosovo issue on the 10th anniversary of the signing of the Brussels Agreement. The introduction and advancement of the proposal encountered numerous setbacks. The responses to the EU proposal show that the EU, United States, and Russia continue to engage in a strategic game over the issue of Kosovo. Against the backdrop of the Russia-Ukraine Conflict, the EU and US hope to use this opportunity to weaken Russia's influence, stabilize the situation in Europe, establish diplomatic policy consistency in the Western Balkans, and demonstrate their influence in the region.

Keywords: European Union; Serbia; Kosovo

B.13 The Political Situation of Bosnia and Herzegovina in 2023: Crises and Opportunities

Chen Huizhi / 228

Abstract: The distribution of state properties in Bosnia and Herzegovina, a question which touches the fundamental problems in the relation between the state and its entities, has become a focus of the political struggle between Serbs and Bosniaks in recent years. In 2023, under the possibility of the imposition of law in this regard on the national level from the High Representative, the parliament of the Republika Srpska entity passed laws on non-implementation of judgments of the Constitutional Court of Bosnia and Herzegovina as well as decisions from the High Representative, for the first time writing into law its long-held defiance towards both the court and the High Representative. Shortly afterwards, the High Representative announced an amendment to the criminal code of Bosnia and Herzegovina, for the first time stipulating that people holding public positions in the country who fail to comply with or impede the decisions from the High Representative as well as those who refuse to implement the judgments from the constitutional court shall face prison terms as well as office ban. In face of the political crises in Bosnia and Herzegovina, the United States and the European Union have continued to apply the carrot-and-stick approach which contains a combination of enhanced sanctions and incentives on political representatives of all three nations in Bosnia and Herzegovina, aiming to make them work together towards the perspective of joining the EU which in 2023 recommended the opening of accession talks with Bosnia and Herzegovina.

Keywords: Bosnia and Herzegovina; European Union; United States; High Representative

Appendices:

The Key Events of the Balkans (January-December 2023) / 241

社会科学文献出版社

皮 书
智库成果出版与传播平台

❖ 皮书定义 ❖

皮书是对中国与世界发展状况和热点问题进行年度监测,以专业的角度、专家的视野和实证研究方法,针对某一领域或区域现状与发展态势展开分析和预测,具备前沿性、原创性、实证性、连续性、时效性等特点的公开出版物,由一系列权威研究报告组成。

❖ 皮书作者 ❖

皮书系列报告作者以国内外一流研究机构、知名高校等重点智库的研究人员为主,多为相关领域一流专家学者,他们的观点代表了当下学界对中国与世界的现实和未来最高水平的解读与分析。

❖ 皮书荣誉 ❖

皮书作为中国社会科学院基础理论研究与应用对策研究融合发展的代表性成果,不仅是哲学社会科学工作者服务中国特色社会主义现代化建设的重要成果,更是助力中国特色新型智库建设、构建中国特色哲学社会科学"三大体系"的重要平台。皮书系列先后被列入"十二五""十三五""十四五"时期国家重点出版物出版专项规划项目;自2013年起,重点皮书被列入中国社会科学院国家哲学社会科学创新工程项目。

皮书网

（网址：www.pishu.cn）

发布皮书研创资讯，传播皮书精彩内容
引领皮书出版潮流，打造皮书服务平台

栏目设置

◆ 关于皮书
何谓皮书、皮书分类、皮书大事记、
皮书荣誉、皮书出版第一人、皮书编辑部

◆ 最新资讯
通知公告、新闻动态、媒体聚焦、
网站专题、视频直播、下载专区

◆ 皮书研创
皮书规范、皮书出版、
皮书研究、研创团队

◆ 皮书评奖评价
指标体系、皮书评价、皮书评奖

所获荣誉

◆ 2008年、2011年、2014年，皮书网均在全国新闻出版业网站荣誉评选中获得"最具商业价值网站"称号；

◆ 2012年，获得"出版业网站百强"称号。

网库合一

2014年，皮书网与皮书数据库端口合一，实现资源共享，搭建智库成果融合创新平台。

皮书网

"皮书说"
微信公众号

权威报告·连续出版·独家资源

皮书数据库
ANNUAL REPORT(YEARBOOK) DATABASE

分析解读当下中国发展变迁的高端智库平台

所获荣誉

- 2022年，入选技术赋能"新闻+"推荐案例
- 2020年，入选全国新闻出版深度融合发展创新案例
- 2019年，入选国家新闻出版署数字出版精品遴选推荐计划
- 2016年，入选"十三五"国家重点电子出版物出版规划骨干工程
- 2013年，荣获"中国出版政府奖·网络出版物奖"提名奖

皮书数据库　　"社科数托邦"微信公众号

成为用户

登录网址www.pishu.com.cn访问皮书数据库网站或下载皮书数据库APP，通过手机号码验证或邮箱验证即可成为皮书数据库用户。

用户福利

- 已注册用户购书后可免费获赠100元皮书数据库充值卡。刮开充值卡涂层获取充值密码，登录并进入"会员中心"—"在线充值"—"充值卡充值"，充值成功即可购买和查看数据库内容。
- 用户福利最终解释权归社会科学文献出版社所有。

社会科学文献出版社　皮书系列
SOCIAL SCIENCES ACADEMIC PRESS (CHINA)

卡号：245149782481
密码：

数据库服务热线：010-59367265
数据库服务QQ：2475522410
数据库服务邮箱：database@ssap.cn
图书销售热线：010-59367070/7028
图书服务QQ：1265056568
图书服务邮箱：duzhe@ssap.cn

S 基本子库
SUB DATABASE

中国社会发展数据库（下设12个专题子库）

紧扣人口、政治、外交、法律、教育、医疗卫生、资源环境等12个社会发展领域的前沿和热点，全面整合专业著作、智库报告、学术资讯、调研数据等类型资源，帮助用户追踪中国社会发展动态、研究社会发展战略与政策、了解社会热点问题、分析社会发展趋势。

中国经济发展数据库（下设12专题子库）

内容涵盖宏观经济、产业经济、工业经济、农业经济、财政金融、房地产经济、城市经济、商业贸易等12个重点经济领域，为把握经济运行态势、洞察经济发展规律、研判经济发展趋势、进行经济调控决策提供参考和依据。

中国行业发展数据库（下设17个专题子库）

以中国国民经济行业分类为依据，覆盖金融业、旅游业、交通运输业、能源矿产业、制造业等100多个行业，跟踪分析国民经济相关行业市场运行状况和政策导向，汇集行业发展前沿资讯，为投资、从业及各种经济决策提供理论支撑和实践指导。

中国区域发展数据库（下设4个专题子库）

对中国特定区域内的经济、社会、文化等领域现状与发展情况进行深度分析和预测，涉及省级行政区、城市群、城市、农村等不同维度，研究层级至县及县以下行政区，为学者研究地方经济社会宏观态势、经验模式、发展案例提供支撑，为地方政府决策提供参考。

中国文化传媒数据库（下设18个专题子库）

内容覆盖文化产业、新闻传播、电影娱乐、文学艺术、群众文化、图书情报等18个重点研究领域，聚焦文化传媒领域发展前沿、热点话题、行业实践，服务用户的教学科研、文化投资、企业规划等需要。

世界经济与国际关系数据库（下设6个专题子库）

整合世界经济、国际政治、世界文化与科技、全球性问题、国际组织与国际法、区域研究6大领域研究成果，对世界经济形势、国际形势进行连续性深度分析，对年度热点问题进行专题解读，为研判全球发展趋势提供事实和数据支持。

法律声明

"皮书系列"（含蓝皮书、绿皮书、黄皮书）之品牌由社会科学文献出版社最早使用并持续至今，现已被中国图书行业所熟知。"皮书系列"的相关商标已在国家商标管理部门商标局注册，包括但不限于LOGO（ ）、皮书、Pishu、经济蓝皮书、社会蓝皮书等。"皮书系列"图书的注册商标专用权及封面设计、版式设计的著作权均为社会科学文献出版社所有。未经社会科学文献出版社书面授权许可，任何使用与"皮书系列"图书注册商标、封面设计、版式设计相同或者近似的文字、图形或其组合的行为均系侵权行为。

经作者授权，本书的专有出版权及信息网络传播权等为社会科学文献出版社享有。未经社会科学文献出版社书面授权许可，任何就本书内容的复制、发行或以数字形式进行网络传播的行为均系侵权行为。

社会科学文献出版社将通过法律途径追究上述侵权行为的法律责任，维护自身合法权益。

欢迎社会各界人士对侵犯社会科学文献出版社上述权利的侵权行为进行举报。电话：010-59367121，电子邮箱：fawubu@ssap.cn。

社会科学文献出版社